Daniel Duane

Surf

SERIE PIPER

Zu diesem Buch

Eines Morgens kündigt Daniel Duane seinen Job, lädt das Surfbrett auf den Pick-up und fährt ans Meer. Er weiß, dass das wahre Glück irgendwo da draußen auf ihn wartet. Als er sich in die Brandung wagt, reißt ihn gleich die erste Welle um. Doch es dauert nicht lange, bis Duanes stürmische Liebesaffäre mit der Küste, ihren Bewohnern und den Wellen beginnt. In einer winzigen Werkstatt formt ihm ein Tischler das erste eigene Board, in Bibliotheken spürt er Kapitän Cook, Mark Twain und Jack London nach, die alle von der perfekten Welle träumten. Er lernt den narbenübersäten Erik Larsen kennen, der bei einem Haiangriff fast ums Leben kam und trotzdem jeden Tag aufs Surfbrett steigt. Ein Otter, der in der Brandung seelenruhig seine Bahnen zieht, wird Daniel Duanes treuer Gefährte. Mit Witz und Wärme erzählt er von der Leidenschaft zum Surfen, die sein Leben und seine Sicht auf die Welt grundlegend veränderte.

Daniel Duane, geboren 1967, wuchs in Kalifornien auf, wo er bereits mit zwölf Jahren auf dem Surfbrett seines Vaters stand. Er hat mehrere Bücher veröffentlicht, schreibt für die Los Angeles Times, den San Francisco Examiner, die New York Times und für große Surfer-Magazine. Heute lebt und surft er bei Santa Cruz.

Daniel Duane
Surf

oder Bretter, die die Welt bedeuten

Aus dem Amerikanischen von
Harald Riemann

Ein marebuch

Piper München Zürich

FSC

Dieses Taschenbuch wurde auf FSC-zertifiziertem Papier gedruckt. FSC (Forest Stewardship Council) ist eine nichtstaatliche, gemeinnützige Organisation, die sich für eine ökologische und sozialverantwortliche Nutzung der Wälder unserer Erde einsetzt (vgl. Logo auf der Umschlagrückseite).

Ungekürzte Taschenbuchausgabe
Piper Verlag GmbH, München
1. Auflage Juli 2004
4. Auflage März 2007

Titel der amerikanischen Originalausgabe:
»Caught Inside: A Surfer's Year on the California Coast«,
Farrar, Straus and Giroux/North Point Press, New York 1996

Umschlagkonzept: Büro Hamburg
Umschlaggestaltung: Birgit Kohlhaas
Foto Umschlagvorderseite: Peter Sterling/ZEFA Visual Media
Foto Umschlagrückseite: Timothy Archibald
Satz: Farnschläder & Mahlstedt, Hamburg
Papier: Munken Print von Arctic Paper Munkedals AB, Schweden
Druck und Bindung: Clausen & Bosse, Leck
Printed in Germany ISBN 978-3-492-24082-6

www.piper.de

Für Jim Duane,
Michael Ortega und
Graydon Ross

Vorwort

Es ist furchtbar dunkel, wenn man in kaltem Wasser ertrinkt, zumindest kam es mir so vor. Ich war klaustrophobisch, weil sich meine Lunge füllte, agoraphobisch wegen der Leere unter mir, und mir war, als beobachtete ich, wie sich meine Asche am Himmel verteilte: ehrfürchtig und einsam. Die Wellen, die mich unter Wasser hielten, waren ziemlich hoch, aber mein nahe bevorstehender Tod hatte eher damit zu tun, dass ich kaum etwas über sie wusste. Ich hatte mein Board losgelassen (die Leash, die Sicherheitsleine, war an mein Fußgelenk gebunden), denn es festzuhalten hätte in etwa bedeutet, ein Segel bei Sturm festhalten zu wollen: zu viel Angriffsfläche. Deshalb hatte ich versucht, ohne das Brett unter den Brechern durchzutauchen, war so tief hinuntergegangen, wie ich konnte, während sich die Wellen über mir donnernd brachen. Als ich zum dritten Mal hochgekommen war und bei jedem Auftauchen mehr Wasser in der Lunge hatte als vorher, befand ich mich über hundert Meter vom Strand entfernt, in einer Strömung, die eine Sandbank vor der Küste umspülte. Der Karotten-Kleie-Muffin und die zur Hälfte mit dunkel geröstetem Celebes Kalosi gefüllte Thermosflasche, die mich im Wagen erwarteten, trösteten mich kaum, während eine Welle nach der anderen aus der Tiefe emporwogte, sich an der Sandbank aufbaute, wieder zurückströmte und mich wie eine Stoffpuppe in das kältere, dunklere Wasser schleuderte. Auch die Strömung zog südwärts, sodass ich bald vor der offenen Steilküste treiben würde, wo ich nirgends an Land klettern konnte. Erneut herumgewirbelt und zurück in der Dunkelheit, griff ich, lange bevor die nächste Welle losbrach, nach der Wasseroberfläche, fuchtelte im Strudel herum und verschwendete Sauerstoff, den ich eigentlich brauchte, um am

Leben zu bleiben. Zudem hielt ich die Augen nach diesem ersten Blick in den Abgrund – wozu sollte der auch gut sein? – fest geschlossen, und es dauerte so lange, bis ich wieder hochkam, dass ich schließlich tat, was meine Lunge forderte, und meinen Mund öffnete, um etwas, *irgendetwas,* einzulassen. Ich schluckte Schaum – teils Wasser, teils Luft – und hustete ihn noch aus meiner Luftröhre, als bereits die nächste Welle brach.

Ich wohnte in Berkeleys wunderbarem Edel-Ghetto, verkaufte Gore-Tex-Jacken und lange Designer-Unterwäsche an einem Stand (besser gesagt: an einem *Boutique*-Stand) und lebte noch zusammen mit meiner Freundin Susan, mit der ich eigentlich nicht mehr zusammen war (derzeitiger Status: vermutlich ohne feste Beziehung), in einer Einzimmerwohnung mit Holzfußboden und Blick auf die Bucht, im dritten Stock eines Hauses, in dem auch acht meiner ältesten Freunde – alle schrecklich erfolgreich – wohnten. Vielleicht, um diesen Leuten gegenüber das Gesicht zu wahren, hatte ich mich bislang noch nicht dazu hinreißen lassen, mich zum sinnlosen Rauschen des Wetter-Kanals zu betrinken, den Weg der arktischen Unwetter über dem Golf von Alaska zu verfolgen und dreimal täglich im Radio den Seewetterberichten für die Küste zu lauschen, als handele es sich um päpstliche Verkündigungen von den Stufen des Petersdoms – was diese Wettervorhersagen in gewisser Hinsicht allerdings sind. Nur gelegentlich raffte ich mich auf, fuhr über die San Francisco Bay Bridge, vorbei an den kitschig-pastellfarbenen Häuschen von Daly City und Pacifica – tristen kleinen Städtchen an diesem verschandelten Abschnitt der Pazifikküste –, um zu den Stränden zu gelangen, über die ich bis dahin kaum etwas wusste; und noch nie hatte ich je mein Tagewerk im Hinblick auf die Ebbe geplant. Ich brachte es sogar immer noch fertig, T-Shirts zu falten, Zeltstangen zu inventarisieren und Skistiefel zu schnüren, auch wenn ich am Vorabend einen Wetterbericht für Surfer abgefragt hatte. Die kratzige Tonbandaufnahme des San Francisco's Wise Surfboards war im typischen kalifornischen Akzent besprochen, der tief aus der Kehle kommt und bei dem man die letzte Silbe jedes Wortes dehnt: «Also, Jungs, heute geht's da draußen so richtig zur Sache. Sechs, sieben Meter hohe Wellen brechen sich eine halbe Meile vor der Küste – auf jeden Fall ein Tag für sicherere Häfen.» Aber man hört natürlich, was man hören will (das Wort, falls Sie es nicht kennen, lautet *Hybris*: Hybris: *N.* übermäßiger Stolz oder Selbstbewusstsein; Arroganz. *Syn.* Übermut, Unverschämtheit. *Ant.* Bescheidenheit, Zurückhaltung).

Ich war um fünf Uhr aufgestanden, hatte nichts als billigen Nervenkitzel im Sinn, Kaffee, Scones und besagten Muffin im Auto und fuhr im Scheinwerferlicht und mit den Radionachrichten (Immobilienpreise fallen, Mann bei Unfall im Fahrstuhl getötet, Dow-Jones steigt) über die Brücke, während San Francisco in der Morgendämmerung langsam erwachte. Glücklich, weil kein anderes Auto am Strand war, stand ich splitterfasernackt am Fahrbahnrand und fröstelte im kalten Wind – der höchstwahrscheinlich aus Süden kam, obwohl ich damals noch nicht sagen konnte, aus welcher Richtung Wind kam, und noch überhaupt keine Ahnung hatte, wie sich Luftbewegungen auf Wasser auswirken. Während die Pendler Richtung Norden an mir vorbeisausten und ich mich – eingebildet wie immer – zweifellos dazu beglückwünschte, dass ich mich für einen Morgen der Alltagsmühle entzogen hatte, streifte ich meinen schäbigen 70er-Jahre-Neoprenanzug über, ein Erbstück meines Onkels. Auf dem Weg zum Strand hinunter spürte ich den Schotter unter meinen Füßen und zitterte in der feuchten Nachtluft, die sich dort über dem Flussbett gehalten hatte. Bei hoher Dünung hängt über der Küste ein merkwürdiger Nebel, ein feiner, fast unsichtbarer

Dunstschleier, aber das wusste ich damals noch nicht, und ich bemerkte auch nicht, wie die Morgendämmerung das körperlose Meer in weiches, dunstiges Rot tauchte. Es war Anfang Januar, mitten in der Regensaison, dem eigentlichen kalifornischen Frühling. Die ersten Rettich-Blüten gaben den Landstraßen etwas bescheiden Fröhliches: Zierlich, lila und weiß zogen sich die Blüten an den brachliegenden, von Sauerklee, Senfpflanzen und Disteln üppig grün überzogenen Feldern entlang. In einigen Wochen würde die ganze Gegend in hellstem, wogendem Gelb erstrahlen. Aber davon bemerkte ich wahrscheinlich auch nichts.

Vermutlich sah ich jedoch die kleinen Waldkaninchen, wie sie unbeweglich in den Senken des Schotterwegs hockten, dachte vielleicht sogar an ihre Anfälligkeit für Herzinfarkte, wenn man sie jagte, und daran, dass sie offenbar dafür geboren waren, eine kleine Mahlzeit abzugeben. Mit Sicherheit wusste ich aber nichts über die rauchweiße Kornweihe, die jeden Tag in der mit Schilf bewachsenen Lagune jagte und zu dieser kalten Morgenstunde auf einem Hochspannungsmast der Southern Pacific Railroad hockte und darauf wartete, dass die Sonne die aufsteigenden Luftschichten, die sie tragen würden, erwärmte. Als ich auf dem menschenleeren Strand stand, vor einer der höchsten Dünungen des Jahrzehnts, nahm ich wahrscheinlich nur die gewaltige Brandung wahr und dachte verständlicherweise: *Was für ein Wahnsinnsleben!* Vielleicht kamen mir die Gischtfinger des Meeres, die nach dem trockenen Teil des Strandes griffen – und Hunderte von watschelnden Möwen aufscheuchten –, ein wenig ungewöhnlich vor. Bestimmt aber bemerkte ich nicht, dass eine Zwei-Meter-Brandung bei derart hoher Dünung Brecher auf Brecher hervorbrachte, durch die man nie und nimmer hindurchpaddeln konnte. Weder erkannte ich, dass das sich durch die Sandbank zwischen Lagune und Meer ziehende Flussbett eine

Gegenströmung erzeugte, durch die man sicher zur eigentlichen Brandung hinauspaddeln kann, noch, dass die Wellen dort nie brachen, da sie in einem Tiefwasserkanal strömte. Ich wusste nicht mal, dass Wellen in Gruppen kamen, weshalb ich auch nicht die Pause dazwischen abwartete. Und selbst wenn ich bemerkt hätte, wie groß die Wellen vor der Bucht waren, wäre mir bestimmt nicht klar gewesen, dass sie meine Fähigkeiten überstiegen. Und dieses Kapitel sollte ich auch nie lernen, denn wie ein Idiot paddelte ich direkt vom Sand aus los, fiel vom Board, trieb mit vier oder fünf Knoten nach Süden ab und blieb zu lange tief unter Wasser.

Während ich noch das Wasser von meinem letzten Waschgang spuckte, sah ich, wie sich die nächste, von Gischt durchzogene und mit schlickbraunem Schaum aus dem überschwemmten Flussbett umrandete Welle grau-schwarz auftürmte, und mir wurde klar, dass ich ertrinken würde, wenn ich es nicht an Land schaffte. Dieser Gedanke ging mir mit beunruhigender Nüchternheit durch den Kopf: *Tja, ich werde ertrinken*. Aber Surfboards schwimmen, und Schwimmen war plötzlich eine tolle Idee: Zieh an der Leash, klettere aufs Brett, wende Richtung Land und halt dich fest. Der Kamm brach drei Meter vor der Welle, und die Gischt flog an mir vorbei, bis die Wand aus Weißwasser mich umherwirbelte. Ich übertreibe nicht *zu* sehr, wenn ich sage, dass sich der Aufprall wie der eines Eisenbahnzuges anfühlte, nur dass Blut spritzt, wenn Metall auf Fleisch prallt. Mal lag ich reglos da, mal flog ich durch die Luft. Das Ganze hatte die unmenschliche Wucht eines über die Ufer tretenden Flusses oder einer Schneelawine. Meine Finger krallten sich in die billige Polyesterhaut meines Boards, während ich unter Wasser umhergeschleudert wurde, doch die Oberfläche kam mir diesmal ziemlich rasch wieder entgegen, ebenso der Strand. Die dritte Welle schwemmte mich dann mitten auf den Sand, einfach so.

Da hockte ich nun also auf Händen und Knien, rot im Gesicht und sabbernd. Eine Weile zitterte und würgte und kotzte ich, dann hyperventilierte ich noch eine längere Weile, bis ich schließlich nur noch dasaß und das Adrenalin allmählich absinken ließ, bis ich die leichte Übelkeit verspürte, die hinterher bleibt. Eine Stunde später ging ich tropfnass den stillen Schotterweg wieder hinauf, während die Kornweihe vermutlich ihre Jagd begonnen hatte und der Tau auf den Weidenbäumen im Sonnenschein verdampfte. Immer noch leicht schwindlig, mit flauem Gefühl im Bauch, verwirrt und ordentlich durchgedroschen, setzte ich mich auf die Heckklappe meines Pick-ups und versuchte, den Surfanzug abzustreifen. Dann spülte ich den kleinen Muffin mit dem letzten Schluck Kaffee hinunter und sah zu, wie ein Surfer nach dem anderen neben dem Highway anhielt, die Böschung hinaufkletterte, um die Wellen zu studieren, den Kopf schüttelte und wieder wegfuhr. Vermutlich dachte ich damals, dass die Jungs Angst hatten. Heute weiß ich, dass die Bedingungen einfach nicht gut waren: die Dünung zu unregelmäßig, die Strömung zu stark, die Wellen durcheinander, der Wind aus falscher Richtung.

Es verging über ein Jahr, bis ich wieder so hohe Brecher sah, aber da hatte ich meinen Job bereits gekündigt und war direkt ans Meer gezogen. Mein Bruch mit der Erwerbsarbeit vollzog sich ungefähr folgendermaßen: Gegen elf Uhr morgens, im Augenblick eines kurz bevorstehenden, von Koffein und persönlicher Angst ausgelösten Zusammenbruchs, mit schwitzigen Füßen, fettigem Haar und zunehmend asozialer Disposition, teilte ich dem stellvertretenden Geschäftsführer Sean, einem prima Typen, mit:

«Sean, ich gehe.»

«Zum Lunch?»

«Hm … eigentlich nicht.»

«Ach.»

«Ja.» Ich nickte bestätigend. «Das war's dann.»

«Hm.» Sean musterte mich eingehend, vielleicht sogar mitleidig, dann zuckte er die Achseln. «Na dann, tschüs?»

«Tschüs.»

In diesem Buch soll es aber nicht darum gehen, wie ich zurückkehrte, um die großen Wellen zu bezwingen – ohnehin ein sinnloses Unterfangen –, sondern um meine spontane Regung, die, wie ich fand, letzten freien Jahre meiner Jugend (ich habe keine Vorstellung von dem Eingesperrtsein, das danach kommt) zu nutzen und herauszufinden, ob ich tatsächlich am Meer leben konnte, wie ich es mir immer erträumt hatte. Und es geht um das, was dann folgte: meine Beschäftigung mit den tradierten Geschichten und kalifornischen Mythen, die mich hierher gebracht hatten, und meine stürmische Liebesaffäre mit der kalifornischen Küste. Am wichtigsten aber ist: Es geht um die Gründe, warum das Wellenreiten meine Daseinsform in der Welt wurde, eine Möglichkeit, nicht nur Gestalt und Temperament der Wellen, sondern auch das lebendige Wesen dieses großartigen Elements zu erfahren.

HERBST

The very longest swell in the ocean, I suspect,
carries the deepest memory …

A. R. Ammons
Swells

Wenn man kein Naturforscher, Farmer, Fischer oder Förster ist, dann braucht man ein Medium, ein Spiel, ein Lustprinzip, das das Wissen über die eigene Heimat zu einer leidenschaftlichen Wissenschaft macht. Städter wissen nichts über Nippfluten oder die Topographie von Riffen, und zwar aus demselben Grund, weshalb nur wenige Amerikaner eine Fremdsprache beherrschen: nicht etwa aus moralischer oder persönlicher Schwäche, sondern *weil es nicht wichtig ist*. Ich bin nicht an die Küste gezogen, um meinen «backside aerial attack» zu vervollkommnen (nicht einmal, um zu lernen, was zum Teufel ein «backside aerial attack» überhaupt *ist*), sondern weil mein Bedürfnis, jeden Tag auf einem wirklichen, grundehrlichen Surfboard im klaren, lebendigen Wasser meines kalifornischen Pazifiks zu verbringen, seit meinem ersten Wellenritt eine Quelle nagender Angst geblieben war. Und Monterey Bay – eine große Delle in der kalifornischen Küste, etwa siebzig Meilen südlich der San Francisco Bay – war eine ideale Heimat, um den Wellen nahe zu sein. Santa Cruz, ein unprätentiöser Badeort mit einer kleinen Uni, bevölkert die Klippen an der Nordseite und endet jäh an den Feldern und Hügeln der offenen Küste. Südlich von Santa Cruz ziehen sich Kleinstädte zehn bis zwölf Meilen an der geschützten Bucht entlang, bis sich schließlich das Farmland des Salinas Valley bis zur Fischerei- und Touristenstadt Monterey an der Südspitze der Bucht erstreckt. Ich arbeitete zwei Tage in der Woche als Aushilfsdozent an der Uni und verdiente genug, dass ich mir dort auf genau diesem Küstenstreifen ein Zimmer in einem zweistöckigen, mit Schindeln gedeckten Haus mieten konnte. Das Haus hatte große Giebel und war grün gestrichen; hier und da standen unter den Pfirsichbäumen und Palmen im Vorgarten ein paar von den Studenten angefertigte Skulpturen, und der Schuppen für die Surfbretter war so alt, dass er noch von handgeschmiedeten Nägeln zusammengehalten wurde. Das Haus war als Sommerdomizil erbaut worden, zu einer Zeit, als sich die Felder noch an der Steilküste entlangzogen. Innen war es mit altem Redwoodholz getäfelt, was es warm und gemütlich machte, wenngleich die Bohlen ziemlich schief waren. Die Böden neigten sich hierhin oder dorthin, keine Tür saß ganz richtig in ihren Angeln, und bei starkem Wind schwankte das ganze obere Stockwerk leicht. Ein paar Renovierungsarbeiten hätten dem Haus durchaus gut getan: vom Schornstein war nach dem letzten Erdbeben nur noch ein Haufen Backsteine übrig geblieben, die Pinienholzböden waren abgewetzt, an der Decke im Badezimmer zeigten sich schwarze Schimmelflecken, die Türrahmen wiesen zahllose Löcher von Reißzwecken auf, die Abflüsse waren nicht ganz frei, im ersten Stock gab es kein Warmwasser, und in den meisten Ecken hockten Spinnen. Trotz der sehr niedrigen Miete bot mein Schlafzimmer jedoch einen unverbauten Blick aufs Wasser (zur einen Seite die offene Bucht, zur anderen die Brandung an der Küste), die Fenster öffnete man nach außen wie Flügeltüren, und da die Wände, die Fußböden, die Decken und sogar die Fensterrahmen in tiefem Rotbraun gestrichen waren, hatte man den Eindruck, sich in der Offiziersmesse eines alten Segelschiffs zu befinden.

In den Jahren zuvor hatte ich in einer Stadt voller bekannter Gesichter gelebt, inmitten sehr guter Buchläden und thailändischer, mexikanischer, toskanischer und mediterraner Restaurants. Direkt nebenan gab's erstklassigen Kaffee, und ich hatte, wie gesagt, mit acht Freunden im selben Haus gewohnt. (In der Nähe verlief ein Highway, und mitten in der Nacht, wenn die Geräusche der Stadt verklungen waren, erzeugte die Schnellstraße ein brüllendes Zischen wie die Brandung.) Meine Freunde nickten meistens mit gezwungener Begeisterung, wenn ich erklärte, ich wolle ans Meer ziehen; es war die Art von Schritt, die sich großartig *anhört*, wie alle zugaben, aber ihre Reaktion ließ mich auch wissen, dass sie selbst einen solchen Fehler nie machen würden. Aber ich konnte nicht klagen, denn als ich zum ersten Mal in Santa Cruz auf meinem noch nicht bezogenen Futon aufwachte, wehte eine neblige Brise durch die unverhängten Fenster, brüllten die Seelöwen sehnsüchtig unter der Pier, und das Kabbelwasser erzeugte ein leichtes, gurgelndes Geräusch. Die Reisetaschen mit den Kleidungsstücken waren noch nicht ausgepackt, die Wände des Schlafzimmers noch ohne jeden Schmuck, und auf der Holzveranda trank ich Kräutertee (ich fand es am besten, in einer solchen Zeit existenzieller Unsicherheit auf Koffein zu verzichten) und aß Müsli zum Frühstück. Der grüne Farbanstrich blätterte, die Dielen waren wellig und lose, über ein Spalier rankte sich eine Glyzinie zum Badezimmerfenster empor – ein typischer Spätsommermorgen, an dem die Sonne über dem Land gerade den Nebel vertrieb. Barfuß saß ich im feuchten Gras und las die Lokalzeitung, nahm mir sogar die Zeit für die Titelgeschichte über ein Treffen des Lehrer-Eltern-Ausschusses. Ich nickte einem älteren Herrn zu – einem Nachbarn, den ich bald besser kennen lernen sollte, mit langem, blondem Pferdeschwanz und wettergegerbten, schönen Gesichtszügen –, der zur Steilküste schlenderte, um sich seine tägliche frische Brise um die Nase wehen zu lassen. Ich war 27 Jahre alt und wohnte zwischen Rentnern und offenkundig Arbeitslosen, hatte weder einen Verkäufer- noch einen Bürojob ... da war es absolut notwendig, tief durchzuatmen, um Schwindelanfälle abzuwehren. Mit einer weißhaarigen Frau, die auf der anderen Seite energisch Unkraut jätete, tauschte ich einen Guten-Morgen-Gruß aus. Wie ich später erfuhr, lebte Emma allein, und zwar recht glücklich. Am frühen Morgen ging sie am Strand spazieren, hielt energisch ihren Garten in Schuss, fuhr einen pinkfarbenen 65er Mustang und bekam regelmäßig Besuch von ihren wohlerzogenen Enkelkindern.

Und während ich so in der Zeitung blätterte, fand ich auf der Seite mit dem Wetterbericht ein farbiges Symbol mit einem Surfer, daneben den Text: «Kaum Swell, an den besten Stellen etwa sechzig bis neunzig Zentimeter.» Aber wo? Diejenigen, die es wissen, ziehen los; diejenigen, die es nicht wissen, bleiben zu Hause; niemand, der Bescheid weiß, wird einem sagen, wo, und zwar damit man dort eben nicht hinläuft. Auch nicht, *wann* man los muss, bei welchem Gezeitenstand, bei welchem Wind und welcher Dünung – das alles muss man ganz allein herausfinden. Alle Städte mit Surfern haben allgemein bekannte Surfspots, vom Bürgersteig aus gut sichtbar, gesäumt von Parkplätzen und bei der geringsten Andeutung einer Brandung überfüllt von dreißig lebenslänglichen Einheimischen. Aber die Chancen eines Ortsfremden, ein paar Brecher abzubekommen, sind gering. Und grünere, weniger besuchte und weiter außerhalb gelegene Weiden sind schwer zu finden: Sie sind auf keiner Karte, in keinem Surfguide verzeichnet und werden nie in Anwesenheit Fremder erwähnt. Man gestatte mir einen Vergleich mit einer anderen Sportart, die ich gut kenne: das Camp von Felskletterern im Yosemite-Nationalpark, sechs Uhr in der Frühe, der Himmel hinter dem Half Dome hellt sich gerade auf. Du packst die Rucksäcke, während dein Partner sich einen Kaffee aufbrüht und ein spindeldürrer Typ mit wirren Haaren im Nachbarzelt fest verklebte Wasserflaschen in eine übergroße Segeltuchtasche schiebt – ein untrügliches Anzeichen dafür, dass bedeutende Dinge anstehen. Du bietest ihm einen Kaffee an, doch in seiner Thermosflasche dampft bereits Peet's 101 Blend; so kommt man dann ins Reden, erörtert die Wettervorhersage, tauscht sich über Ängste aus und über Plätze, wo man wild zelten kann, verrät vielleicht sogar den Weg zu einer geheimen heißen Quelle. Nachdem die Rucksäcke gepackt sind, der Kaffee getrunken ist, wird es Zeit, aufzubrechen, und man wünscht sich gegenseitig viel Glück und Hals- und Beinbruch und geht seiner Wege. Etwas Derartiges versuche man einmal irgendwo am Pacific Coast Highway: wieder sechs Uhr morgens, Nebelschwaden wabern durch die Redwoods, du stehst am Tresen des durchgehend geöffneten Ladens Schlange für einen Becher Kaffeeplörre und ein verschrumpeltes Zimtbrötchen in Zellophan. Da siehst du zwei nett aussehende Typen im Surfer-Outfit: Surfer-Sweatpants, gefütterte Ugg-Stiefel (eines der auffälligeren Stücke der Surfermode, ideal für kalte, feuchte Füße nach einer langen Session), Hang-Ten-Revival-Sweatshirts (hergestellt in der Phase, als alle Dinge aus den frühen sechziger Jahren zum Fetisch wurden («Bitchin' Before You Were Born») und Surfshop-Mützen. Ein bisschen neu in der Gegend, fragst du sie nach Tipps. Werden sie dir etwa vom Wanderriff auf der anderen Seite der Farm erzählen? Oder von dem abgelegenen Strand mit der perfekten Sandbank? Warnen sie dich vor den Untiefen direkt neben dem Startplatz, oder weihen sie dich gar in das Geheimnis ein, das Wellentop anzupaddeln, bevor es zu steil ist?

«Nee», knurrt der Kleinere von beiden, ganz offensichtlich total genervt, weil er mit dir reden muss, «keine Ahnung.»

Du bist ein bisschen erstaunt, denn du *weißt,* dass du im *Surfer* vom letzten Monat gesehen hast, wie der Mistkerl eine Riffwelle vor den Fidschi-Inseln gesurft ist, und fragst die beiden ganz freundlich, wohin sie wollen. Aber sie sehen dich kaum an; die Frage hat ihnen die Sprache verschlagen – was für eine Frechheit! Derselbe Typ, dem seine Mutter besser Manieren hätte beibringen sollen, grummelt missmutig:

«Nach Norden.» Was so viel heißt wie: *Wenn ich dir das verrate, kommst du vielleicht auch da hin, und dann müsste ich dich umbringen*. Man kann Bildunterschriften als Indiz werten: Während Freeclimbing-, Ski-, Biker-, Segel-, Tauch- und Rafting-Magazine jeden Ort auf jedem Foto benennen, samt detaillierten Informationen über Anreise und Campingmöglichkeiten, lassen Surf-Zeitschriften nichts unversucht, all dies zurückzuhalten: *Es freut uns, dass du unsere Zeitschrift gekauft hast, aber komm bitte nie hierher*. Das ist zwar eine Haltung, deren Vorteil ich inzwischen erkenne, denn es gibt nur wenige gute Surfspots und viele Surfer, aber ich könnte auf diesen kannibalischen Verdrängungswettbewerb gut verzichten.

Ich wusch jedenfalls meinen Teller und meine Tasse sorgfältig ab, lud das von meinem Onkel geerbte Board samt abgewetztem Neoprenanzug in den Pick-up und fuhr los, um die Gegend auszukundschaften. Vorbei an von Eukalyptusbäumen überschatteten Lagunen, wo an Gartenstegen Ruderboote vertäut lagen, wo es unkonventionelle Häuschen auf großen, überwucherten Grundstücken neben Stränden gab, bis ich schließlich zu einer schmalen Straße kam, an der kleine Häuser mit großen Panoramafenstern an einer Bucht mit hellblauem Wasser standen. In mediterranem Klima fällt im Herbst kaum Regen, doch dieser Ausklang des kalifornischen Sommers, wenn die Täler im Landesinneren so weit abkühlen, dass die Nebelbänke draußen auf See bleiben und der Küste einige kostbare Wochen warmen Wetters gewähren, gilt immer als Herbst; der Nebel ist jetzt eine wirbelnde, verschwommene Wolke weit jenseits der Surferhorden, die im Sonnenschein dahindümpeln. Die Vormittage um diese Zeit waren köstlich frisch, die Luft kalt, klar und salzig, die Sonne stand tief und glitzerte silbern auf dem stillen Meer, während kleine Wellen unter dem Seetang hindurchrollten und keinen Betrachter daran zweifeln ließen, dass die besten Dinge im Leben umsonst zu haben sind oder zumindest nicht direkt Geld kosten, was zugegebenermaßen nicht ganz dasselbe ist. Und das empfanden offenbar auch die rund hundert Müßiggänger entlang des Kliffs, die Ortsansässigen auf den kleinen Bänken, die beim spätvormittäglichen Kaffee miteinander plauderten, die Trinker, die bei einem kleinen Thunderbird ausnüchterten, die Jogger, die ihren Kopf zum Wasser drehten; sie alle sahen dem Schaukeln und Gleiten der Surfbretter auf den Wellen zu.

Ein paar schlanke, entspannte und überaus fit wirkende Jugendliche mit bloßem Oberkörper standen da, wo ich parkte. Außerdem noch ein paar Kerle mit Glatzen und fiesen, verbeulten Fressen, Tätowierungen, Stirnbändern und extrem weiten Klamotten – die weiße Surfer/Skater-Fraktion im Los-Angeles-Chicano-Gangster-Outfit. Sie genossen ihre Gruppenzugehörigkeit, rangelten miteinander und schrien vorüberfahrenden Cabrios nach; ein paar von ihnen rauchten Zigaretten, andere tranken ostentativ Whiskey zum Frühstück. Das war zwar nicht das unberührte grüne Tal, das ich mir vorgestellt hatte, alle Claims waren ziemlich abgesteckt, und es gab schon zu viel Fortschritt für meinen Geschmack, aber ich kaufte mir trotzdem eine Flasche Orangensaft in einem kleinen Laden, einem chinesischen Außenposten in der westlichen Welt, setzte mich auf ein Geländer und beobachtete zwei bekiffte Wracks unten am Strand. Mit einem Luftgewehr hielten sie eine große Kanalratte in Schach, die sie aufgestöbert hatten, um sie abzuknallen, und lachten sich schlapp. Während ich in meine Montur schlüpfte, stieg ein Junge in einem gelbschwarzen Neoprenanzug aus dem Wasser, nahm sein Board und winkte den Rattenjägern eine etwas ängstliche Begrüßung zu. Der mit dem Gewehr – ein kräftig gebauter, tätowierter Typ mit kleinen Augen und bloßem Oberkörper – stierte leer zurück, gluckste, sah seinen Freund an, der nickte, und fing an zu schießen.

«Was jagt ihr denn da, Jungs?», fragte der Junge schüchtern und strebte rasch der Betontreppe zu. Die Leute auf dem Gehsteig beugten sich über das Geländer, um ja nichts zu verpassen.

«Nichts Besonderes, du Knilch», meinte der Schütze, nahm den Hintern des Jungen ins Visier und drückte ab. Der Junge schrie auf und lachte, weinte ein bisschen und versuchte schließlich tapfer weiterzulachen, als ob auch er das alles unheimlich witzig fände.

Etwas abwesend sah ich hinaus aufs Meer und rieb die Standfläche meines von der Sonne vergilbten, 1,83 m langen, doppelfinnigen Surfboards mit kokosaromatisiertem Wachs ein. Dann streifte ich meine Superhelden-Montur aus Gummi über (die allerdings weniger wie das Neueste aus den Marvel-Comics aussah, sondern eher wie ein alter Tiefseeanzug von Kapitän Nemo) und stieg die ausgetretenen Stufen der Behelfstreppe aus Beton hinunter, an deren Geländer lauter Zettelchen für Surfboard-Reparaturen steckten. In der offenen Bucht unter mir umschlangen die Wellen weit die Mündung, ehe sie über die Felsenriffe schwappten – feinere, *redigierte* Versionen grober Pazifikentwürfe. In der Zeit zwischen 10 und 14 Uhr waren die meisten Kinder in der Schule, und die Frühaufsteher-Truppe der Surfer hastete zur Arbeit, sodass jetzt nur noch der harte Kern am Kliff herumlungerte und im Wasser ein paar freundlich wirkende Typen, die miteinander plauderten, sich gegenseitig nass spritzten, über andere beschwerten. Aber nicht gehässig, was mich freute, denn ich war aus der Übung. Es waren alles Erwachsene, wie mir auffiel: nicht gerade im Rentenalter, aber Erwachsene, die zuschauten, wie ein paar Pelikane das glasglatte, klare Wasser überflogen. «Surfbretter, kleine Boote und Tiere», schreibt Willard

Bascom, «können aus der Welle die Energie zur Fortbewegung beziehen, indem sie die Vorderseite der herankommenden Welle hinabgleiten ... Der Trick beim Wellenreiten ist natürlich, das Brett in Bewegung zu setzen und das Gewicht so zu balancieren, dass die Welle selber die Arbeit übernimmt, wenn sie unter ihm durchrollt.» *Energie beziehen*? Aber klar. Wenn die Welle herankommt, zum höchsten Punkt kraulen, schnell wenden und anpaddeln, spüren, wie das Brett von allein zu gleiten beginnt, mühelos aufspringen, ohne die Balance zu verlieren, die Vorderseite der Welle hinabfahren, sich nach rechts lehnen, einen Turn in die Wand setzen und laut über diese Wasser-Rampe lachen, die sich nur zu deinem Vergnügen auftürmt, ein wenig nach vorn treten, um noch schneller über die steilen Stellen zu rasen, einen Finger ins Wasser halten, um sicher zu sein: Das alles geschieht wirklich! Wenn dann die Welle in Weißwasser weggurgelt, vom Brett springen, um hinterher – wie Bascom sagen würde – mehr Energie zu haben als zuvor.

Das klappt natürlich nicht, wenn sich jemand vor dir in Position gebracht hat und die Welle für sich beansprucht: Begrenzte Ressourcen, Überbevölkerung, die Hackordnung gegen dich – genau die Gründe, warum aufrechte Einwanderer sich dem Treck nach Westen anschlossen. Das Wasser war so weit zurückgegangen, dass es die Schulschwänzer, die Jungs mit gewichtigen männlichen Anliegen, anlockte. Kaum war ich einem ausgewichen und prustend wieder aufgetaucht, da hörte ich, wie mich ein anderer anschrie.

«Hey, *Kook*», rief der kleine blonde Apollo, ein extrem unglücklich wirkender Junge mit scharf geschnittener Nase. «*Barney* ... willst du noch lange den Verkehr hier aufhalten?» (*Kook*: Surftalk für einen unbekannten, wenig beeindruckenden Surfer in Anspielung auf die lächerlichen, zuckenden Bewegungen eines ungelenken Wellenreiters; im *Surfer* erscheint sogar ein regelmäßiger Comic mit einem Tölpel namens Wilbur Kookmeyer als Hauptfigur. *Barney* meint ungefähr dasselbe und leitet sich vermutlich von Fred Feuersteins kleinem Freund, Barney Geröllheimer, her.) Apollo war außer sich, fuchsteufelswild, und – was am schlimmsten war – er hatte Recht. In der Zeit, die ich nicht am Meer war, hatte ich den Code, die Verkehrsregeln, vergessen und ihm durch mein inkompetentes Kreuzen seine Welle zerstört. Trotzdem fand ich seinen Wutanfall schon fast komisch: Abgesehen davon, dass ich fünfzig Pfund mehr auf die Wage brachte als er, woher wollte das Bürschchen in diesen Zeiten wissen, ob ich nicht in meinem Wagen eine Glock liegen hatte? Es hat schon etwas ausgesprochen Niedliches, dieses Vertrauen in die Menschheit, dass man es wagt, einen Wildfremden anzuschreien. Aber bevor ich ihm das verklickern konnte, paddelte er kopfschüttelnd davon, als hätte ich mir auf die Schuhe gepinkelt und dürfte kein Mitleid dafür erwarten.

In einer Surfer-Stadt gibt es keinen besseren Ort der Bewährung als einen gut einsehbaren Surfspot. Apollo zog seine Show für die Schaulustigen an der Klippe ab, indem er wie Motocross-Fahrer eine Wüstenpiste die Wellen attackierte, in den Augen eine Wut, bei der man eher an Prügeleien auf dem Schulhof denkt. Aber es war doch schön, ihm zuzusehen, wie er selbst auf den langsamsten Wellen in Fahrt kam und präzise, scharfe Turns drehte. Ein paar der anderen Jungen waren genauso wendig – darunter ein höchstens 13-jähriger Junge, der unverkennbar in eine Peaceful-Warrior-Phantasie versunken war, den Ausdruck ruhiger Entschlossenheit im Blick, während er jedes Manöver mit einer langen, stilvollen Armbewegung ausführte. Es ist schon ein traumhafter Sport: Er erlaubt dir, jede Menge Dampf abzulassen, gibt jedem Moment des Tages eine Gestalt und der Zukunft in Teilen einen Sinn, indem er dich ein besonderes Fleckchen Erde verstehen lehrt.

Und während ich so zusah, wie Apollo die Naturgewalten bezwang, spürte ich langsam meinen Koffein-Entzug, dieses zunehmende Druckgefühl an den Schläfen (für alle, die so etwas noch nie erlebt haben: fürchterlich). Schlecht in Form und ohne Feeling, ohne Chance, eine Welle zu erwischen, wurde ich zu einer Art menschlicher Boje. Neben mir ließ sich ein Junge, der keine acht Jahre alt war und in einer viel zu großen Montur auf einem riesigen Longboard lag, von seinem Dad anschieben und schaffte es in die Hocke. Plötzlich zischte er seitwärts durch den Sonnenschein, und dieser Schock überwältigte ihn geradezu. Mit schriller Stimme schrie er «Wahnsinn! Wow! O Mann!» mit dermaßen ungezügelter Freude – und so wider alle ungeschriebenen Surferregeln, die Coolness und Schweigen fordern –, dass alle im Wasser großmütig grinsten, sogar die ganz harten Burschen. «Na, das war's wohl», sagte ein rundlicher Typ zu dem stolzen Vater. «Dass dein Junge jemals Präsident wird, kannst du jetzt vergessen.»

Unmittelbar hinter der dicht gedrängten Reihe der Surfer trieb ein quadratisches Boot, das Seetang einholte und die langen, glitzernden grünen Halme auf ein Förderband zog, das vom Bug herabhing. Als ich auf das Riff mit dem hin und her schwenkenden Seegras unter meinem Brett schaute, sah ich einen silberfarbenen Schlangenhalsvogel aufsteigen und die glänzende Wasseroberfläche durchbrechen. Während er davonschwamm, schluckte und würgte er, bemüht, den in seinem langen Hals feststeckenden Fisch hinunterzuschlingen, und ich versuchte, das Surfen, dieses Spiel, das den Blick verengt, für einen Moment zu vergessen. Während ich die Luft und das Wasser mit der Offenheit eines Toren betrachtete und versuchte, den Himmel in mein Hirn einzulassen, stellte ich zu meiner großen Verwunderung fest, dass dieser Montagvormittag im September der erste Morgen voller mystischer Wolkenzeichen war, den ich je erlebt hatte. Damit meine ich, dass ein Mann mit breitem Brustkorb und dicken, zur Seite ausgestreckten Armen aus den Wolkenfetzen in den Horizont eintauchte, gerade als drei Adlerfedern in zarter Perfektion im blassblauen spätsommerlichen Himmel wehten. Ich mache keine Witze. Es ist nicht meine Art, Adlerfedern am Himmel zu sehen, aber sie waren da, jeder Kiel war klar und deutlich zu erkennen und zog eine lange Feder hinter sich her, und all dies unter einer Sonne, die kaum sichtbar Regenbögen aus Grün und Violett durch die daunenweichen Fasern tupfte. Und das, wissen Sie, war genug für einen Tag, dieser Kreislauf aus platonischen Wolkenformen, die mir meine Seele wie in einem Rorschachtest vor Augen führten, denn genau in dem Moment floss mir ein Band grünen Lichts entgegen mit niemandem darauf. Wie der Teufel paddelte ich auf meinem bescheuerten alten lila-orangefarbenen Board – frühe Achtziger mit einem Logo, das aussah, als gehörte es auf eine Bierdose –, spürte, wie sich die Welle hob, und schaffte es. Ich sprang auf, und als ich zwischen mehreren paddelnden Typen die Welle hinuntersteuerte, fiel mir etwas höchst Seltsames auf – in ihren Augen war kein Ausdruck des Entsetzens! War ihnen nicht klar, dass ich alles vermasseln und sie möglicherweise umbringen konnte? Offenbar nicht, und so wurde für mich dieser Morgen, während ich die schöne, wogende Mauer entlangglitt, hinauf zum Wellenkamm und wieder zurück in die konkave Wasserwand, während ich das Spiel spielte und dahinraste, zu einer reinen, stillen Freude. Doch als ich zurückpaddelte, kam ich irgendwie erneut Apollo in die Quere: Er fuhr gerade einen akrobatischen Turn, als ich den Kamm seiner Welle erreichte, und wir fielen beide vom Board. Wütend tauchte er auf, und gemeinsam trieben wir in der schäumenden Strömung und tasteten nach unseren Brettern.

«Hey» – er bebte geradezu vor Zorn –, «das hier ist nichts für Scheißamateure oder so.»

Während ich landeinwärts trieb, fort von der Menge, und erfolglos einige übrig gebliebene kleinere Wellen zu ergattern versuchte, sah ich, wie die Jungen einander etwas zuriefen und sich verstohlen ansahen. Auf der Hafenmauer verkündete ein Graffito: «Anfänger raus! Hau ab, oder du musst bluten.» Daneben prangte auf dem rauen Beton ein Hakenkreuz. Entzückend.

«Sag mal», hörte ich ein kleines, aggressives Bürschchen mit grünen Augen und flachsblonden Haaren seinem achtzig Pfund leichten Freund mit Piepsstimme zurufen. «Kennst du die zweite Bowl drinnen im zweiten Peak? Die, wo es dich echt schnell nach draußen zieht? Ich hatte grade den geilsten Floater da runter.» Man lasse sich nicht täuschen: Der Satz enthält mehr Wissen über Wellen, als die meisten von uns in ihrem ganzen Leben erwerben: «der zweite Peak» ist eine flache Stelle des Riffs, das die kleinere von zwei Wellen erzeugt; «drinnen» bezeichnet Stellen, an denen sich die Wellen am Strand erschöpfen und noch mal kurz zu kleineren Wellen aufbauen; «die zweite Bowl» ist eine noch flachere Stelle Richtung Strand, an der die Wellen zurückprallen und sich in kleinen, kabbeligen Spitzen brechen. Bei einem Floater gleitet der Surfer über das Weißwasser einer gebrochenen Welle. Nach einer Weile kam ich mit einem gut aussehenden Typen mit kurzen roten Haaren und freundlicher Miene, der für diesen Tag genug hatte, ins Gespräch. Wie sich herausstellte, war er Lehrer für Kite-Surfing, der sich während seiner Sprünge aus einem Flugzeug ein Surfbrett an die Füße band: «Kite-Surfen, Kumpel! Da drehste ab!» Er stammte aus einer bürgerlichen Familie in New Jersey und sagte, er habe keinen Kontakt mehr zu seinen Eltern, habe ihnen sein Leben nie begreiflich machen können. (So viele von uns folgen immerhin demselben Mythos!)

Plötzlich paddelte Apollo an mir vorbei. Er kam von seiner fünfzehnten Welle zurück, für die er so viel Zeit gebraucht hatte wie ich für zwei.

«He, Zwerg», brummelte ein Mann mit Bierbauch und Vollbart in einem schwarzen Neoprenanzug. Womit er den Jungen an sein Alter erinnerte. Der Mann hatte schwere Lider, und sein Gesicht hatte nach den vielen Jahren in der Sonne eine gewisse Gravitas. «Wir müssen mal reden.» Sein vergilbtes Ultralongboard unterschied ihn von den jungen, radikalen Surfern, den Shreddern, und hätte ihn durchaus zum indiskutablen Erwachsenen abstempeln können, aber er hatte die Statur eines Oldtimers und Soul-Surfers. Der Junge, unverkennbar der beste Wellenreiter im Wasser, blieb trotzig, war aber nervös, doch anscheinend kannte er den Mann, und außerdem war er ungefähr hundert Pfund leichter. Da Menschen im Wasser recht unbeholfen sind, werden Auseinandersetzungen unter Surfern meistens verbal ausgetragen: Und weil zwei Surfer manchmal auch bei einer Entfernung von nur zwei Metern manchmal völlig außerstande sind, aneinander heranzukommen, haben diese Streitereien oft die unfreiwillige Komik von zwei eingetopften Zitronenbäumen, die sich eine Wortschlacht liefern.

«Du musst noch einiges lernen», sagte der Mann auf dem Longboard selbstbewusst und seiner Autorität gewiss. «Wenn du jemals wirklich cool sein willst und die Leute dich wirklich mögen sollen, darfst du kein Arschloch sein. Solange du ein Arschloch bist, ist es egal, wie gut du surfst. Du bist und bleibst ein Arschloch.»

Ein Treffer ins Schwarze. «Ach, leck mich doch», murmelte der Junge und paddelte davon. Als er aber das nächste Mal an mir vorbeikam, schien er diese Lektion über das soziale Miteinander beherzigen zu wollen. «Pass auf, Mann», sagte er und bemühte sich tatsächlich, freundlich zu sein, «du bist grade über einer tiefen Stelle, deshalb brechen die Wellen hier nicht. Hier kriegst du garantiert keine.» Es bereitete ihm zwar sichtlich Mühe, sich zu diesem Ratschlag herabzulassen, der aber hervorragend und eine großherzige Geste war. Und dann redete er weiter und versuchte zum ersten Mal, ein großer Surfer *und* ein anständiger Typ zu sein. «Kannst ja mal mit raus kommen und dir ein paar schnappen», sagte er und verstummte jäh. Fast hätte er es geschafft, beinahe hätte er ein gutes Werk vollbracht, doch als er lospaddelte, rief er mir noch über die Schulter zu: «Damit du endlich besser wirst.»

Es hat auch seine Vorteile, etwas auf die lange Bank zu schieben, insbesondere in einer guten Universitätsbibliothek. Sitzt man an einem Eichentisch im dritten Stock des Lesesaals mit Blick auf die über 30 Meter hohen Redwoodbäume an der Küste, die in der nebligen Brise schwanken und tropfen, vergisst man ziemlich leicht die vor einem liegende Aufgabe und fragt sich, was der Online-Katalog wohl unter dem Begriff «Surfen» zutage fördert. Nicht viel, ehrlich gesagt, aber man kann sich ja ein wenig weiter umsehen, dringende Studien zur Seite legen und die Abteilung Reise/Entdeckungen aufsuchen. Als ich in den dicken, ledergebundenen Folianten mit Goldbeschriftung und schrecklich enger Type – Bände, die ungefähr alle zehn Jahre einmal ausgeliehen werden – stöberte, entdeckte ich zu meiner großen Freude, dass Kapitän James Cook, der später von Hawaiianern ermordet und möglicherweise auch verspeist wurde, bereits im 18. Jahrhundert etwas vom Mysterium des Surfens ahnte. Während sein Schiff vor Tahiti ankerte und die Mannschaft sich an Land ausruhte, vertraute er seinem Tagebuch den ersten Eintrag an, den es über das Wellenreiten in einer europäischen Sprache gibt. Ihm falle auf, so Cook, dass die Tahitianer «mit der beruhigenden

Wirkung einer bestimmten Art der Fortbewegung» – er meinte das Surfen –, «die in einigen Fällen offenbar ebenso erfolgreich den Geist besänftigt wie die Musik, durchaus vertraut sind». 200 Jahre vor dem berühmten Surfer-Film *The Endless Summer* stand Surfen im Geist eines Engländers also bereits für Heilung und Meditation.

Während er auf dem weißen Sand im Schatten liegt, sieht Cook einem Tahitianer zu, der im Einbaum auf den Wellen reitet. «Zunächst», gibt er offen zu, «dachte ich, er habe von einem der Schiffe etwas gestohlen und werde verfolgt.» Aber der Eingeborene erwischt noch eine Welle, reitet sie und nimmt gezielt weitere in Angriff, und da begreift Cook: «Ich kam nicht umhin, daraus zu schließen, dass dieser Mann das größte Vergnügen empfand, während ihn die Wellen so schnell und sanft vor sich her trieben.» Kapitän Cook, der selbst einen großen Teil seines Lebens auf den Weltmeeren verbracht und Frau und Kinder stets in weiter Ferne zurückgelassen hatte, musste man nicht erklären, welch großes Vergnügen es bereitete, auf den wogenden Wellen dahinzugleiten. Und herrlich scharfsinnig bemerkt er, dass die anderen Dorfbewohner zwar die europäischen Zelte und Schiffe bestaunten, aber der Surfer «diese offenbar nicht im Geringsten bewunderte, ja nicht einmal bemerkte». Schon damals zog das Wellenreiten also jene Wörter und Gedanken an, die sich bis heute darum ranken. Und jener Tahitianer aus dem 18. Jahrhundert hat, ganz versunken in die saubere Dünung, kein Interesse an Reichtum, keine Sehnsucht nach grüneren Weiden, keine Angst vor dem Imperialismus vor seiner Haustür.

Nachdem ich die Recherchemöglichkeiten der Bibliothek ausgeschöpft hatte, verblüffte mich zudem, mit welchem Feuereifer die nichtsahnenden Mitarbeiter der Fernausleihe meine Pflichtvergessenheit unterstützten. Beispielsweise bestellten sie mir noch ein Buch aus der Northern Regional Library der University of California, eine Erstausgabe, die noch kein einziges Mal ausgeliehen worden war und in keiner Weise als Rarität galt: das 1854 erschienene Buch *Sandwich Island Notes, by a Haole* des Missionars George Washington Bates. Bates, der – zweifellos mit den besten Absichten – an einem der großen kulturellen Völkermorde seines Jahrhunderts beteiligt war, berichtet darin über die Exotik der Tropen. Er schreibt über die Surfer in Klischees, die bis zum Beginn des 20. Jahrhunderts und in den Schriften von Jack London überdauert haben. Bates sieht die Wellenreiter als «geboren aus dem schäumenden Kamm der mächtigen Woge, während sie mit der Geschwindigkeit des schnellsten Rennpferdes Richtung Strand gleiten, wo ein Zuschauer neugierig beobachtet, ob sie in Stücke gehauen oder zu Krüppeln werden». In ihrem 1875 erschienenen Bericht *Six Months Among the Palm Groves, Coral Reefs, and Volcanoes of the Sandwich Islands* findet die unermüdliche Reiseschriftstellerin Isabella L. Bird ähnlich dramatische Worte: «Majestätisch ritten die Surfer an den Strand, stets unmittelbar vor den Brechern, wurden von deren mächtiger Antriebskraft mit einer Geschwindigkeit von 40 Meilen in der Stunde ans Ufer getragen ... wobei sie immer wieder fast verschlungen wurden von dem tosenden Brecher, dessen aufragender weißer Kamm sich stets über und direkt hinter ihnen befand.» Risiko, Wagemut und Bezwingung – das sind die Kategorien, mit denen westliche Autoren einem ihnen fremdartigen Sport einen vertrauten Sinn zu verleihen suchen. Cook jedoch hatte es schon richtig erkannt: Es kommt auf die Wiederholung der beruhigenden Bewegung an, den inneren Frieden, den man empfindet, wenn man in einer Betätigung vollkommen aufgeht.

Doch für Bates ist Surfen, 140 Jahre bevor Patrick Swayze in *Point Break* einen Bankräuber und Surfmystiker spielt, gleichbedeutend mit heidnischem Hedonismus. Bestürzt schreibt er über Waikiki – damals noch ein Dorf –, dass es dort «keine geschäftigen Handwerker gibt, die ihre Werkzeuge schwingen, keine zivilisierten Fahrzeuge, die Handelswaren befördern». Der Ort ist das genaue Gegenteil einer westlichen Stadt, des einzigen Modells, das Bates kennt. Man spürt geradezu, dass der Mann mit seinem Latein am Ende ist und sich die klassische Frage in Bezug auf die «Naturmenschen» stellt: Arbeiten die denn nie? Isabella Bird ist zwar eine erfahrene Bergsteigerin (die erste Frau auf dem Longs Peak in Colorado) und eine unermüdliche Reisende, reagiert aber ebenso: «Keine mühselige Arbeit, kein Klingen der Werkzeuge, keine Eile. Die Menschen machten alle Ferien (falls dies an einem Ort, an dem es keine Arbeit gibt, überhaupt möglich ist).» Zumindest jedoch sympathisiert sie in Worten, wenn auch nicht in Taten (sie war keine Frau, die bei einem Captain Bligh gemeutert hätte), «mit denjenigen, die Lotos essen und für immer an solch verzauberten Gestaden verweilen». Bates dagegen verlässt diese Idylle am Meer, unternimmt eine Wanderung und stöbert schließlich in einem zerfallenen Tempel herum. «Meine Phantasie», schreibt er, «beschwor das Bild einiger der Hohepriester des Heidentums herauf. Mir war, als sähe ich einen dieser betrogenen und betrügenden Peiniger vor mir: seine dämonische Fratze, den nackten Arm, während die erhobene Hand das tödliche Instrument ergreift und das Menschenopfer auf dem blutigen Altar liegt.» Bird bringt uns außerdem schon damals auf die Idee, dass das Surfen ein Spiel, eine Metapher für ewige Jugend ist. «Die Liebe zu diesem Wassersport», schreibt sie, «ist nicht auf die Jungen beschränkt. Ich sah große, dicke Männer mit ergrautem Haar, die mit so viel Freude auf ihren schmalen Wellenbrettern balancierten und auf den Brandungswellen zum Strand glitten, als wären sie in ihrer ersten Jugend.» Und während sie im Licht der Südsee die ziellosen Kreisläufe dieses Sports beobachtet, fragt sie sich verständlicherweise: «Herrscht hier eigentlich ewiger Feierabend ...?» Und wie Teddy Roosevelt, als er sich zum ersten Mal auf dem Lande in Wyoming aufhielt, um unter kernigen Männern überflüssiges Fett loszuwerden, reitet auch sie tagelang in der von ihr so genannten einheimischen Tracht – also in dem, was die Haloer trugen –, und sehnt sich danach, wie die Eingeborenen zu leben: «Ich werde jeden Tag gesünder und lebe fast ständig im Freien ... Ich bin schon geradezu hawaiianisiert.»

Selbst der Griesgram Mark Twain unternimmt einen Versuch: Am Ende seiner Blitztour durch den Wilden Westen in *Roughing It* segelt er nach Hawaii, nachdem er sich zum Kauf eines baufälligen Hauses überreden ließ, als Silbergräber bankrott ging, sein eigenes Waldstück in Tahoe in Brand setzte und sich während des Goldrausches in San Francisco fast zu Tode soff (vielleicht absichtlich). Doch anders als seine Vorgänger versuchte das sanfte Rauhbein tatsächlich zu surfen. So wie *Roughing It* den Wilden Westen als eine Art Urlaubsregion und das, was man dort treibt, als Spiel präsentiert, so wird das Surfen in dem Reisebericht als etwas Ursprüngliches dargestellt, das wir *alle* einmal ausprobieren sollten. Inmitten «einer großen Gruppe nackter Eingeborener», erklärt er, «brachte ich das Brett in die richtige Position – und sogar im richtigen Augenblick –, schaffte es aber nicht, mich darauf zu stellen. Binnen einer dreiviertel Sekunde landete das Brett, ohne seine Fracht, am Strand, und in etwa derselben Zeit drückte es mich auf den Meeresgrund, und ich schluckte eimerweise Wasser.» Aber nach seiner Reise quer über Kontinent und Meer, die nichts als eine Abfolge von Streichen war, sonnt sich Twain in seiner Schmach. Er findet sogar Worte für die Faszination, von der wir seither immer wieder gehört haben, nämlich dass «nur die Einheimischen die Kunst des Brandungs-Badens vollkommen meistern».

Als der Nebel endlich gewichen war, gab ich Fernleihscheine für einige andere Reiseberichte aus dem 19. Jahrhundert ab und ging dann durch den Redwoodwald nach Hause; die rötlich braune Borke der Bäume war so dick und weich, dass mir der Wald wie ein feuchter, gepolsterter Hörsaal aus gefiltertem Licht erschien. Auf dem Hinweg am Morgen war ich zwischen denselben kerzengeraden Mammutbäumen, deren Äste die Größe kleiner Bäume erreichen können, hindurchgegangen, als ich von einer Brücke über einer kleinen Schlucht aus einen der Baumriesen im Morgenlicht buchstäblich *dampfen* sah – das Licht fiel in die Nebelschwaden, die von seiner Rinde wie goldener Rauch aufstiegen. Jetzt, in der Mittagshitze, produzierte der Staub auf dem Weg einen ähnlichen Effekt und glitzerte in Streifen aus Sonnenlicht. Schließlich trat ich hinaus in das offene Hügelland, das mit verbranntem Sommergras bedeckt war und über das Schwaden von Wärme und Staub zogen – wer nicht im Westen der USA aufgewachsen ist (Twain interessierte sich nicht besonders für die hier lebenden Menschen), kann sich nur schwer daran gewöhnen. Nichts in der Typologie amerikanischer Orte und Regionen entspricht diesen flachen Hügeln ohne rote Scheunen oder Silos; es gibt hier nichts, das an eine *ländliche Gegend* erinnert. (Ich wuchs auf in der Annahme, dass die Abbildungen der Farmen in meinen Bilderbüchern europäische Bauernhöfe zeigten, da ich solche in Amerika noch nie gesehen hatte.) Und es ist schwierig, ein Land gut zu kennen, mit dem die eigene Kultur so wenige Berührungspunkte aufweist: kein Schnee, kaum Regen, das Land der Ohlone-Indianer und des Rotschwanzbussards … Wie soll man es nennen? Man kann ja wohl kaum die ganze Zeit an einem Ort namens «Der Westen» leben, außerdem brauchen diese trockenen Gegenden Raum, es sprießt dort nicht genug Grün, das die leeren Fluren zwischen Einkaufszentrum und bebauten Gebieten mit örtlicher Wildnis ausfüllen könnte. Ein Supermarkt mit Parkplatz kann durchaus ein ganzes Tal erdrücken und dessen mickrig grüne Flächen schrecklich einsam und verlassen aussehen lassen. Aber durch den freien Blick von den Hügeln über die blaue Bucht von Monterey weitete sich mein Bewusstsein ohne jede Angst und nahm die angenehm trockene Wärme und die schlichte Schönheit der Eiche auf einem Feld in sich auf.

Unten an meinem kleinen Strand breitete sich unter Schäfchenwolken die Abenddämmerung aus. Wie ein Kirchenfenster fing der Sand an seinen feuchtesten Stellen das Orange der Sonne ein. Ein kleiner Hund rannte kläffend an das ruhige Meer, sprang hinein, um ein Stöckchen zu holen, und lief dann zu einer Frau in Militärjacke. Ein besorgt dreinschauender Mann, ebenfalls im Parka, suchte den Sand mit einem Metalldetektor ab, blieb plötzlich stehen und hockte sich hin. Während die Frau und der Hund sich balgten und an einem Strang Seegras zerrten, erhellten etwas weiter nördlich die Lichter der Restaurants die Pier. Draußen auf dem chromblauen Meer, das inzwischen wirklich glatt, ganz ohne Brandung war, neigte sich ein einsames Segelboot im Abendwind, der vom Land her auffrischte. Doch später, als ich aus den offenen Fenstern meines Schlafzimmers blickte, begann es allmählich zu erwachen. Das obere Stockwerk des alten Redwood-Hauses schaukelte im Rhythmus der Bewegungen meiner Mitbewohnerin und ihres Freundes, zu dem sich noch das Bellen der Seelöwen hinzugesellte und die mit der Zeit immer lauter werdenden Wellen: erst nur ein leichtes Plätschern, dann ein ganz leises, hohl klingendes «Wumm».

Wenn ein Surfspot ein idyllischer Thoreau'scher Walden-See sein kann, eine stoffliche Entsprechung all dessen, was man auf der Welt als schön und geheimnisvoll empfindet, dann habe ich meinen durch jemanden entdeckt, der es dort draußen hasste. Skinny hieß mit richtigem Namen Warren Cohn und war 29, wurde aber seit der achten Klasse Skinny genannt, dem Jahr, von dem an er nicht mehr dünn war. Während der Schulzeit waren wir nicht befreundet gewesen, hatten aber zusammen ein Konzert von Grateful Dead besucht. Unser Geschichtslehrer hatte damals zwei Freikarten übrig und holte uns um acht Uhr morgens ab. Auf dem Weg zum Konzert auf den Grass Valley Fairgrounds fuhr Mr. Wells, angespannt und mit übermüdeten Augen, mit 75 Meilen die Stunde auf der Route 80, eine Flasche Mickey's Malt Liquor zwischen den Beinen, und hielt das Steuer mit den Ellbogen, während er sich eine Pfeife mit selbst gezogenem Kolumbianer ansteckte. Während ich auf dem Rücksitz saß und überlegte, was meine Eltern wohl denken würden (das war natürlich die Kehrseite einer typischen Siebziger-Jahre-Jugend in Berkeley), stopfte sich Skinny mit einem Haufen halluzinogener Pilze voll. Aber er hatte den Mund etwas zu voll genommen, denn nach den ersten Songs verließ er das Konzert und irrte allein zum Highway zurück. Mr. Wells, der glaubte, Skinny wäre ermordet oder entführt worden, flippte total aus, weil er nicht wusste, wie er sein Verschwinden der Schulleitung erklären sollte. Später erwies sich, dass Skinny einfach nur nach Hause wollte und den ganzen Weg per Anhalter zurückfuhr, während die Welt in einem Schweif grünblauen Lichts an ihm vorüberflog.

Skinny war ein Berufs-Surfer und Taugenichts, der immer breit grinste. Er sprach mich einige Tage nach meinem Umzug nach Santa Cruz auf der Straße an. Er habe sein Jahreseinkommen von sieben Riesen, sagte er, bei einem Team verdient, das in Oregon Wanderungen veranstaltete, als die Wellen in Kalifornien klein waren, dann ein paar Monate in Costa Rica mit perfektem Surfen totgeschlagen und sei jetzt über den Winter zurückgekommen. Seinen Trailer hatte er für einen Hunderter im Monat auf einem Campingplatz geparkt. Die meiste Zeit sah er sich Basketballspiele im Fernsehen an, aß Müsli und rauchte Gras. Außerdem hörte er von morgens bis abends Radio, verfolgte die Wetterberichte und hielt sich beim Seewetteramt auf dem Laufenden. An jenem Tag, als wir uns zufällig in der Stadt trafen, erzählte er mir, dass ein Hochdruckgebiet vor Washington nach Idaho ziehen und uns ablandige Winde bescheren könnte. Er bot mir an, mit mir bei Morgengrauen die Spots abzuchecken, was mich durchaus reizte, da ich mich in der Gegend noch nicht gut auskannte und am Pleasure Point bereits eine Menge miese zweistündige Surfsessions mit nicht mehr als zwei Wellen erlebt hatte. Also fuhr ich am nächsten Morgen vor Sonnenaufgang los, um Skinny abzuholen. Während sich der Nachthimmel über Salinas rot verfärbte, bog ich von einer schmalen Straße in Santa Cruz mit unauffälligen Bungalows und hohen Redwoodbäumen auf seinen geschotterten Abstellplatz ein und schaltete die Scheinwerfer aus. Skinny kam heraus, schloss rasch die Tür des Wohnwagens und verbot mir, einen Blick hineinzuwerfen. *Niemand* dürfe dort hinein, sagte er, nicht einmal seine Freundin, eine Lehrerin. Und er wollte auch nicht, dass sie ihn dort abholte, fand es einfach zu schwierig, ihr das Ganze zu erklären. Am besten war, dass sich alles bei ihr abspielte.

Ich lud mein Board und meinen Anzug auf die gepolsterte Ladefläche seines aufgemotzten, verdreckten 4WD-Toyota-Pick-ups, den er mit Stickern von Surfshops – Biotribe, Unitryb, World Jungle, Hunters and Gatherers – voll geklebt hatte. Sofort bekam ich gute Laune, denn jetzt saß ich mit einem Surfkumpel im Auto, mit einem, der sich in der Gegend auskannte. Nachdem wir kurz auf ein paar labbrige Blaubeer-Muffins und dünnen Kaffee gehalten hatten, fuhren wir noch etwas in der Stadt herum und redeten über die Schulzeit und seinen und meinen Umzug an die Küste. Skinny besaß einen wachen, schalkhaften Humor. An das Grateful-Dead-Konzert erinnerte er sich hauptsächlich wegen der Erdnussbutter, die er verdrückt hatte, damit die Pilze überhaupt genießbar waren. Während wir an der Steilküste entlangfuhren, vorbei an pittoresken, stuckverzierten Steinhäusern, sagte er, ihm gefalle der Wind auf dem Wasser nicht, und wahrscheinlich würden sich sowieso schon bald zu viele Typen an den Spots in der Stadt tummeln. Also verließen wir die Stadt Richtung Norden, auf einem Highway mit verdörrten Hügeln zur Rechten und bewirtschafteten Feldern zur Linken, während der Nebel sich vor der Küste hob. Wir kamen an mehreren Gruppen von Pick-ups vorbei, die offensichtlich an Surfspots parkten, aber Skinny hatte jedes Mal Bedenken anzumelden: zu viele Autos, Richtung der Dünung falsch, Wind verkehrt. Ich wurde langsam hippelig und fragte, was er von dem Spot ohne Autos halte, an dem ich schon einmal mit dem Sensenmann flüchtig Bekanntschaft gemacht hatte.

«Der heißt Point», antwortete Skinny, als er direkt daran vorbeisauste. «Ist echt scheiße.»

«Aber dort ist niemand.»

«Der Spot ist doch pipifax», sagte er grinsend. «Nichts für mich.»

Weil das vermutlich heißen sollte, dass die Wellen nicht seinem Standard entsprachen, beschloss ich, ihm die Geschichte, wie ich fast ums Leben gekommen war, ein andermal zu erzählen. Doch als wir die Stadt hinter uns gelassen hatten, bis zur nördlichen Grenze des County gefahren waren und immer noch keinen geeigneten Spot gefunden hatten, teilte ich ihm mit, ich würde gern mal kurz ins Wasser, wenn er nichts dagegen habe. Ich sei nicht darauf aus, etwas Perfektes zu finden, hätte einfach nur Lust, ein bisschen zu surfen. Da beschloss er, dem Point eine zweite Chance zu geben. In der Nähe eines Eukalyptuswäldchens und einiger verlassener Farmarbeiterbaracken mit zerbrochenen Fensterscheiben holten wir unsere Bretter heraus, und ich packte meinen Rucksack mit Surfanzug, Handtuch, Wachs, Sonnenöl, Proteinriegel und Möhrensaft. Inzwischen standen auf dem Schotterparkplatz ein paar Autos, darunter ein japanischer Pick-up, ein alter El Camino und ein Buick. Gerade als die Sonne über dem Horizont hervorlugte und Licht die Dunkelheit durchströmte, brachen wir zu jenem Ort auf, an dem ich schließlich einen großen Teil des folgenden Jahres verbringen sollte. Auf einem Feldweg, der von Hemlocktannen gesäumt war – alle auf eine schwarze, teerige Art welk, sodass sie aussahen wie Agent-Orange-Opfer –, stapften wir durchs Unkraut und sammelten lauter Kletten an unseren Hosenbeinen. Die ganze Gegend war wild und überwuchert, hier und da lag etwas Müll herum, aber überwiegend war es ein herrliches Fleckchen Erde, dem nur niemand einen Namen gegeben hatte. Rechts sah man Reihen von Rosenkohl unter den Wasserfontänen einer Sprinkleranlage; links führte ein hübsches kleines Bachbett durch Schilfrohr zu einer Lagune, die vor der Brandung durch eine Sandbank geschützt wurde. In einer flachen Stelle des Brackwassers stand ein Reiher, zierlich und verletzlich, schön wie eine fragile Filmdiva mit einer weißen Federboa. Weiden säumten die Nord-Süd-Eisenbahntrasse, ein Frosch quakte in dem stehenden, von Algen bedeckten Gewässer. Gegen Eisenbahngleise ist übrigens nichts einzuwenden – vor hundert Jahren waren sie der Vorbote für die moderne Industriegesellschaft im Paradies Amerika, jetzt aber sahen sie aus wie ein vertrauter Gartenweg. Und kleine gelbe Blüten, vermutlich Kamille, bedeckten den Mittelstreifen des Weges (ich pflückte ein paar, um später Tee daraus zu machen, stellte beim Aufbrühen und Abseihen allerdings fest, dass es sich um eine Art falscher Kamille handelte). Es war toll, den verdörrten, weizengelben kalifornischen Sommer zu riechen, das Meer voller Seetang, während Richtung Süden, jenseits der Monterey Bay, die Berge hinter dem pseudobohemehaften, halb vom Nebel verborgenen Carmel aufragten.

Tatsächlich war die Kombination von Lagune und Sandbank, felsiger Landspitze, Unterwasserriff und Bach ein wunderschöner Küstenabschnitt, ein exakter Mikrokosmos dessen, was die gesamte Küste Nordkaliforniens auszeichnet – und deshalb natürlich mehr als genug Welt für mich. Rechts beschrieb der Point einen natürlichen Bogen. In der Hälfte der Bucht, die davon geschützt wurde, hoben sich vier kleine Wellen durch ein Kelpbett, während drei Jungs, die Kapuzen ihrer Sweatshirts tief ins Gesicht gezogen, im Morgengrauen dastanden und ihre Surfanzüge ausschüttelten – sie hingen einfach im Land Gottes herum, als wäre es ihr Hinterhof. Genau in diesem Augenblick entschied ich, auch ich wollte von diesem Ort leicht gelangweilt sein, wollte so viel von seiner Schönheit in mir aufnehmen, bis ich dieses leise Bedauern nicht mehr empfand, das einen oft überkommt, wenn man etwas Herrliches sieht, und zwar ein Bedauern darüber, dass man sein Leben wirklich ändern sollte, um solche Orte und Augenblicke darin einzuschließen, aber genau weiß, dass man es doch nicht tut. Etwa so, wie wenn man etwas findet, von dem man gar nicht wusste, dass man danach gesucht hat: Diese Bucht fegte alle Gedanken an das Wellenreiten beiseite. Und so stand ich völlig hingerissen neben ein paar niedrigen, breiten, typisch windschiefen Zypressen auf dem matschigen Trampelpfad, der sich durch eine kleine, mit Brombeersträuchern zugewachsene Schlucht zum Wasser hinunterschlängelte.

«Oooh», sagte Skinny und betrachtete die kleine, menschenleere Brandung. «es *läuft leer.*»

«Hmm?»

«Das Riff, Dummkopf. War bloß ein Scherz, aber das merkst du nicht mal.» Wir kletterten den rutschigen Weg voller zertretener Fettpflanzen hinunter, während der graue Pazifik allmählich Blautöne annahm und Gischtbögen am Kliff emporschossen. Unsere Anzüge waren kalt, klamm, nass und sandig, nachdem wir sie drei Tage benutzt hatten. Obwohl sein Trailer völlig heruntergekommen war, hatte Skinny den Tick, dass an seinem Surfanzug kein Körnchen Sand, kein Grashalm kleben durfte. Er stand auf einer Plastikfolie (damit die Füße sauber blieben), ohne Hosen, mit einem Handtuch um die Hüften, und schüttelte und bürstete an dem Neopren ohne die geringste Hast. Als er sein Programm endlich durchgezogen hatte, gingen wir ins Wasser, und sofort erwischte mich eine Welle frontal. Ich tauchte auf mit dem Board in der Hand, schlug wild aufs Wasser und keuchte, während mich eine blöde Strömung gegen einen Felsen zog. Angesichts einer neuen Welle schwamm ich wie üblich mit geschlossenen Augen, als ich einen starken Sog spürte, während die Welle über mich hinwegging. Beim Auftauchen direkt vor einem mit Rankenfußkrebsen überzogenen Felsbrocken überkam mich ein ekelhaftes Gefühl von *déjà vu.* Da rollte noch eine Welle herein. Ich tauchte und schwamm, spürte, wie der Auftrieb mich nach oben zog, wieder freigab, und durch eine Laune der Strömung trieb ich aufs Meer hinaus.

Einer von den anderen Surfern im Wasser, ein mittelgroßer Mann mittleren Alters mit einem zerfurchten, aber irgendwie jungenhaften Gesicht, erwischte erstaunlich viele Wellen. Zwei Stunden lang beobachtete ich ihn und seinen Freund, einen geschmeidigen Mann mit braunem Haar, der erstaunlich elegant und schnell surfte. Letzterem rief ich ein Lob zu, als er an mir vorbeisauste, woraufhin mich Skinny böse ansah; anscheinend galt es hier, extrem cool zu sein. Doch war es schon unglaublich, was für ein Leben diese Männer führten; beide offenbar Anfang vierzig, ungefähr im selben Alter wie der jüngste Bruder meines Vaters – der mir auch das Brett und den Surfanzug geschenkt hatte –, und mitten am Tag, mitten in der Woche waren sie hier draußen auf dem Wasser, weit weg von jedem hektischen Treiben. Während sie sich auf Spanisch («*¡Coño!*»), Französisch («*Cette vague-ci, c'est la mienne!*») und auf Italienisch Worte zuriefen, die ich nicht verstand, freuten sie sich offensichtlich, zusammen hier draußen zu sein. Zur Aufsässigkeit von Surfern im Wasser kommt noch hinzu, dass die Surfbretter und -anzüge alle mehr oder weniger gleich aussehen, sodass man die Leute nicht unbedingt erkennen kann; deshalb lernt man, Aussprache und Gesichtsausdruck zu deuten. Der kleinere, dunklere Mann warf Skinny und mir ein kurzes Lächeln zu, das teils sanft und überschwänglich, teils merkwürdig ironisch wirkte. Aber es war keine Zeit, sich zu unterhalten, und deshalb trieb ich nur so herum und erwischte ein paar Wellen, die zwar schnell waren, aber eine ganz eigene Form hatten, mit enormer Power unter der Wasseroberfläche, die jedoch dennoch gemütlich brachen. Trotzdem war es großartig, an diesen rollenden Wasserwänden entlangzugleiten, in einer perfekten Wildnis, während über dem Meer die Sonne aufging. Kein Haus und keine Straße war in Sicht – zumindest nicht von unterhalb der Steilküste, aber das allein zählt, denn es ist wichtig, offen für die Bewältigung der Wirklichkeit zu sein und sich an Ausblicken oder Blickwinkeln zu erfreuen, die die Wildnis ausmachen, etwa so, wie man in seiner Heimatstadt ausschließlich auf Straßen fährt, von denen aus betrachtet sie so wirkt, wie man sie haben will.

Skinny ritt zwar auf einigen kleineren Wellenhügeln, aber die ganze Szenerie schien ihn immer mehr zu ärgern. Keiner von uns kam so richtig dahinter, wo man warten musste – wir waren nie an der richtigen Stelle, konnten die besseren Wellen einfach nicht erwischen. Er brummelte etwas wie, er wisse schon, warum er diesen Strand normalerweise meide, und verkündete, jemand sollte das Riff da draußen mal mit ein bisschen Dynamit in Form bringen. Leonard Lueras schreibt in seinem Buch *Surfing, the Ultimate Pleasure*, dass die alten Hawaiianer um die Wellen beteten, indem sie mit *pōhuehue*, Winderanken, aufs Wasser schlugen; in der Hoffnung, dass die kleinen Wellen größere auslösen würden, sangen sie (und Lueras übersetzt): «Kū mai! Kū mai! Ka nalu nui mai Kahiki mai.» (Steigt auf, steigt auf, Ihr großen Wellen von Kahiki.) «Alo po'ipū! Ku mai ka pōhuehue.» (Ihr mächtigen, übereinander schlagenden Wogen. Steigt auf mit dem *pōhuehue*.) «Hū ! Kai ko'o loa.» (Wölbe dich, lange, wütende Welle.) Ich suchte mir einen schönen Zweig, lief zum flachen Wasser, bat um ein Zeichen des Himmels. Schlug in Ehrfurcht und Frustration auf die Oberfläche und sah zu, wie sich meine kleinen Wellen auflösten ... Skinny, der auf seinem Board saß und nach Westen sah, kam langsam heran und drosch so heftig aufs Wasser, dass es in hohem Bogen spritzte.

Da ich von Natur aus optimistisch bin, paddelte ich eine der kleinen Wellen an, die er ignoriert hatte, aber sie rollte unter mir hindurch, und so kraulte ich mit gesenktem Kopf zurück.

«Schön, was?», fragte der ältere Typ und meinte damit den Sonnenschein und die saubere Luft. Eine weitere Welle rollte herein, und er nahm sie sich vor.

Skinny griff sich die nächste, erwischte sie allerdings nicht ganz. Schließlich gab er es auf und wirbelte herum, Geifer auf den Lippen, sein Gesicht verzerrt vor Zorn. «Zwei Scheiß-Monate in Costa Rica», sagte er, «Surfen perfekt. Und dann komm ich zurück, und wo lande ich? In diesem *Scheiß.*» Er drehte sich um, schlug hart aufs Wasser und schrie dem Pazifik entgegen: *«Mach schon, du Schlampe!»*

Ein großer Otter schwamm in der Nähe auf dem Rücken, in erschreckend menschenähnlicher Manier. Auf dem Bauch trug er einen Stein, auf den er immer wieder mit einer Miesmuschel einschlug, an der er dann knabberte. Obwohl es zweifellos kalt war und voller Gefahren, schien mir sein Leben für seine Umgebung durchaus eine Empfehlung. Als ich vor Kälte und Erschöpfung zitterte, ritt ich auf einer bereits gebrochenen Welle wieder zurück. Als sie am Felsvorsprung hochspritzte, beugte ich mich zurück und stolperte auf das Riff; mein Gleichgewicht war immer noch auf wogende Wellen eingestellt. Der Niedrigstand der Ebbe hatte bemooste Riffe freigelegt und Tümpel mit Anemonen, und ich schlitterte zwischen den glitschigen, mit schlaffem Seegras behängten Felsen hindurch. Ich setzte mich auf einen Schieferfelsen, um auf Skinny zu warten, und hatte plötzlich so ein merkwürdiges Gefühl, als würde ich so bald nirgendwo anders surfen als hier. Als wir uns anzogen, sagte Skinny so was wie, er hätte lieber hohe Wellen, die ihn forderten, und dass dieses Riff für ihn nur dümpelig und ein formloser Haufen sei. Die meisten Typen, mit denen er surfe, weigerten sich rundweg, hierher zu kommen, behauptete er; er war nur deshalb einverstanden gewesen, weil er fand, es täte mir gut, aus der Stadt rauszukommen. Während er redete, brach weit und breit über dem Wasser der helle Tag an, und das offene Blau des Himmel spiegelte sich in kleinen Wasserlachen wider. Ich habe zu Skinny zwar nichts gesagt, aber ich konnte es nicht fassen: Hier bekam ich ganz Kalifornien geschenkt, am Ende des 20. Jahrhunderts, lebendig und zugänglich, an einer kleinen Stelle neben einem kleinen Highway ohne Hinweisschild.

Die beiden älteren Männer zogen sich rasch und konzentriert um, sie standen jeder auf einer Plastiktüte und hatten einen kleinen Rucksack mit dem Wesentlichen dabei. Mit einem kurzen Nicken in unsere Richtung gingen sie davon, lange bevor Skinny jede einzelne seiner Zehen so weit abgetrocknet hatte, dass wir ihnen folgten konnten. Als wir mit unseren Boards unterm Arm auf dem von der Sprinkleranlage durchweichten Weg zwischen den Feldern zurückgingen, hörte ich das dunkle Rattern des Southern Pacific, der aus San Francisco herunterkam. Aus irgendeinem Grund sah ich uns plötzlich wie aus weiter Entfernung, und mir wurde klar, dass ich hier einen Moment erlebte, von dem ich immer geträumt hatte und den ich unbedingt festhalten wollte; wie oft denkt man, das ist es jetzt!, und fühlt sich hinterher doch enttäuscht und kein bisschen anders. Aber die Surfbretter und Sandwege und Farmen und Züge hatten in mir irgendeine riesengroße, perfekte Saite zum Klingen gebracht und machten mich verrückt vor Sehnsucht, so lebendig zu sein, dass ich irgendwie zu diesem Moment selbst werden könnte.

«He, Mann!», rief ich. «Hast du das gehört?»

«Was denn?»

«Willst du den Zug nicht sehen?»

«Was?»

Hunderte von Möwen stiegen über uns auf, als ich losrannte. Vor den Gleisen versank mein linkes Bein bis zur Wade im Schlamm. Meinem anderen Bein passierte gleich darauf dasselbe, und ich stand da mit beiden Füßen im Matsch, hielt das Board mit der einen Hand, winkte mit der anderen und grinste den Lokführer wie ein Volltrottel an. Er winkte höflich zurück.

Es erforderte ein wenig Arbeit, die Sandalen zu finden und auszugraben – sie sehen immer noch nicht so aus wie vorher –, und während ich dahinschlenderte und meine Zehen in den nassen Socken quatschten, erzählte ich Skinny, wie sehr ich mir wünschte, die Leute würden hier etwas Schmackhafteres als Rosenkohl anbauen. Dann hätte ich mir die Taschen damit voll stopfen können.

Auf einem alten Foto sieht mein Vater mir recht ähnlich – er ist darauf ein paar Jahre jünger, als ich es jetzt bin. Er liegt in seiner Koje an Bord des Flugzeugträgers *Oriskany* und liest *Two Years Before the Mast* von Richard Henry Dana. Es ist eines dieser seltenen Bilder, durch die Vater und Sohn einen Augenblick lang gleich alt sein können; und ich habe tatsächlich seine Nase und seine Augen, die gleichen zusammengezogenen Brauen beim Lesen. Dad hasste den Militärdienst, und immer noch schleicht sich eine überraschende Bitterkeit in seine Stimme, wenn das Thema aufkommt, aber es hätte schlimmer kommen können: Ein paar Jahre früher wäre er nach Korea eingezogen worden, ein paar Jahre später nach Vietnam. Außerdem hat er ziemlich viel von der Welt gesehen, ohne einen Menschen töten zu müssen. Er leistete seinen Militärdienst als Fluglotse ab und wurde in Europa ausgemustert. Bald darauf kehrte er in die USA zurück, um Jura zu studieren, und lernte meine Mutter kennen. Aber er wuchs am Strand eines ganz anderen Los Angeles auf – Santa Monica und Hollywood waren tatsächlich noch getrennte Städte, in Orange County gab es wirklich Orangenplantagen –, und er hatte eine Mutter, die ganz offen ihre Meinung sagte. Großmutter Duane war eine fröhliche New Yorkerin irischer Abstammung mit explosivem Humor, die in einer Hinsicht ganz fest blieb: «Die Männer aus unserer Familie gehen zur Marine.» Sein Vater war nicht zur Marine gegangen, was Dad zweifellos wunderte. Doch irgendwie ging es darum nicht, oder vielleicht eben doch.

Dad und seine jüngeren Brüder surften und bodysurften in ihrer Jugend, aber dann sagte er dem Strandleben ade, um aufs College zu gehen und zur See zu fahren. Wenn irgendjemand dafür verantwortlich ist, dass ich vom Wasser und der Freiheit, es zu genießen, besessen bin, dann mein Vater: Er liebte Steppenwolf-Geschichten, Erzählungen über Männer, die sich von der Herde entfernten. Zum Beispiel die Geschichte über den befreundeten Rechtsanwalt, der seine Kanzlei, die auf Berufungsverfahren beim obersten Bundesgericht spezialisiert war, von einer Holzhütte im Vorgebirge der Sierra Nevada aus leitete, oder über den Mann, der einen Ein-Jahres-Vertrag als Rechtsberater des Parlaments der Republik Pongo Pongo unterzeichnete und nie mehr zurückkehrte. Wir hatten ein unbändiges Vergnügen bei der Vorstellung, wie der Bursche auf einem Floß von einer Insel zur andern fuhr, mit den Fischern plauderte und alle paar Monate versuchte, sich an seinen Nachnamen zu erinnern. Oder die Zeit, als Dad eine Woche lang bei Joshua Tree geklettert war und in der Hochlandwüste im Auto gelebt hatte, heiße Tage, eisige Nächte. Auf einem Campingplatz wurde eingekauft, und er kam mit der älteren Kassiererin ins Gespräch. Ihr Mann sei vor kurzem gestorben, erzählte die Frau, aber das Alleinsein mache ihr nichts aus. Da er Matrose in der Handelsmarine gewesen sei, habe sie ohnehin die meiste Zeit ihres Lebens an Land auf ihn gewartet. Sie seien dann nach seiner Pensionierung da hinaus gezogen, weil – so Dad in einem großartigen Beispiel für seine Art des Geschichtenerzählens – für den alten Seemann die Wüste dem offenen Meer am nächsten kam. Dad hatte enorm viel Sympathie für solche Leute; und genau da hinein passte der junge Dana, dessen Nerven versagten und der nach seiner dritten Erkrankung an Masern seine Sehkraft so sehr eingebüßt hatte, dass er 1834 im Alter von 19 Jahren von Harvard abging und mit dem Schiff nach Kalifornien aufbrach.

Es hat etwas zutiefst Romantisches, dass ein reicher Junge von der Ostküste nicht als Passagier mitfährt (was er sich mühelos hätte leisen können), sondern als einfacher Seemann anheuert. Denken Sie nur an den schwächlichen Theodore Roosevelt, der auf einer Ranch in Wyoming hart rangenommen wurde, oder an den dicklichen, empfindsamen Frederic Remington draußen in Montana. Dana schreibt: «Nicht mehr den engen Frack, den Seidenzylinder und die Glacéhandschuhe eines Studenten in Cambridge zu tragen, sondern eine weite Segeltuchhose, ein kariertes Hemd und eine Seemannsmütze aus Ölzeug ... diese Veränderung war bald vollzogen, und so glaubte ich, durchaus als alter Seebär durchgehen zu können.» Nachdem er Kap Horn umsegelt hat, geht er in Kalifornien bei Santa Barbara zwischen lauter Hawaiianern in der Brandung an Land. «Nie werde ich den Eindruck vergessen», notiert er, «den unsere Landung am Strand von Kalifornien bei mir hinterließ. Die Sonne war gerade untergegangen; es dämmerte, der feuchte Abendwind frischte auf, und die massive Dünung des Pazifiks setzte ein und brach sich in lauten, hohen Sturzwellen auf dem Strand.» Während Dana und die Mannschaft seines kleinen Boots ängstlich außerhalb der Brandung verharren, fährt ein mit «dunkelhäutigen Sandwich-Insulanern» bemanntes Beiboot eines anderen Schiffes vorbei. Die Hawaiianer «stießen einen Schrei aus, und indem sie einen mächtigen Brecher ausnutzten, der gerade auf das Land zurollte und dabei sein Haupt aufrichtete ... pullten sie drei- oder viermal kräftig und schoben sich die hohe Welle hinauf.» Und so macht es Dana, erfolgreicher als Mark Twain, den Erfindern des Surfens nach und reitet in seinem Ruderboot auf einer Welle an Land.

Während er am Strand auf den Kapitän wartet, blickt er auf die Wellen und schildert eine offenbar wunderschöne Brandung: «In regelmäßigen Reihen rollten die mächtigen Wogen an den Strand», erinnert er sich. «In regelmäßigen Abständen wurden sie immer größer, je mehr sie sich der Küste näherten, und hingen buchstäblich über dem Strand, auf dem sie sich brechen würden, kräuselten sich, wurden weiß vor Schaum und brachen sich von einem äußeren Rand her zum anderen, ähnlich einem langen Kartenhaus, das zusammenfällt, wenn Kinder die Karten an einem Ende umstoßen.» Ein Schiffskamerad bemerkt etwas zu Dana, worüber der sich mit Sicherheit freut: «Sieht hier nicht sehr nach Cambridge College aus, oder?» Und für die Schönheit des Meeressaums hat Dana ein ziemlich gutes Auge: An der Küste von San Juan Capistrano «lag in allem eine Größe, die der Landschaft fast etwas Feierliches verlieh; eine Stille und Einsamkeit, die alles durchdrangen! Meilenweit kein Mensch außer uns und kein Laut außer dem steten Pulsieren des großen Pazifiks! Zudem der große steile Berg, der sich einer Mauer gleich erhob und uns von aller Welt abschnitt, ausgenommen der Wasserwelt!» Und das weckt in Dana «eine glühende Freude, weil das, was ich an poetischen Empfindungen je in mir hatte, durch mein bisheriges mühseliges und zerfahrenes Leben noch nicht vollständig abgetötet worden war.» Wie herrlich, dass jemand sein Glück, diese Küste in solch uneingeschränkter Schönheit erblicken zu dürfen, so zu schätzen wusste. Zu den Konstanten *meiner* Liebe zu dieser Küste gehört seit jeher der müßige Wunsch, diese vor ihrer Verschandelung gesehen zu haben; manchmal fällt es schon schwer, Emersons Rat zu befolgen und zu glauben, dass die Welt mit all ihren Reichtümern direkt so vor uns liegt.

Seine zentrale Erfahrung macht Dana jedoch in San Diego, wo zwanzig Sandwich-Insulaner am Strand leben. Sie haben ihre Heimstatt in einem alten, gemauerten Backhaus aufgeschlagen und geben sich, wie zu erwarten, «dem uneingeschränkten Müßiggang hin – trinken, Karten spielen und auf jede erdenkliche Art feiern». (Bei all ihrer freien Zeit und dem warmen Wasser darf man aber wohl zusätzlich annehmen, dass sie auf Treibholzplanken oder umgestürzten Bäumen surften oder zumindest bodysurften.) Einmal versucht Danas Kapitän, die Hawaiianer anzuheuern, woraus sich eine zeitlose Unterhaltung mit deren Sprecher ergibt:

«Was tun sie hier, Mr. Mannini?», fragt der Kapitän.

«Ach, wir spielen Karten, betrinken uns, rauchen – alles, wozu wir Lust haben.»

«Wollen Sie nicht an Bord kommen und arbeiten?»

«*Aole! Aole make make mokou i kana hana*. Jetzt haben viel Geld; Arbeit nicht gut. *Manule*, Geld *pau* – alles fort. Ah! sehr gut, Arbeit! – *makai, hana nui!*»

«Aber so geben Sie Ihr ganzes Geld aus», sagt der Kapitän.

«Aye! Ich das wissen. Nach und nach Geld *pau* – alles weg; dann Kanaka viel arbeiten.»

Schließlich sticht das Schiff in See, um weitere Häfen in Kalifornien anzulaufen, und Dana bleibt ein paar Monate lang zurück, gerbt Tierhäute und wartet auf die Rückkehr des Schiffs. Man stelle sich das vor! Der Sprössling einer prominenten Bostoner Familie verbringt einen ganzen Sommer an den Stränden von San Diego, nur sieben Jahre nachdem Jedediah Smith als erster Weißer über Land nach Kalifornien gereist ist (und nur drei Jahre nachdem ein Trupp Komantschen Smith umzingelte und ihn in einer Spelunke in Kansas tötete). Dana versteht sich auf Anhieb prächtig mit den Insulanern, die ihn als *Aikane* ansehen – einen weißen Mann, dem sie trauen können. «Hier veränderte sich mein Leben», schreibt Dana, «ebenso vollständig wie plötzlich. Im Nu verwandelte ich mich von einem Seemann in einen ‹Strandläufer›» – vom Studenten zum «Seebären» zum Strand-Clochard. Und das alles auch noch in ziemlich rauer Gesellschaft, darunter «der dickste Mann, den ich je in meinem Leben gesehen habe, der von Kindheit an auf See war und überall gedient hatte … auf Handelsschiffen, Kriegsschiffen, Piratenschiffen und Sklavenschiffen». Einem der Hawaiianer, benannt nach dem Missionar Hiram Bingham (der den Niedergang des Surfens auf Hawaii dokumentiert hatte), fehlten zwei Vorderzähne, die ihm seine Eltern ausgeschlagen hatten, um ihrer Trauer über den Tod König Kamehamehas Ausdruck zu geben. Dana zieht ihn mit der Bemerkung auf, er habe sie wohl beim Verspeisen von Kapitän Cook verloren, worauf Bingham ominös antwortet, *er* sei damals noch zu jung gewesen, sein Vater hingegen nicht.

Dana findet, das Strandleben der Schiffsmannschaften, die sich aus «Halbblut»-Mestizen, chilenischen Indianern, Schwarzen und Mulatten, Männern von Tahiti und den Marquesa-Inseln zusammensetzen, mache träge und faul, öffne jedoch auch die Augen für so manches. Er selber erwähnt zwar nur die Hurerei der anderen, doch Lawrence Clark Powell berichtet, Jahre später sei ein Brief von einem Schiffskameraden eingetroffen, in dem dieser sich wundere, warum Dana weder etwas über «die wunderschönen indianischen Mädchen» schrieb, «die so oft in deine bescheidene Unterkunft in der Gerberei kamen und durch die umliegenden herrlichen Haine streiften, noch von den schönen Erlebnissen in den glücklichen Stunden der Streifzüge über die romantischen Hügel oder wenn du in der Dämmerung auf jenen majestätischen Felsen saßest, ein hübsches indianisches Mädchen auf den Knien». So bekommt dieser Sohn von Puritanern, was er immer haben wollte: Strandleben als Liebesleben, Freiheit. Man denke hier auch an den jungen Herman Melville ein paar Jahre später: *Typee*, Melvilles erste Südsee-Erzählung, beginnt damit, dass es den Helden, einen jungen Neuengländer, nach einem halben Jahr auf See in einen Hafen der Marquesa-Inseln verschlägt. Spielerisch, ja ironisch, bemerkt er: «Welch absonderliche Bilder beschwört allein schon der Name Marquesa herauf! Nackte Huris – Menschenfresser-Bankette – Kokosnuss-Haine – Korallenriffe – tätowierte Häuptlinge – Tempel aus Bambus; sonnenbeschienene Täler voller Brotfruchtbäume – geschnitzte Kanus, die auf blinkendem blauem Wasser tanzen – Urwälder, bewacht von furchteinflößenden Götzen – *heidnische Riten und Menschenopfer*!»

Eine Gruppe marquesischer Mädchen schwimmt zum Schiff hinaus und klettert an Bord, «das Salzwasser rinnt ihnen am Leib herunter, ihre Haut glänzt nach ihrem Bad im Meer, die jadeschwarzen Haare fallen ihnen über die Schultern und bedecken die ansonsten nackte Gestalt». Melville schildert den Schock der Männer, den man sich gut vorstellen kann, nachdem sie sechs Monate kein Land mehr gesehen haben und aus dem zugeknöpften Nantucket hier eintreffen. Dabei gesteht er, dass «man sich auf unserem Schiff von da an völlig jeder Art von Aufruhr und Ausschweifung hingab. Auch nicht die geringste Schranke wurde zwischen die unheiligen Leidenschaften der Mannschaft und ihre grenzenlose Befriedigung geschoben.» Als es Zeit wird, den Anker zu lichten, beschließt er – wen wundert's – zu desertieren. Aber nach einigen Wochen lösen Einsamkeit und Angst vor Persönlichkeitszerfall bei Dana und Melville Heimweh aus. Als ein hawaiianischer Freund während Danas letztem Zwischenstopp in San Diego an Syphilis stirbt, befällt ihn panische Angst vor den Folgen der Lasterhaftigkeit, und der ganze wilde Sex hier am Rande der westlichen Welt wird ihm allmählich unheimlich. Auf der Heimfahrt ist er ganz auf Erzählungen über Weiße fixiert, die durch den Verkehr mit den «Mischblut»-Prostituierten Kaliforniens moralisch verkommen und nie mehr nach Hause zurückkehren. Und so schließt diese kurze Initiationsreise an die Grenze der Gesellschaft nicht den Wunsch ein, dort zu bleiben; erst stößt man sich die Hörner ab, dann kehrt man an seinen Platz in der Gesellschaft zurück.

Nach den sechzehn Monaten an der Küste fehlt Dana der Ort, «den alle nur die Hölle Kaliforniens nennen», zunächst überhaupt nicht. Doch als ein Freund im Bostoner Hafen sieht, wie er «vom Schiff steigt und wie ein Gassenjunge aussieht in seiner Segeltuchhose und dem roten Hemd, den langen Haaren und einem Gesicht so braun gebrannt wie das eines Indianers», strahlt er – ein Seemann und Wilder, nach Hause zurückgekehrt aus den Besitzungen. Der Historiker Kevin Starr schreibt, dass Dana seine Zeit in Kalifornien zunächst als eine Abweichung vom geziemenden Pfad des Lebens ansah und ihn die Zweifel hinsichtlich seines wüsten Strandlebens, aber auch hinsichtlich seiner anschließenden Existenz als unglücklich verheirateter Rechtsanwalt verzehrten. Vielleicht um sich wegen seiner Leidenschaften zu geißeln, begann Dana, in Seemannskleidung Hafenbordelle aufzusuchen und Prostituierte aufzugabeln, allerdings nur, um ihnen Predigten über ihren verderbten Lebenswandel zu halten (man kann nur hoffen, dass sie dennoch auf Bezahlung bestanden). Später, nachdem er in seiner Ehe und in seinem Anwaltsberuf immer unzufriedener geworden war, betrachtete er jene Jahre in Kalifornien als die beste Zeit seines Lebens. Als er zwanzig Jahre später nach Kalifornien zurückkehrte, hatte er das Gefühl, dass «mein Leben, gemessen an dem, was ich hätte tun sollen und können, ein Scheitern darstellt».

Und dann gibt es natürlich noch Jack London, auf den in der Surfliteratur häufig als Beispiel für das bedeutende literarische Erbe des Sports verwiesen wird. Um die Jahrhundertwende tut London mehr, um das hawaiianische Surfen und den kalifornischen Fun bekannt zu machen, als irgendjemand vor oder nach ihm. Als ihn das Leben auf seiner Ranch im Sacramento Valley langweilt, macht er vor seiner Reise in den Pazifik, aus der *The Cruise of the Snark* hervorgeht, Station in der Künstlerkolonie in Carmel. Monterey Bay ist in Londons Augen das Land der Abalone-Esser, wo Maler, Dichter und Autoren im Meer schwimmen, Krustentiere sammeln, ihre Partner betrügen, Selbstmord begehen und sich ganz allgemein dem guten kalifornischen Leben hingeben. In *The Valley of the Moon* bekommt das Salz-der-Erde-Protagonistenpaar die Bohemiens zum ersten Mal zu Gesicht, als ein Beachboy, die Anglo-Variante des Südseeinsulaners – «mit dem Gesicht eines Engels und einem blonden Lockenschopf, der Körper muskelbepackt wie der von Herkules» –, ins Meer wetzt, «während sich über ihm eine mindestens drei Meter hohe Wand aus sich überschlagendem Wasser hob … er sprang los, der Welle entgegen, und just in dem Augenblick, als es schien, er würde zerschmettert, tauchte er in den Brecher ein und verschwand.» Vielleicht das erste Erscheinen des blonden Kaliforniers als «weißer Naturmensch». Während eines Strand-Barbecues mit den Bohemiens tauchen London und der Schriftsteller George Sterling – der Kopf der Gruppe, der unter dem Künstlernamen «Grieche» an «Wolf» London schrieb – nach Abalone, während die im Stil einer indianischen Prinzessin gekleidete kalifornische Schriftstellerin Mary Austin angesichts der Abenddämmerung in Verzückung gerät.

Jedenfalls ist London eine ungewöhnliche Ikone der Surfer-Szene. Starr berichtet, dass sich London «immer für einen Übermenschen, eine von Nietzsches blonden Bestien hielt …

er ließ sich auf Fotos ablichten, auf denen er mit bloßem Oberkörper dastand und seine Muskeln spielen ließ. Die Fotos verteilte er dann an Besucher.» Wie sich herausstellt, verabscheut London allerdings jede körperliche Betätigung – so sehr, dass er sich jeden Morgen von einem Diener die Schnürsenkel zubinden lässt. Franklin Walker schreibt, Mary Austin fand in jenen Tagen, London «sacke unter seinem übermäßigen Erfolg ein wenig zusammen» – er aß, trank und rauchte zu viel und war ständig krank. Sein schlechter Gesundheitszustand ruinierte seine Kreuzfahrt durch den Pazifik auf der *Snark*, seine Version der Seereisen von Dana und Melville, und so ist es nicht verwunderlich, dass die offenkundige Virilität des hawaiianischen Surfens ihn in Fahrt bringt. In «A Royal Sport for the Natural Kings of Earth» reflektiert er über den «Naturmenschen» beim Spiel, als ein Surfer «wie ein Meeresgott aus tosender Gischt und brodelndem Schaum aufstieg … Seine dunklen Schultern, seine Brust, seine Lenden, seine Arme – waren plötzlich in mein Gesichtsfeld getreten.» Dieser Hawaiianer war alles, was der kränkliche und träge London so gern gewesen wäre: «Ein Merkur – ein brauner Merkur. Seine Fersen trugen Schwingen, und in ihm steckte die Rasanz des Meeres.» Als die Welle bezwungen ist und der Südseeinsulaner an Land tritt, «zeigt sich der Stolz auf seine große Tat in der Haltung seines prachtvollen Körpers, wobei er einen Augenblick achtlos herüberblickt zu mir, der ich im Schatten der Küste sitze». Dass der Südseeinsulaner die Brandung bezwungen hat, raubt ihm geradezu den Atem.

«Du bist doch ein Mann», sagt er sich. «… Los, runter mit den Klamotten, die in diesem milden Klima sowieso nur lästig sind. Rein ins Wasser, ring mit dem Meer.» Gesundheit, Stärke, Nacktheit und Eroberung – das sind die Begriffe, mit denen London das Surfen in Verbindung bringt. Ein einziger erfolgreicher Wellenritt zusammen mit Alexander Hume Ford und

George Freeth genügt, dass er «von diesem Augenblick an verloren» ist; durchaus verständlich. Das vermutlich von Ford initiierte Triumvirat ist in der Tat recht beeindruckend. London schreibt über seine Surfsession, als habe er die beiden Männer zufällig inmitten der Wellen getroffen, was wohl eher unwahrscheinlich ist. Ford, dem Pionier des Tourismus auf Hawaii und Verleger des *Hawaiian Annual*, musste klar gewesen sein, dass es sich für ihn fürstlich auszahlen würde, wenn er dem berühmten Jack London einen unterhaltsamen Zeitvertreib präsentierte: London wurde pro Wort für seine in Fortsetzungen abgedruckten Bücher bezahlt und suchte ständig nach Stoff. Auch Ford hätte keinen besseren Surflehrer als den Irisch-Hawaiianer Freeth finden können, den später eine südkalifornische Eisenbahngesellschaft aus genau demselben Grund einstellte, nämlich um Surfdemonstrationen abzuhalten, in der Hoffnung, dadurch mehr Touristen in die Region zu locken. (Freeth machte schließlich Karriere als Rettungsschwimmer in Kalifornien und starb recht jung während einer Rettungsaktion.) Hinterher legt sich London zwei Tage lang mit einem bösen Sonnenbrand ins Bett (wo er ohnehin fast immer schrieb). «Eines habe ich mir fest vorgenommen», erklärt er zuversichtlich, «die *Snark* wird erst aus Honolulu absegeln, wenn auch meine Fersen von der Rasanz des Meeres beschwingt sind und ich zu einem sonnengebräunten Merkur mit pellender Haut geworden bin.» Wegen seines fürchterlichen Gesundheitszustandes endet die Kreuzfahrt fünf Jahre früher als geplant, doch nicht ehe er dem geliebten Sterling, seinem «männlichen Seelenverwandten», ein paar Geschenke gekauft hat. Von den Solomon-Inseln, so berichtet Walker, schreibt London, «er habe [Sterling] nicht nur Speere und Kriegskeulen mitgebracht, sondern auch das Geschlecht einer Eingeborenen, ‹eine Klitoris, getrocknet, mit allem Drum und Dran›, und zwar als Ohrschmuck, wie es sich gehört.»

Im Laufe der Zeit fand ich heraus, dass sich der Otter hier am Point mit seinen grauen Barthaaren, schwarzen Augen und kräftigen Pfoten am liebsten von Miesmuscheln und den violetten Seeigeln ernährte, die in den Prielen zwischen den Felsen hausten. Und das war gut so, weil diese stacheligen Pflanzenfresser die Seetangwälder vernichten und seetangfreie Seeigel-Wüsten hinterlassen. Und so wie das Seegras dazu beiträgt, dass die Brandung ihre Form behält, indem es Unebenheiten in der Kabbelsee glättet und die langwellige Grunddünung durchrollen lässt, so leistete der Otter mehr als nur eine optische Verschönerung dieses Ortes: mit jeder Mahlzeit trug er zur Qualität der Wellen bei. Gelegentlich fraß er auch die Krabben, die in den schmalen Felsritzen hausten, aber ansonsten rührte er kaum etwas an. Ich beschloss zwar, dem legendären hawaiianischen Surfer, Wassersportler und olympischen Goldmedaillengewinner Duke Kahanamoku nachzueifern und nie wieder Haifischfleisch zu essen – schlechtes Karma –, aber in einem mit Zedernholz getäfelten Sushi-Lokal probierte ich dann trotzdem die Nahrung des Otters, wenn auch in leicht abgewandelter Form: Seeigel in Rotalgen auf Reis (von der Konsistenz etwa wie Pudding) und Krabben in einer California-Roll. Natürlich trank ich auch ein wenig heißen Sake, und der Wasabe trieb mir das Wasser in die Augen, die Meeresfrüchte verzehrte ich jedoch genau wie der Otter: in Form von Sashimi. Und während ich über dessen andere Optionen nachdachte, etwa Röhrenwürmer, fand ich, dass er einen recht guten Geschmack hatte, auch wenn er auf Venusmuscheln und Abalone verzichtete und offenbar nicht, wie andere heimische Otter, Jagd auf große Seevögel (Kormorane, Seetaucher und Möwen) machte.

Eines frühen Morgens, es nieselte, verschloss ich meinen Pick-up in der Nähe eines buchstäblich über den Highway ausgewalzten Rehs, von dem nur noch ein furchtbarer, gespenstischer Schmierfleck übrig geblieben war, der aussah, als hätte ihn ein 100 Meilen die Stunde fahrender 18-Wheeler-Truck zu verantworten. Eine riesige Eule hüpfte in großen Sprüngen über den Kadaver – ihre letzte Beute vor Tagesanbruch –, dann machte sie sich über das erste von den Erntearbeitern abgeerntete Rosenkohlfeld davon. Beim Überqueren der leeren, stillen Straße überkam mich jener innere Friede, den ein menschenleerer Highway manchmal ausstrahlt, sodass man am liebsten rechts ranfahren und dösen oder sich strecken möchte. Da aber in der Nähe ein junger Farmaufseher ohne Daumen in seinem Pick-up saß und Zeitung las, ging ich weiter; vorbei an zwei Farmarbeitern, die mit gekrümmten Rücken über den Furchen standen, aus Eimern irgendetwas verspritzten, schwarz wie Scherenschnitte vor dem flachen, grauen Himmel. Auf den anderen Feldern standen noch die ausgewachsenen, salbeigrünen, vom feuchten Dunst glänzenden Kohlköpfchen. Entlang des Wegs waren Warnschilder («Peligro/Poison») mit Totenköpfen und gekreuzten Knochen aufgestellt, die darauf hinwiesen, dass in der Nacht zuvor Pestizide versprüht worden waren. Offenbar bestimmt der Jahresverbrauch des US-Durchschnittsbürgers die zulässigen Höchstwerte, und da der ungefähr einen Rosenkohl pro Jahr isst, glaubte man anscheinend, die Felder mit Chemikalien durchtränken zu dürfen. Seit ihrem teerigklebrigen Tod vor ein paar Wochen waren alle Hemlocktannen zu einem Wald gebrochener Stängel verdorrt, in dem Spatzen umherflitzten; ein weiterer herbstlicher Tod auf dem Tiefpunkt des jährlichen Wachstumszyklus der Natur. Leise rollte die Flutbrandung unter dem geräuschdämpfenden Nebel. Draußen am Point, auf einem vorgelagerten Felsen, hatte eine Seehundfamilie Quartier bezogen. Während ich mich im Zwielicht umkleidete, zogen Wolkenfetzen durch die Zypressen und regneten Tröpfchen auf Gras und Sand. Irgendjemand hatte eine Coladose und verschmutzte Unterwäsche in der Gegend herumliegen lassen, und einer der Seehunde gab ein furchtbar misslauniges Gewinsel von sich. Es war die Art von nächtlichem Gebrüll, die jedem Seemann einen guten Grund für seinen Aberglauben liefert. Irgendwie kam ich mir wie ein Eindringling vor, als belauschte ich streitende Nachbarn. Nachdem ich meinen Kräutertee ausgetrunken hatte, paddelte ich allein hinaus und beobachtete die aufgeworfenen Wellen, die von Süden her hereinrollten. Sie stammten von einem der letzten Winterstürme im Südpazifik und waren ein weiterer Nachklang des Sommers; der Winkel, in dem sie heranrollten, spiegelte die Neigung der Erdachse wieder. Die erste Welle, die ich bekam, war dicht und gläsern, ich stieg und fiel mit jedem Wellental. Der Himmel verblasste langsam zu einem Graublau, als der Nebel aufriss, und da kam noch ein anderer Surfer zu mir ins Wasser. Es war der ältere der beiden Freunde, derjenige, der immer so viele Wellen erwischte. Das morgendliche Erscheinen vor einer solch felsigen, abgelegenen Küste setzte eine völlig andere Motivation voraus, als sich nur in der Sonne räkeln zu wollen. Eine Woche zuvor hatten wir ein lakonisches Gespräch im Surferjargon geführt, das rasch zu Ende war, als ein paar andere Surfer herausgepaddelt kamen. Ich fragte mich immer noch, wie er seinen Lebensunterhalt bestritt: Irgendwie reichte «Surfer» als Berufsbezeichnung nicht aus. War er Geschäftsmann? Unabhängig und reich? Zunächst war er ziemlich distanziert gewesen, als wir uns obligatorisch ernst zunickten. Dann saßen wir nebeneinander und blickten schweigend aufs Meer, obwohl niemand sonst da war. Man macht das oft beim Surfen, es gibt dem anderen die Möglichkeit, seinen Gedanken nachzuhängen. Nur wenige Surfer legen den weiten Weg zurück, weil sie Gesellschaft suchen. Als ich dann doch ein Gespräch anfing, antwortete er mir in knappen Sätzen.

«Ganz schöne Wellen, was?», sagte ich, die übliche Phrase, ein Gespräch zu beginnen.

«Das Wasser geht zu weit zurück.»

«Wann ist Tiefstand?»

«Ungefähr jetzt.» Und damit drehte er sich um und paddelte eine Welle an. Nur dieser Mann und ein paar andere Surfer kamen täglich hierher zum Point, wie ich festgestellt hatte. Er war der bei weitem Engagierteste, war jedes Mal da, wenn ich kam, und fühlte sich hier offenbar zu Hause. Nach einer kleinen, aber sanften Welle, einigen leichten Turns und weichen Schrägfahrten vom Brechungsrand paddelten wir gemeinsam wieder hinaus.

«Also», sagte ich, um ihm eine Antwort zu entlocken, «Raus mit der Sprache. Aktien? Arbeitslos?» Viele Leute waren freigestellt, seit es mit der Wirtschaft bergab ging und die Lage insgesamt schlechter wurde. Viele Männer mittleren Alters surften häufiger als sonst.

«Vince Collins», stellte er sich vor, obwohl ich ihn nicht nach seinem Namen gefragt hatte. Er musterte mich und sagte, er sei Mathematikdozent an der Universität. Dabei lächelte er etwas gezwungen, weil er wohl ahnte, warum ich gefragt hatte. Dann lachte er plötzlich und sah auf sein Board. «Jämmerlich», sagte er, «ich weiß.» Sofort wurde er viel lockerer. Später fand ich heraus, dass das typisch für ihn war. Sosehr er auch über die Torheiten anderer Surfer herzog und sich ereiferte, er werde Windschutzscheiben einschmeißen und Autos mit Schlüsseln zerkratzen – wenn er einem anderen Menschen gegenüberstand, war er die Freundlichkeit in Person.

Sauber und grau erschienen im Nieselregen kleine Wellen mit geraden Rändern, auf denen außer uns niemand surfte. Nur Wasser – ich, das Meer, die Luft … und er. Dann paddelte er los, plötzlich, aber nicht hektisch, eine Hand vor die andere, den Kopf gesenkt. Daran war zwar nichts Unsoziales, er ermutigte mich aber auch nicht, ihm zu folgen; so blieb man einfach aufmerksam sitzen, reagierte auf das Wasser und blieb in Bewegung. Mir kam es allerdings so vor, als vermassele er alles; die meisten Wellen brachen genau dort, wo ich mich befand. Wenn man im Wasser rauf- und runterschaukelt, hat man eine ziemlich eingeschränkte Sicht: Im Wellental sieht man gar nichts, auf dem Wellengipfel den Horizont. Als eine kleine Welle Vince anhob, paddelte er darüber hinweg und war außer Sicht. In dem kleinen Wellental vor mir tauchte eine Seegrasknolle von der Größe einer Grapefruit auf – eine medusische Meereshexe, die ihr langes Seegrashaar schüttelte –, und der Otter schwamm rückwärts, eingewickelt in einen Strang Seegras, eine Art Vertäuung gegen die Strömung, die kleinen Ohren gespitzt, damit ihm das Eintauchen eines Pelikans oder das Nahen einer Welle nicht entging. Er schlug etwas auf den flachen Amboss-Stein, der wieder auf seinem Bauch lag, vielleicht eine Miesmuschel. Er hob die Pfote weit hoch und schlug die Muschel mit Wucht auf den Stein, etwa so, wie man eine Nuss öffnet, dann nagte er daran. Ich habe ihn immer nur einen Stein benutzen sehen, aber Otter sollen auch mit Limonadeflaschen Krustentiere aufknacken oder leere Bierdosen aufbrechen, um darin nach Tintenfischen zu fahnden. Ein, zwei Meter entfernt von dem Otter schwamm eine weiße Möwe aufrecht im grauen Wasser und wartete auf Abfälle. Das stille Wasser der Bucht bildete einen überraschenden Kontrast zu den unruhigen Umrissen des Landes, etwa so wie ein Alpensee unter gezackten Berggipfeln. Wasser ist ein Element, dem man – wie Feuer – endlos zusehen kann.

Dann hob eine Welle auch mich empor, und weit weg zu

meiner Linken sah ich Vince, der auf der größten Welle des Tages ritt. Anscheinend hatte er ihr Kommen *gefühlt*, mir aber keinen Tipp geben wollen. Wer wusste schon, wie viele es davon geben würde? Rasch auf den Beinen, zog er einen hohen Bogen, nichts Ausgefallenes. Er surfte nur vom Wellengipfel zum Wellental und wieder zurück, zog im Weißwasser einen Bogen, als die Welle langsamer wurde, trat auf dem Brett weiter vor und steuerte hoch, als sie zulegte – das Board ein Symbol für ein fast beiläufiges Begehren. Viele Shortboarder – Wellenreiter mit spitz zulaufenden Brettern um zwei Meter Länge, im Gegensatz zu Longboardern, Wellenreiter mit gerundeten, über zweieinhalb Meter langen Brettern – surfen, als seien sie zur Salzsäule erstarrt. Vinces Stil hingegen war geprägt von seiner Jugend. Er surfte in den sechziger Jahren auf den großen Longboards und in den siebziger Jahren auf den beweglichen kleinen Brettern mit zwei Finnen; er setzte seine Füße ein und dirigierte das Brett mit den Zehen und durch starke Gewichtsverlagerungen. Ich fror und surfte nicht gut, schätzte den Sog und den Überschlag der Wellen immer wieder falsch ein und wurde kopfüber vom Brett geschleudert. Auf dem Weg die Welle hinunter sah ich Vince, der auf derselben Welle startete, nachdem er erst höflich zugeschaut und abgewartet hatte. Während einer langen Pause zwischen zwei Wellen-Gruppen, in der Surfer häufig einfach still dasitzen, sagte ich beiläufig, wie schön ich es hier fände.

Als er mich daraufhin ein wenig schief ansah, schämte ich mich einen Moment wegen meines sentimentalen Anflugs. Doch dann lächelte er überrascht und drehte sich um, blickte hinüber zu den Klippen und Hügeln.

«Es ist der schönste Ort der Welt», erwiderte er ganz ernsthaft. «Und ich habe viele gesehen.» Keine fünf Minuten später hatte ich herausgefunden, dass er der Erste hier gewesen war, dass er seit dreißig Jahren am Point surfte und das

Riff damals ganz anders, noch viel besser gewesen war. Und das Schönste daran war, in der Zeit war niemand sonst jemals hierher gekommen, keine Fischer, keine Sonnenhungrigen am Wochenende, keine Mountainbike-Spinner und – am wichtigsten – keine Surfer. «Wir haben immer eine Meile weiter oben am Highway geparkt», sagte Vince, «und sind zu Fuß hier heruntergekommen, um die Typen aus dem Hinterland abzuschütteln. Nur etwa zehn Leute kannten diesen Strand. Und wenn irgendwelche Idioten zu nahe parkten – das war in meinen wilderen Zeiten –, haben wir denen die Scheinwerfer eingeschmissen und einen Zettel an die Windschutzscheibe geklemmt, auf dem stand, wo sie gefälligst parken und auf welchem Weg sie herunterkommen sollten. Dadurch behielten wir den Spot noch fünf Jahre länger für uns, fünf weitere Jahre, ehe er schließlich überlaufen war.» (Mir war zwar nicht ganz klar, wo ich mich da einordnen sollte, schließlich war auch ich erst kürzlich aus dem Hinterland zugereist, aber irgendwie nahm sein Tonfall mich ins Lager der Guten auf.) Damals, erzählte Vince, habe der Farmer den Weg durch seine Felder noch gesperrt, aber aus irgendeinem Grund habe er ihn gemocht und oft hinten auf seinem Pick-up mitgenommen.

«Gestern bist du nicht hier gewesen», wechselte er plötzlich das Thema. Die Feststellung bereitete ihm ein diebisches Vergnügen.

Es hatte mir zu durchwachsen ausgesehen, viel zu windig, aber ich war trotzdem rausgegangen, nur zum Lunch und um die Seele baumeln lassen.

«Am Morgen war es perfekt», sagte er grinsend.

«Perfekt?»

«Zum Niederknien.»

«Was?»

«Perfekt.»

Wir unterhielten uns weiter zwischen einzelnen Sets, legten gelegentliche Pausen ein, in denen wir verschiedenen Wellengipfeln nachjagten – einzelne Teile des Riffs verursachten unterschiedliche Brandungen ziemlich nahe beieinander. Meist dümpelten wir nur dahin, glücklich, dass wir ein paar Ansichten teilten. Als ich ihn fragte, wie er mit dem Wellenreiten angefangen habe, erzählte er, was die meisten Surfer erzählen: wie er als Kind zum ersten Mal auf einem Brett gestanden und genau in dem Moment mit absoluter Sicherheit gewusst habe, dass er für den Rest seines Lebens ein Surfer sein würde. Aufgewachsen war er in den fünfziger Jahren in Chico, im nördlichen Teil des Central Valley. Er hatte mit geklauten Autos Spritztouren durch Kirschbaumplantagen unternommen, hatte Seile an die Stoßstangen der gestohlenen Wagen gebunden und war im Schlepptau über Bewässerungskanäle gesurft. Damals war Santa Cruz noch ein Ferienort für Familien mit schmalem Geldbeutel gewesen, die der lähmenden Hitze im Tal entfliehen wollten. Während die High Society aus dem Country Club in San Francisco weiter südlich nach Carmel und Pacific Grove fuhr – wo seinerzeit London und Sterling ihre Zelte aufgeschlagen hatten –, saß das gemeine Volk in Santa Cruz in der Achterbahn und spazierte auf der Uferpromenade auf und ab. Als Vince bei einem Familienurlaub mit dem Surfen angefangen hatte, saugte er zusammen mit ein paar Freunden Benzin aus Autos ab, klaute Alkohol, um mehr Geld für Essen zu haben, und raste an die Küste. Hier und da wurde mal in ein Strandhaus eingebrochen und eine kleine Party gefeiert. Offenbar hatte er 250 Autos gestohlen, bevor er in der Highschool in die Oberstufe kam, allerdings nur zum Vergnügen, nie hatte er auch nur einen Wagen verkauft. Das alles erzählte er mir ohne jede Angeberei, so wie ein mittlerweile trockener Alkoholiker vom Trinken erzählt. Er erklärte mir nur, dass das Surfen auf ihn keinen schlechten Einfluss gehabt, sondern vielmehr seine kriminellen Neigungen begrenzt und ihn auf den richtigen Weg gebracht habe. Inzwischen musste er, wie viele Uni-Lehrer, nicht mehr allzu viele Pflichtstunden unterrichten und besaß einen guten Pick-up. Da kam ein neuer Set herein; und Vince fand wieder zur richtigen Stelle auf der besten Welle, startete mit einem einzigen Schlag. Viele andere Sportarten erfordern, dass man seine ganze Energie sammelt – man starrt auf den reglosen Berg, schnürt seine Laufschuhe –, doch Surfen ist, so anstrengend es auch sein mag, ein System, in das man sich einstöpselt.

Der Otter kam übrigens nie an Land. Otter können ihr ganzes Leben im Wasser verbringen, ohne es ein einziges Mal zu verlassen, da ihr Fell viermal besser isoliert als Fett, wasserdicht ist und ihnen Auftrieb gibt. Und sie sind leise, bellen und brüllen nicht wie Seelöwen oder Robben. Der Otter treibt einfach allein im Wasser, taucht nach Essbarem, bleibt in seinem Heimatrevier, pflegt seinen Garten und hält sich einen guten Futterplatz, um Weibchen den Hof zu machen. Es heißt, Otter schliefen eingerollt auf dem Sand, die Pfoten über die Nase gelegt, aber dieser hier döste höchstens mal zwischen schleimigen grünen Fetzen Seetang an der Wasseroberfläche (es sei denn, er ging woanders an Land, an irgendeinem Kliff, das nicht genug Strand für Sonnenhungrige und keine Wellen für Surfer bot). Er benahm sich wie ein nervöser, verärgerter Wichtigtuer, hatte nicht die träge Neugier der Robbe. Aber bleiben wir fair: Um seine Körpertemperatur konstant zu halten, muss er täglich Nahrung zu sich nehmen, die einem Drittel seines Körpergewichts entspricht.

Dann zog sich der Nebel zurück, und eine Zeit lang glich das Meer einer winterlichen Sturmlandschaft, während es zum Land hin in hellen Blau- und Grüntönen glitzerte und die spätmorgendliche Wärme über dem klarsten Wasser lag, das ich je gesehen habe. In drei Metern Tiefe wedelte das Seegras inmitten von Rotalgen und Seeigeln, und das Wasser schmeckte sauber nach Seetang. Als ein anderer Surfer herausgepaddelt kam, ließ sich Vince ganz davontreiben – vielleicht war er schüchtern oder nicht gesellig genug, seine Zeit mit Aufmerksamkeit zu vergeuden. Der Neuankömmling wirkte ziemlich nordeuropäisch: «Aus Holland», antwortete er, als ich ihn ein wenig abrupt fragte, woher er komme, «aber aufgewachsen bin ich in Liberia.» Er war froh, mit jemandem reden zu können. Sein Vater, so erzählte er, arbeite in der Entwicklungshilfe und lebe noch immer in Afrika. Als er einmal in der Zeitschrift einer Fluggesellschaft ein Foto von einem Surfer sah, habe er sich vorgenommen, so etwas auch einmal mit seinen drei Jungs auszuprobieren; während eines kurzen Aufenthalts in Spanien hatte er dann ein paar gebrauchte Surfbretter gekauft. Plötzlich drehte sich der holländische Surfer um und paddelte davon – eine gute, schulterhohe Welle. Er startete spät, geriet in den vordersten Rand der herabbrechenden Welle und stürzte. Lächelnd kam er wieder hoch und paddelte erneut hinaus. «Na ja», sagte er, während er auf seinem Brett lag, «wir haben nie ein Video gesehen, von richtigem Surfen ganz zu schweigen. Wir wussten nur, dass man irgendwie eine Welle erwischt und am Ende wie die Typen auf den Fotos aufrecht dasteht. Es war absurd.» Durch einen Steward der Pan Am, den sein Flugplan auch nach Kalifornien brachte, hatten sie sich dann bessere Bretter und eine Ausgabe des *Surfer* besorgt; sie hatten ihn zufällig in einem Café in Monrovia getroffen, ihre Bestellung aufgegeben und gewartet. Drei Monate später machte der Steward sein Versprechen wahr. «Und dann war da noch dieser alte Liberianer», sagte er, «ein Fischer, der direkt am Wasser wohnte und den Swell voraussagen konnte. Nicht die großen Sturmdünungen, sondern die vor Ort. Er hat immer gesagt: ‹Morgen wird's Wellen geben› – und er hatte Recht.» So hatten die Brüder samt Vater also das Surf-Rad neu erfunden, allein in Westafrika. Inzwischen lebten sie über den ganzen Globus verstreut und trafen sich einmal im Jahr – in diesem Jahr an einem Spot in Tansania. Der Bruder, mit dem ich jetzt sprach, lebte mit seiner amerikanischen Frau in San Francisco und wollte wissen, ob ich verheiratet sei. Als ich meine Quasi-Freundin, die Grafikerin, erwähnte, die inzwischen in San Francisco lebte, fragte er, ob sie surfe.

Ich lachte nur – sie hätte auch gelacht.

«Weißt du», sagte er ganz ernsthaft, «wenn sie es mal ausprobieren möchte – ich besitze ein nagelneues, nie benutztes Board und einen Anzug, der ihr passen würde.»

«Noch nie benutzt?»

«Nein.»

«Von deiner Frau?»

«Wie hast du das erraten?»

Eine Stunde später – der holländische Surfer war gegangen, und Vince stand am Strand und zog sich um – paddelte ich an Land. Als ich dem Otter zu nahe kam, hob er seinen Kopf mit den weißen Tupfen aus dem Wasser, um sich umzuschauen, dann klemmte er sich den Stein unter die Achsel und tauchte ab. Während ich mich am Strand anzog, war mir klar, dass meine Zehen in diesem Nieselregen nie trocken werden würden; sogar mein T-Shirt war feucht. Als Vince sich nach vorn beugte, um die Hose anzuziehen, fiel mir eine Tätowierung auf seinem Hintern auf, und als ich mich ein wenig vorbeugte, um sie lesen zu können, sah ich, dass sie einem dieser Heck-Stoßstangen-Aufkleber ähnelte: WER DAS HIER LESEN KANN, IST ZU NAHE DRAN.

«Wenn mich jemand fragt», sagte er plötzlich und richtete sich auf, «was ich mit meinem Leben angefangen habe, was könnte ich antworten? Am Point gesurft und Mathe unterrichtet?» Er schüttelte lachend den Kopf. «Pure Mittelmäßigkeit.» Das fand ich natürlich überhaupt nicht und wollte es ihm sagen, wusste nur nicht, wie. Ich wollte ihn fragen, ob er sich vielleicht irgendwann einmal mit mir zum Surfen verabreden und gemeinsam zu diesem Spot hier herausfahren wollte; aber dafür war es noch zu früh. Inzwischen hatte sich der Nebel weit von der Küste zurückgezogen, und schmale Windböen drückten tiefblaue Flecken auf das hellblaue Meer. Als wir uns auf den Heimweg machten, kam ich ins Grübeln über die Kultur, die Vinces Leben so gezeichnet hatte. Er war ein Mann, der etwas, was er zutiefst liebte, meisterte und ein Naturelement wahrhaftig kennen gelernt hatte. An der Uni, erklärte er, als wir mit unseren Brettern unter dem Arm aufbrachen, müsse er lügen, was die Unregelmäßigkeiten in seinem Lehrplan betraf, und sich unwahre Forschungsprojekte ausdenken, um ein Freisemester zu erhalten; die frivole Aura des Surfens habe jede größere Errungenschaft in seinem Leben vereitelt. Die Gesellschaft hatte ihm kein Gütesiegel verliehen – sie sah in ihm nur jemanden, der nicht erwachsen werden konnte. Und da passierte etwas ganz Merkwürdiges: Etwa hundert Meter entfernt stand ein Puma auf der Straße, dessen langer, geschmeidiger Schwanz ruhig hin- und herschwang. Als wir langsam weitergingen, lief das Tier in die abgestorbenen Hemlocktannen am Straßenrand, steckte den braunen Kopf noch einmal kurz aus dem Gebüsch und verschwand schließlich ganz. Als wir uns der Stelle näherten, wo er ins Gebüsch gelaufen war, sagte Vince, man solle die Streichelzoo-Idee nicht überstrapazieren und dem Tier lieber Raum lassen. In einem großen Bogen gingen wir weiter zur Straße, und als wir gerade auf gleicher Höhe mit dem Büschen waren, sagte er: «Ist er das? Da ist er doch, oder?»

Drei Meter entfernt verharrte der Puma unter einer Weide: eine Raubkatze von der Größe eines sehr großen Hundes, ein wildes Geschöpf, aber in einer anderen Dimension als die großen Raubvögel oder ihre Beute. Wir erstarrten. Und plötzlich verschwand der Puma wie ein Geist – ohne Angst, ohne Hast. Eben lag er noch da, im nächsten Moment war er weg. Er schlich nicht wie ein Koyote; er sprang nicht wie ein Reh. Eine Erscheinung an diesem gottverlassenen Ort, die dazu gehörte wie unsere nasse Haut und unsere salzigen Wimpern, unsere triefenden Nasen und unsere Muskeln, die gelockert waren, wie nur Wasser dies vermag. Wir waren überwältigt, und Vince sagte, er habe in dreißig Jahren noch nie einen Puma gesehen. Große Raubtiere verändern unseren Sinn für Ökologie: Haie im Wasser, Löwen an Land, ein Bussard in der Luft.

«Übrigens», sagte Vince, als wir den Weg wieder hinaufgingen, «solltest du dir ein neues Board besorgen.» Ein paar Hippie-Landarbeiter standen lächelnd auf dem Feld und hatten ihren Spaß – immerhin, ohne bezahlt zu werden.

«Wegen des Pumas?»

«Nein, weil du eins brauchst.» Die Form von Surfbrettern ändert sich ständig, die Gründe sind eine Mischung aus technischem Fortschritt und Mode. Vince legte Wert darauf, jeden aktuellen Trend zu meiden. Im Augenblick waren bei den jungen Profis kleine hauchdünne Boards der letzte Schrei; er riet mir, mich von solchem Humbug fernzuhalten und mir ein Brett mit etwas Gewicht zu kaufen. «Niemand, der ganz bei Trost ist, surft auf einem dieser lächerlichen Kartoffelchips; solange sie das tun, paddeln Leute wie du und ich im Bogen um sie herum, und das ist gut so.» Mit einem letzten Blick aufs Meer sagte er, dass ein Abendsurf außer Frage stünde.

Warum? Woher wollte er das wissen? Der Wind schien mir richtig, hohe Dünung …

«Die Farbe – es wird Seewind geben.» Die Abstufungen im Blau des Meeres zeigten es ihm an. Dazu brauchte er keine geniale Eingebung, sondern nur eine genaue Ortskenntnis und einen Blick, der jede Besonderheit wahrnahm. In den Augen der Öffentlichkeit hatte er in seinem Leben nichts gelernt, erreicht oder verdient, hatte nur seine geheime Disziplin, sein privates Vergnügen.

Vinces Vorschlag führte dazu, dass ich eine weitere Besonderheit des Surfens entdeckte: Serienbretter kosten im allgemeinen mehr als Custom Mades. Viele passionierte Surfer kaufen ihre Boards nicht einfach im Laden. Stattdessen knüpfen sie eine Beziehung zu einem bestimmten Shaper in ihrer Stadt und lassen jedes Board ein wenig anders anfertigen, weil sie ständig auf der Suche nach der idealen Mischung der einzelnen Elemente sind. Über das endlose Variieren von Länge, Dicke, Shape Outline, Platzierung der Finne und anderer Erwägungen entwickelt der Surfer mit der Zeit ein phänomenal vielschichtiges Verhältnis zu seinem Gerät. Noch merkwürdiger ist, dass es keine erheblichen Kostenunterschiede zwischen den allerbesten und den allerschlechtesten Brettern gibt: Bei allen werden weitgehend die gleichen Werkstoffe in weitgehend der gleichen Menge verwendet. Longboards sind teurer als Shortboards, aber gute Longboards kosten nicht viel mehr als miserable, und das gleiche gilt für die kleinen, wendigen Fortgeschrittenen-Boards. So etwas wie ein «Anfänger»-Modell und ein «Top»-Modell gibt es nicht; keine Deluxe-Version mit einem Haufen teurer Extras, kein neuestes, kostspieliges High-Tech-Material, keine Hitzebehandlung. Manche Bretter eignen sich besser zum Lernen, andere dagegen besser zum Surfen in Tubes oder auf großen Wellen, aber der Unterschied hinsichtlich der *Qualität* ist recht subtil und subjektiv.

In seinem 1935 erschienenen Buch *Hawaiian Surfriders*

erläutert Tom Blake, wie damals auf Hawaii gesurft wurde: Das knapp drei Meter lange *alaia*-Brett für den Mann aus dem Volk wurde für die *kakala*, die heftig brechende, gefährliche Welle benutzt; das fünfeinhalb Meter lange *olo*-Brett des feinen Herrn für die *opuu*, eine sanft brechende Welle. Zuerst wurde ein Baum ausgewählt – Hartholz des Brotfruchtbaums für das *alaia*, poröses Wiliwili für das *olo*. Dann legte man die Opfergabe, einen roten *kumu*-Fisch, an den Stamm, fällte den Baum, grub ein Loch in das Wurzelgeflecht, sprach ein Gebet und ließ den Fisch dort liegen. Danach bearbeitete man den Stamm so lange mit einer Steinaxt, bis ein Surfbrett zum Vorschein kam; mit geriffelten Korallen wurden zunächst die Unebenheiten geglättet, dann verlieh ihm eine aus der *mole-ki*-Wurzel und verbrannten *kukui*-Nüssen hergestellte Farbe seinen glänzenden Anstrich. Um die Holzporen zu schließen, legte man das Brett in Schlamm, und zum Schluss rieb man es mit Öl ein als letzte Politur. In den USA war das Surfbrett noch bis in die zwanziger Jahre ein 1,80 bis 2,80 m langes Stück massiven Redwoods mit flachem Boden: Man kaufte eine Planke in einem Sägewerk, schlug sie mit einer Axt in Form und schnitzte sie mit einem Messer zurecht. Das Brett war dreieinhalb Zoll dick und ca. 100 Pfund schwer und hatte weder Finne noch Kiel. 1926 kamen Tom Blakes ausgehöhlte Bretter auf den Markt. Blake, in Wisconsin aufgewachsen, war nach der Highschool jahrelang als Hobo auf Frachtzügen durchs Land gefahren und schließlich in Los Angeles hängengeblieben. Dort stellte er – ohne professionelles Training – den Weltrekord im 10-Meilen-Schwimmen im Meer auf und entwickelte schließlich seine revolutionären Bretter: lange, geschlossene kanuartige Boards, wunderschöne Stücke maritimer Architektur, die überwiegend bei Paddelrennen in offenen Gewässern Einsatz fanden. Dann, im Jahr 1934, waren zwei Südkalifornier es leid, auf dem «Arsch zu rutschen», wenn sie schnellere Turns zu fahren versuchten. C. R. Stecyk schreibt im *Surfer's Journal*, dass die beiden Männer nach einer enttäuschenden Surfsession nach Hause zurückkehrten, das hintere Ende der Planke in V-Form hackten und mit Sandpapier glätteten. Bald darauf verwandelten sie ihre Holzplanken in wunderbar organische, geschwungene Rümpfe mit Kielen, die sie in die Bodenform schnitzten.

Die nächsten Entwicklungssprünge vollzog das Surfbrett, so Stecyk weiter, während des Zweiten Weltkriegs. Die Anstöße hierzu kamen von einem jungen Mann namens Bob Simmons, der für den Militärdienst untauglich war, weil er sich bei einem Fahrradunfall den linken Arm verletzt hatte. Simmons ist bis heute einer der interessantesten Helden des Surfsports: Er war der Bruder eines überaus erfolgreichen Erfinders, hatte ein absolutes Erinnerungsvermögen und wurde, obwohl er die Highschool abgebrochen hatte, zum Studium an der Caltech zugelassen, wo er herausragende akademische Leistungen zeigte. Später arbeitete er zunächst als Mechaniker und dann als Mathematiker für Douglas Aircraft. Während der mageren Kriegsjahre – nur wenige Leute gingen an den Strand, Benzin und Autoreifen waren strikt rationiert – sprang auch Simmons in Pasadena auf Frachtzüge auf und fuhr die Küste entlang, auf der Suche nach Wellen. Wenn die Surfsaison anfing, kündigte er seine Stelle als Mathematiker, wenn sie zu Ende ging, wurde er wieder eingestellt. Schließlich schlachtete er einen 1937er Ford-Pick-up aus, legte eine Matratze und Campingvorräte darauf und mischte etwas Kerosin in das Benzin im Tank, damit es länger reichte. Mittlerweile bauten Surfer Boards aus Balsaholz, doch erst der Mathematiker und ausgebildete Ingenieur Simmons begriff, welch große technische Fortschritte die militärische Forschung während des Krieges bereithielt. Er verwendete einen Bericht der US-Marine zur Planung von Schiffskörpern und übertrug die Forschungsergebnisse zu den Größenverhältnissen – das ideale Verhältnis von Länge zu Breite, das man bei der Konstruktion von Tragflächen herausgefunden hatte – auf Surfbretter. Zudem nahm er die Empfehlung des Berichts sehr ernst, verstärkt zu erforschen, wie sich Schiffskörper mit Fiberglas verstärken ließen. Auch Styropor war während des Krieges verwendet worden für die Kuppeln des Flugzeugradars; 1947 goss Simmons das Styropor in seiner eigenen Werkstatt in eine Gussform und laminierte es mit Fiberglas. Simmons habe die neuen Materialien und Entwürfe von Schiffskörpern mit den militärischen Forschungen zur Dynamik von Wellenbewegungen verknüpft, die ursprünglich helfen sollten, die Landung von Amphibienfahrzeugen zu berechnen, schreibt Stecyk. Das Ergebnis war das, was Simmons als «hydrodynamische Schlichtkörper» bezeichnete, Bretter, die schneller und sehr viel leichter zu beherrschen waren als ihre Vorläufer. 1954 kam er in einer Brandung in Windansea ums Leben, doch seine Boards sind noch heute begehrte Sammlerobjekte.

Bis weit in die sechziger Jahre waren Surfbretter drei bis dreieinhalb Meter lang und vier Zoll dick; zu Beginn der siebziger Jahre betrug die Länge dann etwa 2,20 m. Der alte Longboard-Stil ist wunderbar elegant: Auf dem stabilen, schweren Brett bewegen sich die Füße in einem ständigen Spiel auf der gesamten Länge hin und her, treten zurück, um das Tempo zu verringern, vor, um es zu steigern; ein Fuß steht hinten, wenn man einen Turn fährt, dann wieder eilen die Füße so weit nach vorn, dass die Zehen über das vordere Ende hängen. Bei den großen alten Manövern auf dem Longboard war zum einen die klassische Haltung wichtig – statische Eleganz – und zum anderen die lockere, lässige, beiläufige Coolness des Nose-Riding, des Abreitens der Welle, indem man so lässig wie möglich ganz vorne auf dem Brett steht. Der neue Shortboard-Stil ist eher auf schnelle, scharfe Turns ausgerichtet, eine Art aggressiver Gymnastik. Auch die Variationen im Design des Surfbretts werden immer präziser und feiner. Die offensichtlichsten Überlegungen werden dabei zu Länge und Breite angestellt, die sich beide auf das Volumen und damit auf die Schwimmeigenschaften auswirken. Je besser das Board im Wasser gleitet, desto schneller lässt es sich anpaddeln, und je schneller es sich anpaddeln lässt, desto besser erwischt es die Wellen. Bei höherer Geschwindigkeit bewirkt zusätzliche Masse allerdings, dass das Brett auf dem Wasser gleitet, anstatt es zu teilen, was das Steuern erschwert. Weitere Unterschiede liegen in der Form des Seitenrands (wo und in welchem Maße die Brettkante sich wölbt), wo die breiteste Stelle des Bretts zu sein hat und welches Ausmaß die flachste Stelle in der Länge haben soll. Auch in welcher Form das Shape ausläuft, ist entscheidend: Ein spitz zulaufendes Tail hält den Schwerpunkt des Bretts nahe an der Welle und ermöglicht eine hohe, schnelle Fahrt auf einer steilen Welle; ein breites, abgerundetes Tail verleiht dem Brett einen losen, breiten Drehpunkt und ermöglicht skateboardähnliche plötzliche Kehrtwenden. Noch feinere Unterschiede liegen in den Konturen der Brettunterseite – Abweichungen, die sich mit bloßem Auge kaum erkennen lassen. Ein Surfboardbauer kann sehr feine konvexe oder konkave Bereiche formen, die sich über die ganze Länge des Bretts ziehen, den Strom des Wassers kanalisieren und auf diese Weise eine besondere Wirkung erzielen.

Die Beach Lifestyle Industry Group berichtete, dass 1994 in den USA 310 000 Surfboards verkauft wurden. Dennoch beherrscht nicht ein einzelner großer Hersteller den Markt. Zwar verkaufen einige australische und südkalifornische Hersteller ihre Bretter weltweit, doch in erster Linie handelt es sich um eine Art Heimindustrie, wobei es in jeder kleinen Surfer-Stadt ein oder zwei einheimische Surfbrettbauer mit Werkstattverkauf und einer treuen Kundschaft gibt. Also folgte ich Vinces Rat und verabredete mich mit seinem Surfbrettbauer auf der anderen Seite der Stadt im Ocean Grove Surfboards – einer alten Werkstatt an einer schattigen, von kleinen Häusern gesäumten Straße mit Redwoods und duftenden Eukalyptusbäumen. Jack Bence, von Beruf Tischler, der sich schließlich auf das Surfbrettbauen spezialisiert hatte, war ein ortsbekannter Surfer; er surfte an der Lane seit zwanzig Jahren, kannte sich aber auch an der Pipeline, Crajagan und Jeffreys's Bay aus. Vince hatte ihn mir wärmstens empfohlen. Jack hatte sein Haus gekauft, bevor die Immobilienpreise in die Höhe schossen, gelbe Rosen gepflanzt und einen japanischen Steingarten angelegt. Er stand lässig in Jeans und einer alten Wolljacke, die Haare voller Schleifstaub, bei offener Tür in seiner Werkstatt, neben sich eine geöffnete Bierflasche, im Radio eine Sportübertragung. Als ich parkte und in den windstillen Nebel trat, zog er die Schutzmaske vom Gesicht, schüttelte mir die Hand und nahm dann ein Blatt Papier aus einer Schachtel. Er stellte Fragen wie ein Therapeut, der einen neuen Patienten empfängt. «Wie surfst du?»

«Keine Ahnung», antwortete ich. «Ich meine, ich surfe erst seit ein paar Jahren, aber ich möchte sportlicher surfen, weißt du? Nicht mehr so gemütlich.»

«Wo surfst du?» Als er mir direkt ins Gesicht sah, bemerkte ich die tiefen Krähenfüße und die Lachfältchen um den Mund, die aus der Zeit stammten, die er in Sonne und Salzwasser verbracht hatte. Seine Hände sahen überraschend schmal und zart aus.

«Weiter oben im Norden», sagte ich und versuchte, gelangweilt zu klingen, «in der Stadt, wenn die Wellen hoch sind.»

Er notierte sich etwas und schien eine schwierige Entscheidung zu treffen. An der Wand hingen Fotos von schönen Frauen und tiefen, saugenden Tubes.

«Du gehst also nicht raus, wenn's dicke kommt?»

«He?» Was für eine Frage! «Ahhh ... nein, ich meine, bei ziemlich großen schon. Doppelt über Kopf hoch, schätz ich mal. Vielleicht noch größer, manchmal.»

Er nickte und notierte sich ein paar Zahlen.

«Was sind deine Ziele beim Surfen?»

«Floaters, Aerials ... ich meine, ich bin 27, und klar, das ist alt, aber früher war ich ein ziemlich guter Skateboarder, und dasselbe will ich jetzt in den Wellen machen.»

Er nickte, als wollte er sagen: Ja, mein Sohn, das ist schon richtig. «Also viel Tail Rocker.»

Von einem Gestell hingen drei Surfbretter, die noch nicht mit Fiberglas überzogen waren, jedes mit einem Airbrush-Muster darauf, das trocknete: Flammen, eine Sonne, die hinter Wolken hervorkam, eine nackte Frau mit übertriebenen Proportionen.

«Rocker? Ja, mein jetziges Board bringt mich immer zu parallel zur Welle. Ich brauche etwas, mit dem ich richtig in die Welle reingehen kann. Deshalb ...»

«Willst du zusehen, wenn ich anfange?»

Wir gingen durch seinen Laden, vorbei an den Rohlingen – unbearbeitete Bretter, die an den Wänden gestapelt waren – und kamen in einen abgeteilten Raum hinten in der Werkstatt. In dem kleinen, schwarz gestrichenen Raum lag ein 2,20-m-Rohling auf einem Gestell. An den Wänden hingen hüfthohe fluoreszierende Streifen. Mit einer elektrischen Schleifmaschine mit Staubsaugerschlauch brachte Jack den Rohling schnell in eine ausgeprägte, markante Form. In seinen teuren Basketballschuhen ging er auf dem Brett auf und ab wie ein alter Eintänzer. Dann nahm er ein langes Stück Sperrholz in die Hand, eine Schablone, die die Wölbung des

Brettrandes festlegen sollte. Er zog einen Strich über das hintere Ende des Bretts, einen anderen an der Spitze, dann schnitt er es mit einer Handsäge aus und ging anschließend wieder über das Brett. Die Feinheiten der Bodenform und der Randwölbung legte er fest, indem er mit Streifen Schmirgelpapier über jeden Teil des Bretts strich, wobei er nie eine Änderung vornahm, die er nicht auf das ganze Brett übertrug. Obwohl er oft Maß nahm, den Linien, Markierungen und Mustern folgte, hielt er auch mehrmals inne, stellte das Brett aufrecht hin und fuhr mit den Händen daran entlang. Dann legte er es erneut auf das Gestell, glättete etwas, behob eine Unregelmäßigkeit. Hin und her vom Gemessenen zum Gefühlten, in einer schnellen, physischen Wiedergabe eines Komplexes aus Theorien und Wünschen, vollzog er in schneller Abfolge Handgriffe, aus denen eine einzigartige, funktionelle Skulptur mit einem Eigenleben entstand.

Schließlich legte er eine Pause ein und sagte, er habe jetzt den groben Umriss fertig und werde die Detailarbeiten später ausführen. Also gingen wir in die Werkstatt zurück, und ich fragte ihn noch einmal nach der Gesamtform des Bretts.

«Ach, ganz normal», sagte er. «Genug Tail Rocker am unteren Ende, damit du wirklich aus dem Wellental hochschießen kannst. Eine ziemlich hochgebogene Spitze ist ganz nett bei späten Drops, außerdem hab ich dir ein gerundetes Tail gemacht, damit sich das Brett ganz locker anfühlt, aber es sollte auch einen weiten Turn ganz gut verkraften. Durch das bisschen Extradicke unter deiner Brust kannst du gut paddeln, aber ich hab das zum Rand hin abgeflacht, damit sich das Brett nicht wie ein Korken anfühlt. Außerdem mache ich im Allgemeinen einen einfachen oder doppelten Hohlschliff in den Boden, der aber kaum zu spüren ist.»

Klang gut.

Als Kunde, der den vollen Preis zahlte – somit also erkennbar kein Insider war –, konnte ich sicher sein, dass die Lieferung meines Bretts auf Jacks Zeitplan ganz unten rangierte. Aber ein Surfer, der nicht surft und nicht arbeitet, hat eine Menge, worüber er nachdenken kann, beispielweise Haie: Natürlich interessiert man sich für sie, studiert die Fotos ihrer klaffenden, blutigen Mäuler, wie sie auf den Decks von Fischerbooten oder Kais liegen. Weiße Haie erscheinen immer wie ein gespenstischer und nackter Fleck aus dreieckigen Zähnen und blassem, dickem Zahnfleisch. Und wenn man einen Weißen Hai einen ganzen Nachmittag lang anstarrt, beispielsweise den ausgestopften im San Francisco Aquarium – weit über vier Meter lang, aber in seinem Kasten irgendwie kleiner wirkend, wird er zu einem Symbol für das eigene Verhältnis zum Schicksal: Man weiß, dass es diese Tiere dort draußen gibt, sogar, dass sie an bestimmten Orten häufiger sind als an anderen, aber trotzdem stehen die eigenen Chancen nicht schlecht. Entweder man hört mit dem Surfen auf (undenkbar), oder man akzeptiert die unter Surfern weit verbreitete Haltung: «Na ja, wenn mich ein Hai fressen will, dann frisst er mich halt.» Klingt ganz vernünftig, obwohl sich sofort die Frage aufdrängt, wie viele andere Lebensformen in Amerika die Möglichkeit einschließen, von einem zweitausend Pfund schweren Raubtier mit rasiermesserscharfen Zähnen verschlungen zu werden. Ein Mitschüler auf der Highschool hatte einmal die Polizei-Fotos eines Surfers aus Monterey gesehen, der fast entzweigebissen worden war – er erzählte mir wiederholt, dass der Großteil des Brustkorbs des Mannes weg war und sich seine inneren Organe über den Tisch im Leichenschauhaus ergossen. Das Brett wurde als erstes angeschwemmt und wies einen klassischen Bissrand auf – wie wenn ein Kind in einen Keks beißt. Der Leichnam war beinahe zwei Wochen in den kalten Strömungen getrieben, bis er gefunden wurde. Jahre später vergnügte sich ein anderer einheimischer Surfer an einem abgelegenen Riff, als er plötzlich das Gefühl hatte, jemand habe ihm einen VW auf den Rücken geworfen – auf einmal war er unter Wasser und blickte in ein Riesenauge. Und in Oregon biss ein Hai einem Surfer, der dasaß und auf eine Welle wartete, von unten ins Brett; das furchtbare Maul stieg aus dem Wasser, dann schlugen die Zähne in das Fiberglas zwischen seinen Beinen. Der Hai vollführte einen Sprung, das Brett zwischen den Zähnen, und zerrte den Surfer an der Leine um seinen Knöchel mit sich; als sich der Hai umdrehte, um anzugreifen, packte der Surfer ihn beim Schwanz – zwei Surfer können das bezeugen –, und so schossen sie zusammen im Kreis herum, bis der Hai losließ.

Es gab in jenem Herbst ganze Wochen, in denen es keinen Sinn hatte, am Point zu surfen. Ich war sogar mehrmals im Regen den Sandweg zum Strand gegangen, als besuchte ich eine Geliebte, die nie richtig in Stimmung war. Aus irgendeinem Grund machten sich Vince und sein Freund Willie Gonzales in jenen Tagen nicht einmal die Mühe, nachzusehen, da sie die dort herrschenden Bedingungen offenbar aus der Ferne vorhersagen konnten. Aber das ist ja eines der Geheimnisse dieses Sports: Man muss bereit sein, flexibel, immer in Form. Einen Tag lang kann ein Sturm wüten und die tollsten vier Stunden hervorbringen, die dein Riff in zehn Jahren erlebt hat, um gleich am nächsten Tag erneut aufzufrischen und die Wellen auseinander zu treiben. Irgendwann nimmt man den Zufall in das Muster des Alltags auf, akzeptiert das flüchtige Wesen von Glückseligkeit und vermeidet alle unnötigen zeitlichen Einschränkungen. Doch selbst wenn ich gute Wellen fand, erschien mir die Kälte als eine Art drückende Pflicht;

manchmal wollte ich mich nur im Haus verkriechen und heißen Tee trinken. An einem solchen stürmischen Nachmittag ging ich mit einem Kaffee und einem großen Toll House Cookie (mein absolutes Lieblingsgebäck) zum Santa Cruz Surf Museum am Leuchtturm, um mir das obligatorische zermalmte Surfboard anzusehen. In einem kleinen Raum mit der Atmosphäre eines Tempels zeigte das Museum an den Wänden aufgereihte historische Surfbretter, angefangen von Redwood-Planken bis hin zu den neuesten «guns» für extrem große Wellen. Alte Schwarzweißfotos aus einer Zeit, als alles noch einfacher war, zeigten grinsende Jungen; ein älterer Herr in einem Satin-Sakko, das ihn als Mitglied der Santa Cruz Longboarders Association auswies, bekundete, dass der Winter 41 wunderschön gewesen sei. Und dann sah ich es: Riesige Zähne hatten das Fiberglas wie einen Kartoffelchip zermalmt. Es war der handfeste Beweis, den ein Phantom-Mörder hinterläßt, wie die Fußabdrücke eines Yeti oder die Filmaufnahme eines Gespensts. In einer Glasvitrine waren Fotos von Erik Larsen ausgestellt, wie er als überlebendes Opfer mit stark bandagierten Armen im Bett liegt; handgeschriebene Berichte von Ärzten attestieren die tiefen Fleischwunden und den hohen Blutverlust. Fetzen seines Surfanzugs, die ebenfalls hinter Glas ausgestellt werden, sahen aus, als hätte man sie durch eine Häckselmaschine gelassen. Eine der Bildunterschriften verglich Bisse zur Verteidigung des Reviers mit solchen zur Nahrungsaufnahme und bewiesen, dass Larsen als Abendessen gedacht war. Haie rechnen mit fettem Robbenfleisch, nicht mit Fiberglas und Neopren, fettlosen Muskeln und Knochen, und spucken Surfer daher meistens wieder aus. Doch der Hai, der Larsen erwischt hatte, war zurückgekommen, um sich einen Nachschlag zu holen.

Na, jedenfalls war Ebbe, ein schwerer Sturm zog auf, und ich vertrödelte meine Zeit damit, meine Mantras herunterzubeten – «es ist wahrscheinlicher, von einem betrunkenen Autofahrer getötet oder vom Blitz erschlagen zu werden» –, und fuhr dann Richtung Norden. Auf der ganzen Fahrt entlang der Küste spürte ich die Bedrohung durch die wahre Wildnis, die Angst, in der Nahrungskette jemanden vor mir zu finden. Das hatte der Mensch stets mit aller Kraft vermieden, ebenso wie schutzlos den Elementen ausgesetzt zu sein oder Sex zum alleinigen Zweck der Fortpflanzung. Zu den Klängen eines Reggae aus meinem Kassettenrecorder: «Bringt ihn um, den weißen Mann, bringt ihn um …», stieg ich in meine Surfermontur. Auf dem Weg huschten verschreckte Waldkaninchen unter die abgestorbenen Hemlocktannen, als ich vorbeiging. Ich paddelte in schiefergrauem und enttäuschend flachem Wasser hinaus und erwischte ein kleines Nichts von einer knöchelhohen Welle, dann trieb ich umher und tröstete mich mit dem trüben Wasser; konzentrierte mich auf die Oberfläche, ignorierte, dass meine Beine in dem milchigen Grün versanken; roch den Salzgeruch, beobachtete das granitfarbene Licht über dem Meer weiter draußen. An bewölkten Tagen bilden Sonne und Schatten seltene dramatische Kontraste wie in einem Schwarzweißfilm. Sonnenstrahlen trafen grell auf ein Fleckchen Meer und hoben das Wasser so hell gegen den schwarzen Hintergrund ab, dass es aussah, als fröstele es und wolle dem Licht entgegenspritzen. Vince war nirgends zu sehen, war seit Tagen nicht mehr hier gewesen. Ich dümpelte ein wenig auf und ab, lag da, die Augen auf Höhe des Wasserspiegels. Noch einmal Ishmael: «Das sind Zeiten träumerischer Stille … wenn man die ruhige Schönheit und den Glanz der Haut des Meeres gewahrt, vergisst man das Tigerherz, das darunter schlägt; und man ist nicht gewillt, sich daran zu erinnern, dass die samtige Pfote unbarmherzige Krallen birgt.» Weit draußen trieb Willie Gonzales, mit gekreuzten Armen beobachtete er das Spiel der Schatten und hielt sich an einem

Seegrasstrang als Treibanker gegen die Strömung fest. Hinter ihm tauchte leise und unbemerkt der glänzende Kopf einer Robbe auf. Eine Minute lang beobachtete sie Willies Rücken, dann sprang sie aus dem Wasser und platschte laut wieder hinein. Willie fuhr blitzartig auf seinem Brett herum, fuchtelte mit den Armen, trat um sich mit den Füßen und schrie furchtbar hysterisch und mit bleichem Gesicht: «Was war das?! Was zum *Teufel* war das!?»

Ich konnte es ihm nicht verdenken: Da glaubst du, du könntest einfach nur über den klasse Hühnchen-Burrito nachdenken, den du zu Mittag essen willst, streifst mit dem Bein einen dicken Seegrasstrang und wirst plötzlich wahnsinnig vor Angst, als dir klar wird, dass der Tod durch Verschlingen direkt unter der Oberfläche deines Verstands lauert. *Hai-igkeit*: Bewusstseinszustand, der sich im Zustand lokaler Befindlichkeit äußert – «Wird'n bisschen hai-ig hier draußen, findste nich?» –; eine Kombination aus Surfspothistorie, Wassertiefe und offenem Meer, dem man ausgesetzt ist, vielleicht noch Surferandrang, Dichte des Nebels und die schlichte Entfernung zum Highway. Ich paddelte zu einer Stelle voller Seegras, um mich vor der Tiefe zu verstecken, dachte an den Typ, der hin und her gezerrt worden war, und setzte mich gerade auf, damit mir keiner den Kopf abriss. Erst kürzlich hatte mein Nachbar an dieser Stelle auf seinem Brett gesessen und gedacht, was für ein Scheiß es wäre, wenn jetzt ein Hai auftauchte. Es waren so wenig Wellen da gewesen, dass er zurückpaddeln musste. Genau in diesem Augenblick bemerkte er, wie in drei Meter Entfernung eine über einen Meter hohe Rückenflosse samt breitem, strudelndem Kielwasser langsam an ihm vorbeizog. Seine Augen hätten das Gesehene zuerst gar nicht verarbeiten können, erzählte er mir, und weiter versucht, eine Robbe oder einen Seelöwen zu erkennen; aber dann hatte sich ein anderer Surfer über die Flosse *gebeugt* und hektisch genickt mit einem Gesichtsausdruck, der besagte: *Jawohl, das da ist genau das, was du denkst!* Als sie zum Strand paddelten, drehte sich mein Nachbar einmal um und sah, dass die Flosse langsam folgte; sofort beschloss er, sich nicht noch mal umzuschauen. Sie schrien, alle Surfer sollten sofort an Land gehen, aber ein ganz Hartgesottener blieb skeptisch im Wasser. Ich hatte tatsächlich einmal die Flosse eines Seelöwen für eine Haiflosse gehalten und dabei eine merkwürdige Dynamik entdeckt: Die Jungs machen sich über deine törichte Angst lustig und würden gerne den auslachen, der vor einer Gefahr warnt, tun es dann aber meist doch nicht. Die Gefahr ist einfach zu allgegenwärtig, um jemanden damit aufzuziehen. Fast jeder, egal wie schroff und grimmig, wird wahnsinnig vor Angst beim Gedanken daran, er könne bei vollem Bewusstsein zerfetzt werden und müsse mit ansehen, wie sich sein eigenes Blut im Wasser ausbreitet. Skinny war davon überzeugt, einmal einen Weißen Hai in einer Welle gesehen zu haben: Er war zurück an Land gepaddelt und gegangen, ohne einem der anderen zehn Surfer im Wasser etwas davon zu sagen, um nicht verhöhnt zu werden. Aber immerhin kommen Weiße Haie nirgends häufiger vor als an dieser Küste. Der Teil des Pazifiks vor Monterey, genau südlich von der Stelle, wo ich gerade trieb, bis zu den Farallon Islands vor San Francisco und nach Norden zur Bodega Bay nördlich des Golden Gate wird herrlich schräg «das Rote Dreieck» genannt. Und tatsächlich war ich eines Morgens genau zu der Zeit allein draußen am Point, als mehrere Surfer knapp eine Meile weiter nördlich einen Weißen Hai sichteten.

Beschäftigt man sich erst einmal näher mit dem Thema, birgt es viel Beunruhigendes, und deshalb schlich ich jetzt voll etwas morbider Neugier in der Universitätsbibliothek herum; ein luftiges neues Gebäude aus heimischen Baumaterialien, eine selbstbewusste Hymne an die Redwoods der Umgebung, erfüllt von der rationalen und keimfreien Ruhe allzu vieler Verstandesmenschen, die leise über die dicken Teppichböden der Flure huschen. Hier sind einige Kostproben meiner Lektüre: Haie sind die einzigen auf der Welt bekannten Tiere, die sich im Mutterleib gegenseitig fressen; wenn die noch ungeborenen Haie im Uterus aus dem Ei schlüpfen, fressen sie einander gegenseitig auf, bis das räuberischste Tier übrig bleibt. (Wenn schon der Mutterleib ein Schlachtfeld ist, was ist dann erst das Meer?) Anders als andere Fische, verfügen Haie nicht über Schwimmblasen, die ihnen Auftrieb verleihen, und sinken, sobald sie zu schwimmen aufhören. Das erklärt auch, warum sie gern am Meeresboden lauern, ähnlich einer sieben Meter langen, über 2000 Kilogramm schweren Mine mit 100 Jahren Lebensdauer. Die harte, mit winzigen kleinen Zacken versehene Haut des Hais umhüllt sein biegsames Knorpelskelett, das keinerlei Knochen hat. Kegelförmige Schnauzen, schwarze Augen ohne sichtbare Pupillen, Brustflossen mit schwarzer Spitze. Die gezackten Zähne, die nachwachsen, wenn sie ausgerissen werden, haben bis zu 28 übereinander angeordnete Ersatzzähne (ein Haibiss übt einen Druck von 3000 Kilogramm pro Quadratzentimeter aus). Folgendes wurde schon in Haimägen gefunden: eine Ziege, ein Kater, drei Vögel, ein Regenmantel, weitere Mäntel, ein Nummernschild, Gras, Blechbüchsen, ein Kuhkopf, Schuhe, Strümpfe, Knöpfe, Gürtel, Hennen, Hähne, ein fast komplettes Rentier, sogar ein Mensch ohne Kopf in einer Ritterrüstung. Weiße Haie schwimmen mit offenem Maul und recyceln unterschiedslos alles Organische. Mein empfindsames Wesen, meine liebevolle Familie, meine Liebe zum Leben, mein ordentlicher Pick-up, mein Zimmer voller Bücher, meine Vorliebe für Schokolode am Nachmittag und meine Neigung, die Dinge persönlich zu nehmen – alles bedeutungslos, verglichen mit meinem Status als Proteinlieferant.

Haie sind Überbleibsel aus der Zeit, bevor es Säugetiere gab, Überlebende aus der Ära der Dinosaurier, und sie entwickelten sich die ganze Zeit über im Meer, nie in Süßwasser. Sie traten erstmals vor 350 Millionen Jahren auf, stammten von 20 Meter langen, 50 Tonnen schweren prähistorischen Monstern ab, zu allem entschlossene Raubtiere. Es gibt ein Foto, auf dem eine Gruppe Wissenschaftler bequem in einem versteinerten Gebiss steht. Der Weiße Hai ist zu einer Geschwindigkeit von 40 bis 70 Knoten imstande – errechnet mittels Ultraschall. Angeblich wurde im Mittelmeer ein Taucher mit so großer Wucht getroffen, dass er explodierte. Ein anderer erwähnt, wie ein Weißer Hai einmal vollständig aus dem Wasser sprang, um eine Robbe von einem Felsen zu zerren, und schreibt, dass «die Augenzeugen der meisten Attacken weder Seehund noch Hai sehen, sondern nur eine plötzliche Explosion, fünf Meter hoch spritzende Gischt und einen Blutfilm auf der Wasseroberfläche». Nie sieht man den Weißen Hai, bevor er zuschlägt, nie eine heranschießende Flosse: Mit weit aufgerissenem Maul taucht er aus dem Hinterhalt auf und reißt 50 Pfund schwere Fleischbrocken aus seiner Beute. Der Tod trifft das Opfer wirklich wie ein Blitzschlag. In der dreidimensionalen Weite des Meeres ist die Welt des Surfers eher zweidimensional, ganz Oberfläche und Küste, ohne Tiefe. Der List des Hais kommen die mit Gallert gefüllten, unter der Haut verlaufenden Kanäle am Kopf und an den Seiten zu Hilfe; diese sind gesäumt von Neuromasten, den Lorenzini'schen Ampullen, einer Art Beuteradar, das schwache elektromagnetische Felder auffängt. (Wenn ein Surfer auf eine Welle wartet, pulsiert seine Lebenskraft gewissermaßen wie ein Funkfeuer.) Die Augen des Hais – mit Sehnerven dick wie Taue – können Details nur schwer erkennen und sind nur darauf angelegt, die Beute vom Hintergrund zu trennen. Der Weiße Hai, der zu den effektivsten Raubtieren der Welt gehört, hat eine Tötungsquote von über 90 Prozent, während Bussarde einen ganzen Tag über kein Jagdglück haben können.

Ich ließ gerade eine Seegrasknolle aufplatzen, da steckte eine Robbe ihren Kopf aus dem Wasser, sah mich an und bemühte sich, meine Gegenwart zu verarbeiten. Vielleicht wunderte sie sich, warum ich so blöd gewesen war, in dieser Gegend das Gleiche anzuziehen wie sie.

«Gefällt mir nicht, diese Seehunde hier», sagte ein Surfer in der Nähe.

Jetzt wurde ich nervös, hatte ich Seehunde doch immer für ein gutes Zeichen gehalten.

«Bin nur etwas paranoid», antwortete der Surfer, als ich ihn fragte, warum, «ich bin nämlich Erik Larsen.» Fast klang er so, als wolle er sich entschuldigen.

Ich sah ihn genauer an und bemerkte die Ähnlichkeit mit dem bandagierten Mann auf den Fotos. Er rollte einen Ärmel seines Surfanzugs hoch und zeigte mir die tiefen Narben auf dem Unterarm; ich verpaßte eine kleine Welle – und dann musste ich ihn einfach fragen.

«War ziemlich neblig da draußen», sagte er und erzählte mir die Geschichte, die er schon so oft erzählt hatte. «Mein Bruder war gerade ins Wasser gegangen. Plötzlich hatte ich das merkwürdige Gefühl, dass da ein großes Tier unter mir war, und hoffte inständig, es sei ein Seelöwe. Dann sah ich die Zähne, die direkt auf mich zukamen.»

Willie ließ sich herantreiben, um zuzuhören.

«Und plötzlich steckte mein ganzes Bein im Maul von dem Viech», sagte Larsen und hing auf seinem Brett wie ein erschöpfter Kriegsveteran. «Es biss meinen Oberschenkel durch samt Arterie.» Er blickte übers Meer auf drei heranrollende Wellen; die Wolken nach wie vor ein graues Kontinuum. Wird die Oberschenkelarterie durchtrennt, verblutet man, erklärte Willie.

«Ja, wenn man sie aufschlitzt», antwortete Larsen, «aber man kann sie mit einem Gummiband vergleichen: Wenn man sie glatt durchtrennt wie bei mir, schnellt sie zurück und schließt sich ein wenig.»

Ein Unterschied, den ich mir nicht gerne vor Augen führte. Willie blickte zum Strand.

Larsen erzählte, wie der Hai ihn losließ, um ihn herumschwamm und ihn erneut attackierte, diesmal seinen Kopf. «Ich habe die Arme hochgerissen», sagte er und kreuzte sie vor dem Kopf, «und er hat alle Adduktorensehnen und die Arterie meines rechten Oberarms durchgebissen – die richtig dicke unter dem Bizeps. Meine Arme hingen schlaff in seinem Maul. Ich weiß noch genau, wie ich dachte, Mensch, ist da viel Platz drin, da passe ich ja ganz rein. Aber dann habe ich einen Arm herausgezogen und dem Viech eins aufs Auge gegeben.»

Er holte tief Luft. Ich war wie betäubt, konnte nicht abwarten – und dann?

«Hat er losgelassen. Und ich bin auf mein Brett gekrabbelt. Kein Scheiß. Und das Wunder ist – ich konnte sogar paddeln, ich hatte ja noch die Sehnen zum Strecken, auch wenn er die zum Beugen durchgebissen hatte. Ich habe dann tatsächlich noch eine Welle erwischt», er lachte kurz auf, «na ja, eine kleine. Bin auf dem Bauch an den Strand gesurft, und da kam eine Frau mit ihrem Kind, und ich erklärte ihnen, wie man einen Druckverband anlegt. Als der Helikopter eintraf, hatte ich ein Drittel meines Bluts verloren.»

Bedrücktes Schweigen: Was sollte man sagen? Larsen glitt eine höhere Welle von rechts hinunter, surfte ganz lässig, tat, was die Welle wollte. Ich trieb eine Weile allein im Wasser, kriegte eine zum Land – irgendwie kleine Wellen, nicht wirklich interessant.

Fast eine Woche lang wütete der Sturm an der Küste im Norden, ließ die Flüsse zu schokoladebraunen Sturzbächen voll entwurzelter Bäume, faulender Matratzen und den unsichtbaren Gefahren einer Wasserverseuchung anschwellen. Was in Ordnung war, denn ich brauchte Zeit, um den Weißen Hai, den alten *Carcharodon charcharias* mit der großen Flosse, da draußen zu vergessen. Selbst im Regen ging ich jeden Morgen zum Kliff neben meinem Haus, um mir alles anzusehen, und bemerkte gewöhnlich, dass Vince dasselbe tat. Wie sich herausstellte, wohnte er im selben Viertel wie ich und fuhr täglich im Morgengrauen mit dem Rad zur Steilküste. Dort positionierte er sich mit einem Fernglas, während seine Frau noch schlief, verglich die Farbe des Wassers weiter draußen in der Bucht mit der Richtung von Wind und Wellen, den Gezeitenwechsel mit seinem Stundenplan, und suchte nach einer Lösung. Ich unternahm jetzt meine Spaziergänge zur Klippe um dieselbe Zeit wie er und hielt häufig aus meinem Schlafzimmerfenster nach Vince Ausschau; sah ich ihn vorbeiradeln, streifte ich mir mein Sweatshirt mit Kapuze über, schnappte die Thermosflasche mit dem nervenberuhigenden Kräutertee und lief los, um mit ihm zu plaudern. Er hatte geradezu enzyklopädische Kenntnisse über die Surfspots im gesamten County, hatte 30 Jahre lang Erfahrungen zu mehr als 100 Brandungen unter allen erdenklichen Wetterbedingungen gesammelt. Außerdem hasste er Menschenmengen und tat alles in seiner Macht Stehende, um nicht im Gedränge surfen zu müssen. Oft wünschte er mir viel Glück für meine Suche an diesem Tag und fuhr dann still lächelnd wieder los, offenbar zu einem versteckten Surfspot, den er mir noch nicht verraten wollte.

Das geschah beispielsweise am zweiten Tag des Sturms, also fuhr ich allein zum Point, was Besseres fiel mir nicht ein. Die Sonne stand niedrig, der Himmel war durchsetzt von schwarzen und weißen Wolken, der Horizont im Norden pechschwarz. Als ich langsamer fuhr, um zu parken, sah ich Willie aus seinem alten El Camino springen – gerade rechtzeitig, um einen halbblinden kleinen Hund vor einem Gemüselaster zu retten. Wir kannten den Hund, er gehörte hierher, und nahmen ihn mit den durchweichten Weg hinunter zwischen den triefenden, abgestorbenen Hemlocktannen und dem Sauerklee, der in leeren Ackerfurchen sproß. Willie und ich hatten bislang noch nicht viel miteinander gesprochen, hatten uns im Wasser immer nur mit «Hallo» begrüßt. Seine Gesten und seine Art zu sprechen hatten etwas Kultiviertes, und Surferjargon benutzte er mit spielerischer Freude. Ein gut betuchter Freund, so erzählte er mir im Gehen, habe kürzlich einen Service namens Wave Fax abonniert, der ihm tägliche Analysen jedes nur erdenklichen weltweiten Sturmtiefs zuschickte, das uns unter Umständen eine Brandung bringen konnte; das heutige Fax wies offenbar auf eine große nordwestliche Dünung in den nächsten Tagen hin, auf einen Sturm, der über British Columbia festsaß. Ich hatte fast täglich am Point gesurft – sogar als es fast nicht möglich war –, nur aus Freude daran, dort zu sein. Abgesehen von Vince, traf ich dort niemanden häufiger als Willie. Mittelgroß, sehr dünn und gelenkig, wie er war, mit seinen hohen Wangenknochen, der kräftigen Kinnpartie und den dunklen Augen, kam mir Willie immer leicht amüsiert vor; seine Krähenfüße deuteten eher auf ein Leben nachdenklicher Belustigung als auf andauerndes Leid hin. Er hatte etwas Kluges und zugleich Leutseliges an sich, blieb aber dennoch recht distanziert, sodass man ihm keine aufdringlichen Fragen stellte. Zwar wirkte er mit seiner schicken Windjacke von Patagonia, der Ray-Ban-Sonnenbrille, den Jeans und den gelben Gummistiefeln eher wie ein typischer Yuppie-Surfer, wohnte aber offenbar ziemlich in der Nähe, in einer gemieteten Einzimmerwohnung auf einer Farm oben in den Hügeln. Auf dem Weg, auf dem wir gingen, sprossen Grashalme und Senfpflanzen; ein paar Schwalben kamen zwitschernd im Sturzflug aus dem Himmel gesaust – wichtig ist letztlich, die Umgebung wahrzunehmen. Nicht etwa, dass es sich um eine makellos unberührte Natur handelte – nicht einmal der wilde Senf kann für sich in Anspruch nehmen, wirklich hier heimisch zu sein –, trotzdem klammerte ich mich an die Beharrlichkeit der Transzendentalisten, derzufolge das goldene Zeitalter jetzt anbrechen und die Welt für ihre Zuschauer da sein *müsse*. Andernfalls, na... Sie wissen schon. So mussten Reihen des Chaos, wie der kleine grüne Streifen oben am Feldweg, die Streifen unkultivierter Erde zwischen den Feldern und entlang der Eisenbahngleise, genug Wandel verkünden, um übergebührliche Aufmerksamkeit zu verdienen.

Von der Klippe aus sahen wir zwanzig Delphine, die in zwei Schwärmen zwischen den Brechern schwammen – unzählige scharfe kleine schwarze Flossen, die in hohem Bogen aus dem Wasser sprangen und wieder eintauchten. In dem Blau gen Westen schoss eine Gischtfontäne in die Höhe, winzig aus dieser Entfernung. Während wir uns umzogen, brach über der gläsernen, sturmgepeitschten See klares Licht durch die Wolken. Obwohl der Wind nicht blies, war seine Wirkung allgegenwärtig; die Wellen des arktischen Tiefdruckgebiets hatten sich noch nicht aufgebaut; die See spiegelte noch das Chaos des Unwetters wider ohne die ordnende Zugkraft von Oberflächenspannung, Schwerkraft und Zeit. Die Wellen wirkten organisch verzerrt, wie entfesselt von den Anforderungen des Riffs und der Dünung. Kalte, über drei Meter hohe Wellengipfel rollten an die Küste und brachen sich in unvorhersehbarer Weise. Sie ermöglichten lange, gewagte Drops mit weit hinten aufgesetztem Fuß. Damit die Brettspitze oben blieb, riss ich hoch oben rum, glitt schräg vor der brechenden Welle über eine schaumbedeckte Wasseroberfläche, beugte die Knie über kleinen Unebenheiten. Es war schon merkwürdig, die pastorale Ruhe zu verlassen, um sich einer dröhnenden, *unirdischen* Wildnis auszusetzen und um dann, in der Stille zwischen den Wellensets, wieder hinauszupaddeln; das Brett auf und ab, über und durch die glitzernden Gewässer, die Augen knapp über dem Wasser, im Hin und Her der sanft abrollenden Wellen und einzelnen kleinen Wellenkämme. Der Horizont tauchte auf, verschwand, neigte sich, sank; der granitfarbene Pazifik und ein dräuender Himmel, grau und reglos. Weit draußen trieben vier schwarze Gestalten mit schwarzen Kapuzen, gebeugte Bettelmönche, die in dem stetigen Regen noch vor der hellgrauen Weite kauerten.

Ein kleiner Blondschopf namens Steve, auch er sozusagen Stammgast, erzählte laut zwischen den einzelnen Sets, dass er arbeitslos und ganz verzweifelt sei und vielleicht zurück nach New York zog. Er hatte einen guten Job beim Ölbohren für einen besseren in einer Parfümfabrik gekündigt. Wie sich herausstellte, vertrug er den Duft nicht und war eine Woche lang krank, und dann war es zu spät, um zum Ölbohren zurückzukehren. Jetzt stellten die Firmen überhaupt niemanden mehr ein; seit einem Monat suchte er schon auf Baustellen nach Arbeit. Seine Frau hatte die Geduld verloren und war es leid, ihn zu unterstützen. Hauptsächlich sprach er mit Willie, obwohl die beiden einander nie offiziell vorgestellt worden waren. Die Bucht war für Steve gewissermaßen so etwas wie eine Eckkneipe und Willie unser aller Barkeeper. Steve wirkte ziemlich verstört. Er hatte irgendwie eigentlich auch mit dem Surfen aufgehört und erzählte, dass er nicht mehr wisse, was er noch tun sollte. Das Amt für Veteranen würde seinen

Lohn bezuschussen, aber den Arbeitgebern war das egal. Willies Mitgefühl wirkte echt, als habe er genug Zeit verloren, um die Siege der letzten Zeit nicht persönlich zu nehmen.

Wieder hingen Gewitterwolken über uns, ein Regenschauer kam herunter: dicke, sichtbare Tropfen, die einzeln ins Wasser platschten und die ölige Oberfläche kräuselten und wieder abklangen; dann goss es in Strömen, und das Wasser wurde zu einem vibrierendes Gesumme und Gebrumme, die ganze Oberfläche zitterte, bebte lebendig, jetzt eine organische Verbindung von fallendem und bereits gefallenem Wasser. Das Meer spiegelte nicht mehr, vielmehr schien der Regen es niederzuhalten, es in eine Form pressen zu wollen. Ich bibberte in meinem Surfanzug – dieser durchlässigen zweiten Haut zwischen mir und dem Salzwasser –, hockte mich hin und wartete; blickte über diese Wüste aus wogenden, verschwommenen grünen Wasserdünen und sah plötzlich einen ungeheuren Wachtposten, einen massigen, stumpfen schwarzen Kopf mitten in einem Wellenberg. Das große, dunkle Gesicht eines Seelöwen jagte mir einen solchen Schrecken ein, dass ich fast vom Brett gefallen wäre; es war ein weit über zwei Meter langer, 600 Pfund schweres Exemplar mit Mähne, der allein in dem Küstengewässer schwamm, zwischen Paarung und Haarwechsel, weit nördlich von der Kolonie, in der sich die Weibchen und Jungtiere aufhielten, und der nach Futter suchte: Tintenfisch, Heilbutt. Die Bewohner der Aleuten, hatte ich einmal gelesen, hätten viel Verwendung für diese Tiere, die Häute wurden zu Bootsplanen und wasserdichter Kleidung verarbeitet, das Fleisch diente als Nahrungsmittel, das Fett als Brennstoff. Seelöwen sollen verspielt sein, zum Vergnügen die eigenen Luftblasen jagen, und sie sind die klassischen Zirkustiere; balancieren Weingläser auf der Nase, gehen Stufen hinauf, beklatschten ihre eigenen Darbietungen. Dieser aber war derart jäh vor mir aufgetaucht und so über alle Maßen groß, dass er den unsichtbaren Raum in der Tiefe vor Augen führte, diese Welt riesiger Kreaturen, die ganz nah und doch unsichtbar waren. Dann richtete er seine schwarzen, pupillenlosen Augen lange auf meine Sicherheitsleuchte und tauchte.

Ein jäher, heftiger Wind blies die Nebelfäden wirbelnd von den Wellenrücken wie Schneewehen in einem Blizzard. Ich fror, der Kopf tat mir weh, und meine Schulter schmerzte vor Überanstrengung, als ich eine Welle anpaddelte, spritzte mir die Gischt wie aus einem Feuerwehrschlauch ins Gesicht, und der Wellenritt war wie eine Querfeldeinfahrt über Stock und Stein. Dann ließ der Regen nach, und die Klippen wurden wieder sichtbar. Der Farmer hatte den Rosenkohl untergepflügt, und der – nach diesen windigen Tagen blassere – Boden war nun wieder durchweicht und schwarz. Während der Verschnaufpause erzählte ein zurückhaltender, rothaariger Surfer von seiner Rucksacktour an Kaliforniens Lost Coast, oben an der Grenze nach Oregon. Sie seien auf vier Meter hohen Wellen geritten, rundherum umgeben von Seehunden und gelegentlich sogar von einem Mörderwal. Der Surfer kam aus Malibu und war erst kürzlich in diese Gegend gezogen, um mal richtig zünftig zu surfen, wollte sich im Laufe der Jahre einfach weiter nach Norden treiben lassen, wollte Raum für seine Ellbogen finden. Er studierte, und die Miete sparte er, weil er in einem Zelt in einem Waldstück hinter dem Unigelände hauste; zusammen mit seiner burschikosen Freundin, einer hübschen, schlaksigen Surferin und Skateboarderin, mit der er die letzten zwei Jahre zusammen ohne Unterbrechung im Wald gelebt hatte. Auch die Regenzeit über, und zwar ohne Probleme.

Und da war er wieder, dieser absurd große Seelöwe. Ein Schiffskapitän des 19. Jahrhunderts schilderte, auf welche Weise man in der Zeit des Goldrauschs an dieser Küste Seelöwen gejagt hatte – wie die Matrosen der Herde am Strand den Zugang zum Wasser abschnitten, herumschrien und mit den Waffen fuchtelten, um Panik auszulösen. Einer der Bullen wehrte sich und bekam eine Musketenkugel in den Kopf, eine Lanze ins Maul. Dann griffen die Seeleute an. In ihrer Panik kletterten die Seelöwen übereinander, während sie abgeschlachtet wurden und ihr bekanntermaßen reichlich vorhandenes Blut vergossen (durch die exzessive Menge sind sie imstande, lange zu tauchen, ohne Luft zu holen). Anschließend zogen die Seeleute den Tieren auf dem blutgetränkten Strand die Haut ab, schälten die dicke Speckschicht ab und schleppten sie zum Schiff, wo sie gekocht wurde. Und da tauchte dieser besondere Seelöwe mit seinem langen, stromlinienförmigen Rücken wieder unter in die schäumende, tosende See. Ein wahrhaft amphibisches Leben, das die Seelöwen da führten: Meist meiden sie die offene See, liegen am steilen, felsigen Ufer, sind imstande, aus den Wellen heraus auf hohe Felsvorsprünge zu springen und das zurückströmende Wasser zu nutzen, um wieder ins Meer zu kommen. Mit ihren schlampigen Lebensgewohnheiten sind sie zudem noch nachlässig: Sie teilen sich ihre Paarungsplätze mit Kormoranen, sogar wenn Raben und Füchse sich die Essensreste holen. Es heißt, Möwen könnten sich an den Stränden frei zwischen Seelöwen bewegen, sogar Exkremente aus dem After eines Jungtieres picken oder im Schwarm vom Himmel herabstoßen und sich um eine frische Nachgeburt streiten.

Trotzdem waren Größe und Schnelligkeit des Seelöwen, den ich heute gesehen hatte, beunruhigend; eine schwarze Gestalt, die durch das schaumige Grün einer Welle schoss, ehe sie brach. Einen kurzen Moment lang glitt die geisterhafte Form noch ins Innere der Welle, dann verschwand sie. Vielleicht hatte der Seelöwe unser Spiel bemerkt, es als sein eigenes erkannt; wie man weiß, bodysurfen Seelöwen in Gruppen und kehren immer wieder zu einem guten Surfspot zurück. Selbst ihr Liebesleben kommt einem zugleich vertraut und fremdartig vor, denn die territorialen Bullen kämpfen um die guten Paarungsplätze am Wasser, breiten sich zwischen den Felsen aus, die von Wellen überspült und so von Unrat gereinigt werden. Die Weibchen sind den Männchen zahlenmäßig weit überlegen, drängen sich um die Bullen und sind ausgesprochen gesellig. Und bei allem Wegbeißen und Imponiergehabe der Bullen ignorieren die Weibchen – die sich ohnehin selbst ihren Sexualpartner aussuchen – deren Territorien und bewegen sich frei am Strand. Wenn ein paar Wochen nach der Niederkunft die Vulva erneut anschwillt und sich rötet, legt sich das Weibchen zu dem von ihm auserwählten Bullen und windet und reckt sich, um ihn anzusehen, oder rutscht ihm über den Buckel, als wolle es ihn besteigen. Daraufhin brüllt er ein wenig, reibt seine Barthaare am Körper des Weibchens und beißt es zärtlich; das Weibchen wölbt dann den Rücken und spreizt die Hinterflossen. Mal dauert der Geschlechtsakt ein paar Minuten, mal eine Stunde. Genau wie der Otter besteigt der Seelöwenbulle das Weibchen, steigt wieder ab, schläft ein wenig und macht sich wieder heran. Hat das Weibchen genug, steht es auf, beißt ihn heftig, macht sich los und watschelt davon, während er ins Leere stößt.

Als die Sonne unterging, zog auch das Gewitter ab, und es wurde rasch dunkel in der Bucht. Willie und ich kamen gleichzeitig an Land und streiften noch am Meeressaum unsere Surfanzüge ab. Die Wellen umspülten fast unsere Füße, und plötzlich war der Himmel magentafarben und violett, mit riesigen Wolkenblöcken, die sich schwarz und flach am Horizont abzeichneten. Von den Klippen herab wehte der süße Duft kleiner gelber Blumen, und ich sagte, wie schön ich dieses Leben fand und wie schlimm es wäre, all das aufgeben zu müssen. Willie wusste genau, was ich meinte, und entgegnete, er habe sein Leben lang gearbeitet, um sich diese Freiheit zu bewahren. Steve kam als Letzter, genau bei Einbruch der Dunkelheit, aus dem Wasser, noch immer etwas einsam und verloren; und Willie fiel die halbblinde Hündin ein, die wir am Highway gefunden hatten, und fragte, ob sie ihm gehöre. Ja, es war seine, und Steve wurde blass, als er hörte, wo sie gewesen war, bedankte sich ein paar Mal zu oft und sagte, er wolle sie einfach jetzt nicht verlieren, das sei alles.

Als 1883 in Indonesien der Krakatau ausbrach und eine Detonation auslöste, die noch 5000 Kilometer entfernt auf Madagaskar zu hören war, zerstörte eine verheerende, zwischen 20 und 40 Meter hohe Flutwelle – ein Tsunami – Hunderte Städte und tötete über 36 000 Menschen. Seismische Erschütterungen des Meeresbodens können die gleichen Auswirkungen haben: 1960 löste ein Erdbeben von der Stärke 8,5 auf der Richterskala in Chile einen Tsunami aus, der quer über den Pazifik lief und die Stadt Hilo auf Hawaii dem Erdboden gleichmachte. Dann gibt es da natürlich noch die Monsterwellen, gelegentlich vorkommende, über alle Maßen große Wogen. Sie werden von den zusammenströmenden Dünungen geformt, die einen davon abhalten sollten, an ansonsten windstillen Tagen auf vorgestreckten Landzungen spazieren zu gehen. Ein Beispiel ist die 40 Meter hohe Welle, auf die am 7. Februar 1933 die USS *Ramapo* im Nordpazifik traf; ein Seemann besaß offenbar die Kaltblütigkeit, die Wellenhöhe zu messen, indem er von einem hohen Punkt mittschiffs aus triangulierte. Doch so unterhaltsam solche Geschichten auch sein mögen, Surfer leben mit viel prosaischeren Phänomenen: Windwellen, sogar Gezeiten, die eigentlich ebenfalls Wellen vom Umfang der halben Erde und einen halben Tag voneinander entfernt sind. Die Flut ist folglich ein weltweiter Wellengipfel, die Ebbe dagegen ein globales Wellental. Und man surft auf den abklingenden Impulsen ferner Stürme: Sonnenwärme und globale Winde erzeugen Hoch- und Tiefdrucksysteme, stürmische und windstille Gebiete; ein Hochdruckgebiet über Oregon, ein Tiefdruckgebiet vor Anchorage. Wind aus dem wärmeren Hoch strömt in das kältere Tief und holt sich Luft aus einem Abschnitt über dem Meer, wo dann die Wellen entstehen: Die Reibungsenergie des Windes kräuselt zuerst das Wasser, drückt dann die kleinen Wellen weiter vor und produziert eine Kabbelsee. Durch das Voranschieben der unebenen Wasseroberfläche entsteht ein beständiger Seegang, der die Sturmregion verlässt und übers offene Meer zieht, wobei er sich festigt, verdichtet und zu klaren Dünungslinien, Wellenkolonnen, verbindet. In diesen Kolonnen weicht die vordere Welle ständig der hinter ihr liegenden, hinter denen immer neue auftauchen – ein Kreislauf von Formen, die eine Makrokräuselung erzeugen, der sich drehende Teil einer Sinuskurve.

So hat die Dünung, die an die Küste rollt, sauber und weit entfernt vom Sturm, Hunderte, ja Tausende Meilen ruhigen Wassers zurückgelegt. Treffen die Wellen auf flacheres Wasser, verlangsamen sie sich und passen sich der Untiefe an. Dadurch wird die Wellenenergie winklig vom Boden abgelenkt und gestaut, bis die Welle bricht. Dann treibt man dahin und wartet auf einen Impuls der Sonne: Die Form der Welle, die man reitet, ist Ausdruck des fernen Sturms, der Form des Meeresbodens, über den man gerade treibt, der präzisen Richtung, aus der eine Dünung auf den Meeresboden trifft, sowie der örtlichen Winde. Der Druck von Landwind auf die Wellenrücken lässt diese zu schnell brechen; ablandiger Wind auf ihre Vorderseite macht sie schön steil und schnell. Und der Meeresboden, den man selten sieht, aber genau kennt: Form und Schaum sich brechender Wellen geben dem Boden in einer Art flüssiger Modellierkunst sein Relief. Ein Surfer lernt die Topographie des Meeresbodens durch den Ausdruck in den Wellen kennen; durch die Löcher, in denen die Wellen verschwinden, und durch die Riffe, über denen sie sich auftürmen. Während der Regenfälle der vorausgegangenen Wochen hatten sich fast ständig am äußeren Ende der Klippe neben meinem Haus Zuschauer versammelt, um die Mündung des San Lorenzo River zu beobachten. Jeden Abend standen schaulustige Kerle am Holzgeländer und sahen zu, wie tonnenweise Schlamm in die Bucht geschwemmt wurde und durch die braunen Brecher schwappte. Die Mützen im strömenden Regen tief ins Gesicht gezogen, standen sie schwatzend da und spekulierten darüber, ob dies das Jahr war, auf das alle gewartet hatten, das Jahr, in dem die Sandbank vor der Flussmündung endlich ihre Form wiedergewann, die sie im legendären Winter 1983 gehabt hatte. In dem Jahr hatten ähnliche, sehr nasse pazifische Stürme, «Ananas-Express» genannt, so viel Schlamm und Sand aus den Bergen in genau der richtigen Form angespült, dass sich auf einer Länge von fast hundert Metern eine makellos hohle Welle brach. Seither waren die Bedingungen zwar nicht entfernt wieder so gewesen, aber jedes Jahr – zumal in einem so nassen wie diesem – keimte wieder Hoffnung auf.

Und doch fragt man sich, was dieses gewisse Etwas einer Welle ausmacht, sucht man nach einem Hinweis auf die «Quelle», auf ein fundamentales Medium der Energieübertragung, das auf die im Wesentlichen *energetische* Natur der Materie hindeutet. Also rief ich einen guten Freund und Physiker an.

«Unsere Daten sagen, dass wir's geschafft haben», erklärte er, als ich ihn nach dem Experiment für seine Doktorarbeit fragte.

Was geschafft?

«Eine Uhr gebaut, die rückwärts läuft, wenn sich die Zeit im Universum umkehrt.» Er klangt gereizt. «Unsere Daten sagen, wir haben's geschafft.»

Was – die Zeit umgekehrt oder die Uhr gebaut?

«Die Uhr gebaut, aber das Ganze kann nicht stimmen, denn sonst müsste ich den Nobelpreis bekommen.»

Ich sah seine ernsten blauen Augen mit der Hornbrille und die feinen, etwas jungenhaften Gesichtszüge buchstäblich vor mir. Dann wechselte ich das Thema, stellte die große Frage: Was zum Teufel *sind* eigentlich Wellen?

Er überlegte einen Augenblick – ein beredtes Schweigen in der Leitung zwischen München und Kalifornien –, sagte dann: «Ob Strahlungs-, Licht- oder Schallwellen, alle sind verlängerte sinusähnliche Schwingungen. Soll ich dir das wirklich erklären? Hol dir einen Stift. Die Frequenz ist die Entfernung zwischen den Wellengipfeln. Der Wellengipfel der Sinus und das Wellental der Kosinus; stell dir die Amplitude als die Wellenhöhe vor, die im Prinzip die senkrechte Entfernung vom Wellental zum Wellengipfel ist. Die Wellenlänge ist die horizontale Distanz vom Wellental bis zur Wellenspitze und die Zeit, die ein Wellenkamm braucht, um eine Wellenlänge zurückzulegen. Wenn du also dort draußen sitzt, bewegt sich zwar eine Welle auf dich zu, das Wasser aber nicht; du bewegst dich also wahrscheinlich in einer Art Kreis, wenn die betreffende Welle unter dir hindurchläuft.»

Aber sie hat doch Energie?

«Sicher. Dasselbe wie bei Schallwellen. Energie ist Energie. Und, äh ... ich glaube, ein Kubikzentimeter Wasser hat bei Zimmertemperatur ungefähr vierhundert Joule Energie, was ... bedeutet, dass die Energiemenge eines Quantums einer Wasserwelle ungefähr ...» – er hielt inne, ich hörte Tippgeräusche –, «null Komma, oh, etwa 33 Nullen 6 Joule beträgt. Aber eine Welle hat jede Menge Quanten. Joule pro Sekunde ist gleich Energie, richtig? Wie die Watt in einer Glühbirne. Folglich haben Wellen Energie.»

Na klar. Ich bin in naturwissenschaftlichen Dingen ein wenig unsicher; mein Freund und Physiker bringt mich bei solchen Gesprächen immer wieder in Verlegenheit, und ich klammere mich an meinen Glauben an die große Vielfalt menschlicher Intelligenz.

«Wie auch immer», sagte er, «du musst ein paar Dinge über das Wassermolekül verstehen – es ist unglaublich hart und will sich unter keinen Umständen beugen oder strecken. Stell dir Wasser also folgendermaßen vor. Nimm deinen Stift.» Er ließ mich eine kleine Skizze zeichnen, ein Zeichen nach dem anderen:

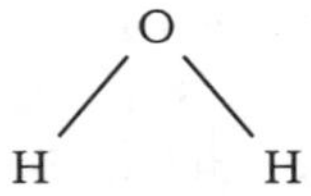

«Und weil die Verbindung der Moleküle wirklich fest ist», sagte er, «stapeln sie sich gern endlos übereinander – das ist so eine Art ausgewachsener Gruppensex für den größten Teil der Weltmeere. Diese Stapel bewegen sich auf zweierlei Art: erstens als Kollektiv und zweitens einzeln. Anders ausgedrückt: die Moleküle können entweder aufeinander prallen oder einfach allein vibrieren.» Er hustete in die Leitung, beklagte sich über das schlechte Wetter in Nordeuropa. «Nehmen wir an, das Meer ist gefroren», sagte er, «steinhart und mit nichts, was als Welle durchgehen würde. Man schlägt mit einem Hammer drauf, und es klirrt ein bisschen, oder? Einige Geräusche werden durch Eis weitergeleitet, im Prinzip die wirklich hohen Frequenzen. Schmilzt das Eis, lockert sich die Bindung der Moleküle wieder. Jetzt, wo sie weiter voneinander entfernt sind, dauert es länger, bis sie aufeinander prallen, was eine niedrigere Klangfrequenz ergibt – das sind die großen, ausgewachsenen Wellen. Das, worauf du surfst», sagte er und änderte plötzlich seinen Tonfall, «ist also eine riesige kollektive Schwingung gestapelter Wassermoleküle ... Ist es das, was du wissen wolltest?»

Wahrscheinlich. Und so plauderten wir noch kurz über die North America Wall, die grandiose fünftägige Klettertour, die er im Vormonat am El Capitan im Yosemite-Nationalpark unternommen hatte. Seine Hände müssten noch abheilen, sagte er, er könne noch immer keine richtige Faust ballen. Dann beklagte er noch, dass er zunehmend befürchte, doch kein echtes Physikgenie zu sein; normalerweise hätten Physiker in seinem Alter ihren Zenit erreicht, irgendein fundamentales Problem gelöst oder bestimmte Begriffe neu definiert. Nach dem Telefonat rief mich ein Freund an und lud mich zu seiner Hochzeit oben in der Stadt ein. Dann ging ich aus dem Haus. Um die Interpretation des Physikers zu überprüfen, schlenderte ich zum Strand hinunter, wollte mir die Wellen ansehen. Es war wie für andere ein Spaziergang im Park, durch das örtliche Wäldchen oder über den Feldweg. Diesen Weg ging ich inzwischen jeden Abend und sah dabei sogar einige vertraute Gesichter. Ich freute mich auf den bevorstehenden Weihnachts-Umzug im Yachthafen: Segelboote voller farbiger Lichter, elektrischer Weihnachtsmänner und Krippen würden am Abend die Kais entlangfahren. Spaziergänger mit Hunden, Nachdenkliche, die barfuß im Wasser wateten, unzertrennliche Liebespaare. Tieforange ging die Sonne auf der Westseite der Stadt unter. Darüber die schwarzen Silhouetten der Eukalyptusbäume und Palmen, während die zunächst flammend roten Streifen erst einem tropischen Violett, dann dem Kobaltblau der Nacht wichen. Die regelmäßige westliche Dünung in den letzten Tagen war zu einem Gemurmel, einem sinnlosen Gebrabbel verklungen. Man hört Surfer häufig in diesen Begriffen über Wellen reden, besonders an

Tagen, an denen die Wellenbänder durchbrochen und die Intervalle zu kurz sind, wenn das Meer eher einer kabbeligen Gischt als einer Ordnung hereinrollender Energie ähnelt. «Alles ist durcheinander», sagt dann immer jemand, um das Bild zu beschreiben. Ich erinnere mich, dass ich selbst mal zu Willie ohne einen Hauch von Ironie über das Wasser sagte: «Mann, es ergibt echt *keinen* Sinn.» Mir gefiel die implizite Bedeutung, dass in Zeiten sauberer Dünung das Meer tatsächlich einen Sinn ergab, als habe es eine Botschaft zu verkünden, als spreche es eine Sprache. In Zeiten wahrhaftig bemerkenswerter Brandung, wenn alle Vektoren von Dünung und Wind mit genau der richtigen Tide zusammenfallen, sodass dein lokaler Surfspot vor Leben geradezu vibriert, ist es so, als habe ein Freund, dessen Gestammel du wochen- oder monatelang ertragen hast, endlich gelernt, die pulsierende Welt zu besingen. Als habe jemand plötzlich eine Rede, die normalerweise schwer zu verstehen und etwas unartikuliert ist, nicht nur gut vorgetragen, sondern auch noch in einer unmissverständlichen und nur an dich addressierten Sprache. Endlich ist das Chaos reduziert auf eine einzelne Idee. Wenn Vince allmorgendlich zur Klippe radelte, um die optimale Verbindung der Elemente für den Tag zu berechnen, suchte er gewissermaßen nach dem Augenblick, in dem die Welt genau das Lied anstimmte, das er – und ich – am liebsten hörte.

Natürlich gibt es zu verschiedenen Zeiten unterschiedliche Lieder: getragen-kriegerische Wagner-Opern zu mächtigen Nordwestwinden oder, wenn das Licht durch die Sturmwolken dringt und eine südliche Dünung frontal auf den Point trifft, die mystische Klarheit eines Gedichts von Wallace Stevens. (Es gibt also wohl doch ziemlich gute Belege dafür, dass eine göttliche Hand im Spiel ist.) Ein ähnliches Gefühl hatte ich einmal an der letzten Steilwand am El Capitan. Als wir die Vorderkante eines großen Vorsprungs überwunden hatten, sahen wir über 30 Meter glatten, überhängenden Granits. Inmitten dieser Fläche, die man im Grunde nicht erklettern konnte, verlief eine einzelne, perfekte Spalte. In dem Moment schien die Welt nach einem menschlichen Entwurf gemacht; oder anders ausgedrückt, endlich war meine eigene Beziehung zur Welt so klar, dass ich die Fähigkeit der Natur erkannte, sich präzise auszudrücken. Immerhin sind Wellen überwältigend komplex. Skinny hatte mich damit aufgezogen, dass ich erst dann ein echter Surfer wäre, wenn ich mir einen Receiver zum Empfang der Wetterberichte und -vorhersagen gekauft hätte, und da ich einen ziemlichen Authentizitäts-Tick habe, ging ich sofort los und kaufte mir einen. Ich ließ ihn ständig leise laufen. Wie wir alle wissen, kann ein Übermaß an Information von Übel sein. So wie die Nonstop-Berichterstattung im Fernsehen über einen Krieg oder einen Mordprozess einen Menschen geradezu tyrannisieren kann, so tyrannisierten mich die stündlichen Wind-Updates, die dreistündlichen Seewetterberichte samt Intervallen. Letztere Zahl, die durchschnittliche Zeit, die zwischen dem Passieren einzelner Wellenberge verstreicht, wurde in vielerlei Hinsicht für mich zur primären Obsession: eine 2,80 m hohe Dünung mit einem 9 Sekunden langen Intervall kommt am Strand möglicherweise nur auf schlappe sechzig bis neunzig Zentimeter; eine 2,80-m-Dünung in einem 19-Sekunden-Intervall kann unter Umständen 2,80 m hoch bleiben und sehr stark sein. Wenn ich also brav dasaß und las, hörte ich gelegentlich von einem plötzlichen Anstieg der durchschnittlichen Wellenhöhe oder einer Verlängerung der Intervalle – Hinweise auf neue Dünungen –, und meine Arbeitsleistung sank. Meine Quasi-Freundin fand meinen Surftalk, den sie zum großen Teil am Telefon über sich ergehen lassen musste, allmählich schrecklich langweilig – das Unglück einer Wochenendbeziehung. Für Vögel und Otter konnte sie sich begeistern und legte sogar ein Vogelbestimmungsbuch in ihren Toyota Celica, was ich als eine schöne Geste der Solidarität empfand. Aber Wellen? Die fand sie kategorisch uninteressant, obwohl sie mir zu Weihnachten einen prachtvollen Bildband mit dem Titel *The Book of Waves* geschenkt hatte. Sie fand Wellen irgendwie leblos. Nicht lebendig. Ungefähr so interessant wie Felsen. Geschlechtsspezifische Interessen? Mag sein.

Die Malerin, die weiter unten in der Straße wohnte, trank gerade ihren abendlichen Scotch auf einer Beton-Bank, als ich vorbeiging; sie war über einen Meter achtzig groß und schlaksig und hatte ein schönes, schmales Gesicht. Obwohl wir uns nie richtig kennen gelernt hatten, lächelten wir uns immer etwas matt zu. Ein verdrießlicher Mann mit großem rotem Vollbart saß wie gewöhnlich auf seiner Bank und las; er hatte nie einen Freund oder eine Freundin dabei, immer nur ein Buch und eine Tüte Walnüsse. Er kam auch jeden Morgen vor Tagesanbruch, um «Zeitung zu lesen und die Fischerboote rausfahren zu sehen», wie er sagte.

Am nächsten Tag stellte ich fest, dass er zwar Zeitung las, sich jedoch immer die einzige Bank aussuchte, die keinen Blick auf die auslaufenden Boote bot. Zwei paddelnde Surfer waren draußen, nahe der Pier, aber im Großen und Ganzen blieben die Schwimmer unweit der *Pequod* in Strandnähe. Am Südende der Bucht warf eine Sandbank eine kräuselnde Linie auf; die Bretter unterm Arm geklemmt, hielten vier Bodysurfer in kurzärmeligen Anzügen Ausschau, ohne einander anzusehen oder miteinander zu reden. Schließlich trottete einer ans Wasser und hielt dabei sein Sperrholzbrett ohne Finnen seitwärts vor sich. Er drehte sich noch einmal um, brachte sich in Position, dann rannte er los. Er ließ das Brett auf den zentimetertiefen Film aus stehendem Wasser fallen, wand sich vorwärts und rutschte in die schlammig grüne Welle; legte sich in den Turn, duckte sich unter der Brechungskante und sauste

Richtung Strand, in einer Röhre. Eine Sekunde des Triumphs, bevor er auf den Sand geworfen wurde. Die anderen drei Jungs sahen gelangweilt weg.

Ein Schoner segelte langsam vorbei, ein Besucher aus der Vergangenheit, umgeben von modernen Segelbooten. Ich versuchte, Juan Cabrillo, George Vancouver oder Sir Francis Drake heraufzubeschwören, wollte mir vorstellen, wer vor mir an einem Strand wie diesem gestanden hatte, aber es klappte nicht. Im Westen sah man den Lighthouse Point, der in die Bucht hineinragte, und den großartigen Surf bei Steamer Lane. Hauptsächlich wegen dieses Blicks pilgerten eine Menge Leute hierher, parkten ihre Pick-ups auf dem Weg zur Arbeit und blieben einen Augenblick lang bei laufendem Motor stehen. Einige fuhren große Ford-Trucks, das waren die kleineren Bauunternehmer, die meisten aber das übliche Surfer-Auto, einen leichten japanischen Pick-up mit Camperaufbau aus Fiberglas; Vierradantrieb hatten nur diejenigen, die an der Baja surften. Sie hielten Ausschau nach der Dünung an der Lane und dem Wind über der Bucht. Manche kamen jeden Tag in der Mittagspause, kurbelten ein Fenster herunter und aßen hier schweigend ihre Sandwiches – der Ozean hielt einen Teil ihres Lebens gefangen und ihr sich immer wieder erneuerndes Ich zusammen.

Die Leuchtturmbake drehte sich sinnlos, und kleine Wellen schwappten an die Pfeiler der Pier unmittelbar nördlich davon, dumpf, ohne brachiale Gewalt. Im Südosten hing der Dreiviertelmond wie eine flache Scheibe am dunstigen Himmel über Salinas, im Süden schimmerte der Lichterkranz von Monterey und tauchte die andere Seite der Bucht in abendliches Licht. Ein weißes Segelschiff trieb in der ablandigen, erdig duftenden Brise, unweit der Pier lag ein großes Fischerboot. Das Land und die Gerüche trockener Gräser ließen das Meer nicht so ungezügelt wild, sondern gezähmter erscheinen. Schwimmer, die es nicht eilig hatten, aus dem Wasser zu kommen – ein später Hauch von Altweibersommer, ohne die grellen Kontraste des Hochsommers, ohne kalte Morgennebel oder brütende Mittagshitze. Ich saß auf der Bank in einer warmen, sanften Brise, kein drohender Sturm, keine zermürbende Dürre oder lastender Nebel; einfach ein herrlicher Abend an einem schönen Ort. Die Silhouette eines Hundes jagte vor dem blauem Wasser, das im Licht der untergehenden Sonne karmesinrot glitzerte, einem Stöckchen hinterher. Eine Welle hob sich dunkel über den Sand, ihre Schwärze nahm der Abenddämmerung das Licht, und im Augenblick, bevor sie brach – eine Pause wie das Innehalten zwischen zwei Atemzügen, die Stille zwischen Worten –, schoss ein Streifen aufgehenden Mondlichts auf ihrer dunklen Vorderseite entlang.

Später, als die Seelöwen unter der Pier brüllten und die Nacht hereingebrochen war, kam die Brise aus einer anderen Richtung, blies kühl vom Pazifik und wehte Meeresgerüche durch mein offenes Fenster. Ich habe einmal von einer Frau gelesen, die nachts alle Fenster zum Meer hin schloss, um die verlorenen Seelen, die über das weite Meer wandern, nicht einzulassen.

Niemand hat Verständnis dafür. Bei der Hochzeit eines meiner ältesten Freunde setzte ich mich mit meinem vollen Teller in einem eleganten Haus in Oakland Hills an einen weiß gedeckten Tisch. Aus irgendeinem Grund ist Surfen *komisch*. Hätte man die «Was machen Sie denn so?»-Frage mit «Ich trainiere für einen Marathon» oder «Ich spiele Basketball» beantwortet, hätte da etwa jemand gekichert? Würde irgendwer so tun, als habe man gerade behauptet, man durchlebe zurzeit seine Kindheit aufs Neue? Versuchen Sie das mal mit Surfen,

Sie werden sich wundern. Der Bräutigam wollte zum Beispiel wissen, wie *oft* genau ich denn surfte.

«Oh», antwortete ich und schob den Kartoffelsalat auf dem Teller mit dem maritimen Dekor herum, «viel». Zwar war ich erleichtert, nicht der mit Reis Beworfene zu sein, sah mich aber doch im Zimmer um und überlegte, wie begehrenswert ich als ein Partner sein mochte, der ziemlich wenig vorzuweisen hatte: kein Geld, keine Liebesbeziehung. Als ich ankam, war ich doch etwas erstaunt gewesen, denn nach meiner Fahrt im Pick-up entlang der böigen spätherbstlichen Küste voller weißer Schaumkronen und nebelverhangener Wellen, die in die felsigen Buchten donnerten, wurde mir plötzlich etwas vor Augen geführt, das einen fast so erstaunt wie die Entdeckung der ersten Falten im Spiegel. Als Student lebt man mehr oder weniger wie seine Freunde; vielleicht gehen sie etwas öfter Sushi essen oder setzen erstaunlich oft ihre Kreditkarten bei Benetton ein, aber alle sind Studenten, wohnen in Studentenbuden, schreiben ihre Hausarbeiten, trinken billiges Bier. Je länger man das Studium hinter sich hat, desto deutlicher werden die materiellen Unterschiede, besonders, wenn die Leute anfangen zu heiraten. Als ich meinen Pick-up parkte, begegnete ich einem meiner ältesten Freunde. Er trug einen teuren italienischen Anzug und stieg aus einem nagelneuen schwarzen BMW. Zunächst bemerkte er mich gar nicht, sodass ich irgendwie das Gefühl hatte, im falschen Film zu sein.

«Du surfst also viel», sagte der Bräutigam und ahmte dabei spöttisch meine schleppende Surfersprache nach. «Was meinst du mit ‹viel›?»

«Welchen Partyservice hast du eigentlich?», wollte ich plötzlich wissen. Thema war offenbar »Americana», amerikanische Klischees schlechthin, hübsch abgewandelt: Gourmet-New-Mexico-Hühnchen/Puten-Hotdogs, mit Oregano gewürtzte Truthahn-Burger, Pommes Frites aus Süßkartoffeln, rot-weiß-blaue Servietten und Tischtücher. In der Küche und auf der Terrasse tummelten sich die Eltern, überwiegend Rechtsanwälte und Ärzte; manche waren vielleicht etwas wehmütig, weil der «Kinder»-Tisch, an dem wir alle saßen, so viel Optimismus verbreitete, andere zweifellos dankbar, diese Illusionen hinter sich zu haben. Die Antiquitäten und Reproduktionen – eine lackierte alte Eistruhe, bemalt mit verblichenem Sternenbanner, ein mit dem amerikanischen Adler gerahmter Spiegel – gaben dem Zimmer eine beruhigende Ausstrahlung aus gesundem Patriotismus und polierter Eleganz. Wie der Salon eines Schiffskapitäns der Oberklasse im 19. Jahrhundert.

«Keine Ausflüchte», beharrte der Bräutigam lächelnd. Er war wie geschaffen für das Familienleben, bereits Staatsanwalt und hatte viel Talent zum Kreuzverhör. «Mehr als einmal in der Woche?»

«Sharon», sagte ich zu seiner hübschen und witzigen Braut, «willst du bei der kirchlichen Trauung wirklich das Hochzeitskleid deiner Mutter tragen?» Ich hatte mitbekommen, wie peinlich ihr die drei Meter lange Schleppe war.

«Mehr als einmal am Tag?», wollte der Bräutigam wissen; jetzt war er auf einer heißen Fährte.

Sosehr mich die Braut auch mochte und sie mit meinem Leben einverstanden zu sein schien – so wenig dachte sie daran, mir zur Seite zu springen. «Na ja ... Hallo, Orin», sprach ich einen der Gäste an, einen ehemaligen Schwimmer aus dem College-Team, der soeben von einem Trainee-Programm bei einer Investmentbank an der Wall Street zurückgekehrt war; ein gut aussehender, freundlicher Typ, dem aber das letzte Quäntchen Kaltschnäuzigkeit fehlte. «Wie war's denn so in New York? Hat auch mal die Sonne geschienen?»

«Du gehst also wirklich mehr als einmal täglich surfen», tönte der Bräutigam und nickte erstaunt. Er legte den dick belegten Hotdog (geröstete Paprika, Honigsenf, gegrillte Zwiebeln) aus der Hand und wischte sich den Mund mit einer Serviette ab: «Das ist ja unglaublich!»

«Ich finde das toll», sagte Orin, der Schwimmer. «Also, ich würde unheimlich gern ...»

«Einen Moment, Orin», unterbrach ihn der Bräutigam. «Ich bin mit diesem Mistkerl noch nicht ganz fertig. Gehst du auch mehr als *zweimal* täglich surfen?»

Wie gesagt, niemand versteht mich. Surfen ist ein Fulltime-Job, ist es immer gewesen. Bereits 1886 schrieb ein Autor im *Hawaiian Annual* über hawaiianische Surfer, was einem heute jeder Einheimische sagen kann, dass nämlich «die notwendigen Arbeiten für den Unterhalt der Familie, wie beispielsweise Ackerbau und Fischfang, die Herstellung von Matten und Tapas und ähnliche Pflichten im Haushalt, die von den Männern verlangt werden und der Aufmerksamkeit bedürfen... oft vernachlässigt werden, um diesen Sport ausüben zu können». Und wenn alte hawaiianische Inschriften auf Steinen irgendwelche Schlussfolgerungen zulassen, dann hat dieses schreckliche Verhalten eine lange, bedeutende Tradition. So berichtet der hawaiianische Historiker Kepelino Keauokalani, dass «erfahrene Surfer, die zu ihren höher gelegenen Felder gehen, um sie zu bestellen, auf halbem Weg stehen bleiben ... sich umschauen, um zu sehen, wie die Brecher auf den Strand donnern, ihr Arbeitsgerät aus der Hand fallen lassen und nach Hause eilen, ihr Brett holen und wieder aus dem Haus gehen. Alle Gedanken an Arbeit sind wie weggeblasen. Die Ehefrau, die Kinder, die ganze Familie, sie alle mögen hungern, aber dem Hausherrn ist das völlig egal. Ihn interessiert nur sein Sport, er ist seine Nahrung. Den ganzen Tag gibt es nichts als Surfen.» Meine Freundin Susan, die sich immer weniger an mich gebunden fühlte, sah mich sicherlich genauso. In seinem 1847 erschienenen Buch *Residence of Twenty-*

one Years in the Sandwich Islands – «ein Bericht über die Mühe, die es bereitet, die Hawaiianer aus ihrer Erniedrigung und Barbarei herauszuheben und sie von ihren Götzen, ihrem grausamen Aberglauben und ihren ungezügelten Lüsten zu befreien» – erklärt der nordamerikanische Missionar Hiram Bingham den Niedergang des hawaiianischen Wellenreitens mit ähnlichen Worten: «Die Übernahme unserer Bekleidung beeinträchtigt stark ihr Umhertollen in den Wellen, da sie im Wasser nicht so bequem ist wie der einheimische kurze Rock, der zudem weniger schicklich ist, weil sie ihn bei jeder sich bietenden Gelegenheit mühelos ablegen können, um ins Wasser zu springen, zu schwimmen oder ein Rennen auf den Wellenbrettern zu veranstalten.» Die Hawaiianer hatten wahrhaftig im Garten Eden gelebt – doch nachdem sie ihre Blöße bedeckt hatten, entdeckten sie die Scham; nachdem sie ihre Scham entdeckt hatten, hörten sie auf zu surfen.

«Zudem haben diejenigen», schreibt Bingham weiter, «die sich selbst Kleidungsstücke herstellen oder sich Geld dafür verdienen, wie es in den Kulturnationen üblich ist, weniger Zeit für Amüsement.» Wenn also Bekleidung für Zivilisation steht und ehrliche Arbeit der Weg ist, um dies zu erreichen, dann ist die Konsequenz daraus, dass der Surfer nicht mehr dauernd am Strand herumhängt, sondern sich bekleidet und arbeiten geht – zumindest theoretisch. Das ist zwar alles lange her, klingt aber sehr vertraut. Überdies steht der Inselbewohner beim kolonialen Kapitalismus in der Pflicht: «In der Tat», erklärt Bingham, «erforderte der Kauf ausländischer Schiffe, dass man dem Sammeln und Liefern von 450 000 Pfund Sandelholz Beachtung schenkte, was diejenigen, die auf das Holz warteten, natürlich zu der Annahme veranlasste, dass diese Tätigkeit vorübergehend an Stelle der Vergnügungen treten würde.» Natürlich – jetzt, wo der Südseeinsulaner Liefertermine einhalten musste, hatte er keine Zeit mehr. Die

Schule, auch eine Ablenkung für jeden passionierten Surfer, leistete ebenfalls ihren Beitrag: «Der heidnische Sport der Nation verschwand fast völlig», so Bingham, und zwar mit dem Aufkommen «des elementaren Unterrichts in Lesen, Schreiben, Moral, Religion, Arithmetik, Geographie, geistlicher Musik und christlicher Geschichte.» Man wundert sich, was genau am Surfen «heidnisch» sein soll, aber ja, gewiss hat dieser Sport etwas Unchristliches, Nichtlineares, sogar Nichtwestliches an sich. Liegt es vielleicht daran, dass es kein Ziel gibt? Keinen bezifferbaren Erfolg? Und man muss auch die Hybris von Binghams kausaler Kette bewundern – als wolle man das Massaker an den Lakota-Indianern mit der zeitgleich stattfindenden Gründung der ersten professionellen Baseball-Liga in den USA verknüpfen.

Ein paar Tage nach der Hochzeit kam Orin, der Schwimmer, aus San Francisco herunter. Er wollte mit mir surfen. Nachdem er in den letzten Jahren ein Vermögen gemacht hatte, war er zurück an die Westküste gezogen, auf der Suche nach seinen Wurzeln und nach Authentizität – er wollte entweder das Surfen oder eine Kampfsportart erlernen. Ein enger gemeinsamer Freund war im vorigen Herbst an einem Herzinfarkt gestorben, und Orin hatte sein gigantisches Gehalt und einen Platz in einem MBA-Programm aufgegeben, um die gemeinnützige Organisation des Freundes zu übernehmen, wobei er Praktiken der Unternehmensfinanzierung dazu nutzte, Menschen tatsächlich zu helfen. Dass er die Fahrt hierher gemacht hatte, war eine Geste der Freundschaft: Ausgiebig schwärmte er von der Ruhe und Gelassenheit meines Lebens und davon, dass ich einfach nur schrieb und surfte. Normalerweise ist mir gar nicht wohl, wenn jemand ein Leben preist, das er für sich selbst nicht in Betracht ziehen würde – wichtige Entscheidungen im Leben gründen auf Wertvorstellungen, die durch Geschwafel manchmal verdunkelt werden können –, aber Orin war so höflich und humorvoll und begeisterte sich für die Lebensweise anderer auf eine Art, dass man sich mit der eigenen wohl fühlte. Zudem vermied er sorgfältig alle unseligen Vergleiche mit seinem eigenen großen Erfolg.

Gemeinsam gingen wir den Weg zum Point hinunter, der nach den schweren Regenfällen schlammig und glitschig war. Die verbliebenen Kohlstrünke wirkten in ihren dunklen salbeigrünen Furchen wie Miniwälder. Das abgeerntete Feld lag jetzt schwarz und nass unter dem bewölkten Himmel. Die Hemlocktannen am Feldweg waren durch den Regen verschimmelt, die ersten neuen Grashalme und Disteltriebe zeigten sich, ein optimistisches kleines *chi*-Fest der Sonne nach dem Regen. Nachdem wir den ausgewaschenen Weg hinabgerutscht waren, zogen wir uns auf dem Felsen unter der Klippe um. Bald schon waren wir von großen, vom Sturm noch unordentlichen Wellen umgeben. Im Normalfall hält es ein Anfänger zwischen 30 und 40 Minuten in kaltem Wasser aus. Orin aber war schon auf der Highschool und an der Uni ein so guter Schwimmer gewesen, dass er mehrere Stunden mit mir im Wasser bleiben konnte, ohne sich zu erschöpfen – er lächelte und freute sich die ganze Zeit, obwohl er von einer Welle nach der anderen grob umgestoßen wurde, und war schier aus dem Häuschen, wenn es ihm tatsächlich gelang, auf einer bis zum Strand zu surfen. Vince paddelte allein nach draußen, gerade als Orin und ich übereinkamen, aus dem Wasser zu gehen. Freudlos lächelnd grüßte er, was seinen Ärger über mich verriet. Ich hatte einen völlig ungeübten Außenseiter in seinen Garten mitgebracht; und so ungesellig sein Verhalten auch sein mochte, ich sollte ihn bald verstehen. Denn sobald ein Surfspot bekannt wird, gerät er nie wieder in Vergessenheit. Eine einzige unachtsame Bemerkung in einem abendlichen Gespräch kann für die restliche Saison den Unterschied zwischen einem schönen Morgen unter Freunden und einem Kampf auf engstem Raum in der Horde bedeuten.

Dennoch taute Vince Orin gegenüber rasch auf, hauptsächlich weil dieser nicht ausreichend über den Surferkodex der Coolness informiert war und gar nicht anders konnte, als offen und freundlich wie immer zu sein. Als die beiden aber zwischen den Wellen miteinander plauderten, konnte ich doch aus Vinces Tonfall eine gewisse Reserviertheit heraushören. Offenbar hatte er den Eindruck, dass Orins Freundlichkeit der ähnelte, die man im Ausland an den Tag legt, wenn man das einfache Leben der Einheimischen toll findet und dies für echte Geistesverwandtschaft hält. Vielleicht hatte Vince sogar Recht, aber, wie gesagt, Orin meinte es gut, und außerdem war er an einem Wochentag meinetwegen hier herausgefahren; zudem besaß er die Höflichkeit und Offenheit, mit Vince ein Gespräch zu führen und somit dessen Status als Herr im Haus und Gastgeber anzuerkennen.

Während Orin sich auf einem abgestorbenen Grasstück unter den Bäumen trocknen ließ, rief er per Mobiltelefon bei der First Boston in Manhattan an, um sich nach einem potenziellen Investor zu erkundigen. Sein Tonfall schlug mühelos in den eines professionellen Finanzmanagers um; und während er sprach, ließ er Vince nicht aus den Augen, Vince, den Erwachsenen, der immer noch im Wasser war, allein, an einem abgelegenen Strand, an einem späten Montagmorgen. Alle Welt arbeitete, während dieser gebildete, erwachsene Vertreter der Mittelklasse auf einer sauberen Eineinhalb-Meter-Welle hinunterfuhr, zur Brechungskante zurück carvte und sich in die Luft katapultierte, während Orins kleines Mobiltelefon ihn via Satellit mit dem fernen Büro eines fernen Analysten verband. Sichtlich zufrieden mit dem Anruf, steckte Orin sein Telefon wieder ein und geriet ins Grübeln: die Brauen gerunzelt, die Hände zu Fäusten geballt – er befand sich in einem Augenblick des Übergangs, erwog die Alternativen –, blickte er immer wieder zu Vince hinaus, der allein im Wasser geblieben war und dem es offenbar überhaupt nichts ausmachte, bald kein Publikum mehr zu haben.

«Arbeitet er irgendwas?», fragte Orin. Dann ließ er den Blick übers Meer schweifen, hinauf zu den mittlerweile grünen Hügeln und wieder zurück: auf einen Surfspot und einen Sport, den Vince nun seit dreißig Jahren praktizierte und dessen ganzes Berufs- und Privatleben um die Anforderungen dieser Sportart herum organisiert waren. Verpasste Beförderungen, eine Professur völlig ausgeschlossen, keine Altersversorgung, kein sicherer Arbeitsplatz. Jeden Tag aufs Neue verbrauchte er seine Kräfte auf dem Wasser. «Unfassbar, dass noch niemand auf die Idee gekommen ist, das hier zu besteuern», sagte Orin vergnügt. «Ich meine ... es ist umsonst!»

Zeitschriften sagen viel über einen Menschen aus: Nachdem ich zwei Monate ein fast anonymes Leben geführt hatte, in dem sich alles ums Wasser drehte, nur einmal nach zehn Uhr abends noch wach gewesen war und nur zwei-, dreimal länger als bis sechs Uhr morgens geschlafen hatte und zu befangen war, um online nach virtuellen Freunden zu suchen, hatte ich, fast ohne es zu bemerken, auf dem Postweg Gesellschaft gesucht: *Outside*, eine bunte Mischung aus Fun und aufregendem Sport; *Sierra*, Nebenprodukt meiner Mitgliedschaft im Sierra Club, erworben in einem Augenblick, als mein schlechtes Gewissen mir eine gute Tat abverlangte und eine attraktive Vertreterin an meiner Tür erschien; *Surfing*, dessen Zielgruppe offenbar die 14- bis 16-Jährigen waren, aber voll gepackt mit klasse Fotos, gut für etwa zwei allein verbrachte Mittagessen und ein bis zwei Wochen Klositzungen; *Surfer*, für die 18- bis 20-Jährigen, aber mit ein wenig Text, der Höhepunkt meines Monats; *The Surfer's Journal*, mit neun Dollar pro Ausgabe ein kostspieliges Abo, aber die vierteljährlich erscheinenden, langen, nachdenklichen Artikel reichten für fast eine Woche Solo-Abendessen und Surfnostalgie, und die prächtigen Fotos hatten fast Sammlerwert; *Climbing*, nur um mich zu erinnern, wer ich einmal gewesen war, was meine früheren Ambitionen gewesen waren; *Rolling Stone*, als Ersatz für ein echtes Leben unter Menschen; und schließlich *The New Yorker*, ein Geschenk meiner Eltern, nachdem in dem Magazin ein sehr schön geschriebener zweiteiliger Artikel über das Surfen am Ocean Beach in San Franciso erschienen war – das Heft war freilich nicht fleißig genug in seiner Berichterstattung über den Sport, aber dennoch interessant.

Die Zeitschriften lagen wöchentlich in unserem verrosteten Briefkasten mitten auf der Veranda, auf der zwei fabelhafte alte Polstersessel vor sich hin moderten, Sitzmöbel, die bei einem Spiel von Kindern ideale Throne abgegeben hätten. Ich glaube, meine Mitbewohner sahen die Zeitschriften als Ausdruck eines lasterhaften Geistes, vor allem wegen der Anzeigen für Reef-Brazil-Sandalen, die in allen Surf-Magazinen erschienen: Auf der ersten oder zweiten Seite jeder Ausgabe stand irgendein sonnengebräuntes Inselmädchen in knappem Tanga-Bikini. Der Blick auf dieses Motiv war dabei natürlich der, der dem Leser offensichtlich am vertrautesten war: unbemerkt und von hinten. Ich hatte der Versuchung widerstanden, auch noch *Longboarder's Journal*, *Longboarding* und *Australian Surfing Life* zu abonnieren, aus Angst, ich könnte meine Identität in einer Collage aus Surf-Postern an den Wänden meines Badezimmers verlieren oder bei den täglichen Besuchen im Surfshop, wo ich stets Gefahr lief, die Bretter zu streicheln und mir die endlosen Videos anzusehen. Mein Lieblingsgeschäft war mittlerweile Pacific Wave Surf & Snow, weil der Laden so neu war, dass man ältere Sonderlinge wie mich mit Respekt behandelte. Ich rasierte mich nicht mehr regelmäßig, legte mir eine weniger intellektuelle Brille zu und trug inzwischen sogar Flip-Flops und dunkle Sweatshirts, wobei ich auch im Haus die Kapuze aufbehielt. Ich habe es nie geschafft, mir den ganz echten Look zuzulegen, aber den Jungs im Pacific Wave schien es nichts auszumachen, dass ich Stunden in ihrem Laden verbrachte, auf die Videomonitore starrte und kein Geld ausgab, nur wie hypnotisiert dastand und die mühelose Eleganz der Jugendlichen aus L.A. auf ihren wahnsinnigen, von der Industrie gesponsorten Südsee-Surfaris beneidete.

Außerdem war der Point durch das schlechte Wetter und den starken Wind immer weniger zugänglich geworden, sodass ich mich gezwungen sah, am menschlichen Drama teilzuhaben und an den ziemlich überfüllten Spots in der Stadt zu surfen. Wenn die Dünung zu wild für die offene Küste am Point wurde, musste man eben in die Stadt fahren und dorthin gehen, wo der Bogen der Bucht und die Mauer der Santa Cruz Mountains die Riffe vor wütenden Nordwinden schützten. Nirgendwo auf der Welt ist das Gefühl herrlicher als beim urbanen Treiben an der Steamer Lane, einer Reihe von Surfspots, die sich an den Klippen im Stadtzentrum von Santa Cruz entlangziehen. Eine fabelhafte öffentliche Arena und Promenade, auf der man sich an warmen Tagen mit seinem Lunch und an kalten mit Kaffee auf die Bank setzen, Richtung Süden über das diamantene Blau der Bucht blicken und mitten auf eine gekonnt berittene Brandung blicken kann, eine menschliche Ordnung aus geschäftigem Treiben, effektvollen Darbietungen und urbanen Vergnügungen für alle. Strahlende Männer und Frauen gehen vor Wasser triefend auf den Bürgersteigen umher, erfüllt von der Freude am eigenen körperlichen Wohlbefinden und dem Stolz der Zugehörigkeit, etwa so, wie man in Chamonix eine Bergsteigerausrüstung trägt. Man ist eindeutig selbst Teil des Spektakels. «Ja, ich gehöre *tatsächlich* dazu.»

Wenn Richard Henry Danas hawaiianische Freunde um 1830 nie in San Diego surften, dann waren höchstwahrscheinlich die hawaiianischen Prinzen David, Cupid und Edward Kawananakoa die ersten Festlandsurfer am Seabright Beach neben meinem Haus. Sie gingen in den 1880er Jahren in San Mateo zur Schule, sahen die sich sanft brechenden Wellen an der Mündung des San Lorenzo River und beschlossen, auf ihnen zu surfen. Sie kauften Redwood-Bretter in einem örtlichen Sägewerk, ließen sie fachkundig glätten und bescherten Santa Cruz das, was die Stadt später unter anderem auszeichnen sollte. Duke Kahanamoku selbst, der weltweite Botschafter des Surfens und Goldmedaillengewinner im Schwimmen bei den Olympischen Spielen, den Hollywood schließlich als gut aussehenden, männlichen Polynesier unter Vertrag nahm und für alle dunkelhäutigen Typen – vom Indianerhäuptling bis zum Araber – einsetzte, zeigte sich bei den Wasserspektakeln in den 1930er Jahren auf der Seebrücke von Santa Cruz. Im Santa Cruz Surf Museum gibt es Schwarzweißfotos des damaligen Surf-Clubhauses – eine kleine weiße Hütte am Strand –, davor einige lächelnde Jungen, gesund und unkompliziert, irgendwie adrett. Das war in den 1950er Jahren, als man sein 3,40 m langes, 100 Pfund schweres Board aus Redwoodholz noch in einer Tischlerei anfertigen ließ. Fred Van Dyke erinnert sich noch an die gute alte Zeit, als man an der Steamer Lane und am Pleasure Point in Autos und in Höhlen an der Flussmündung campierte. «Es war ein geruhsames Leben damals, an einem sauberen Strand», erinnert er sich, «es roch nach den Fischen, die man als Köder benutzte, und dem Nebel, der über der Bucht hing; das Wasser war nicht so kabbelig wie an der Steamer Lane. Es war unser nördliches

Malibu.» Neoprenanzüge gab's auch nicht: mit einem Second-Hand-Wollhemd für 15 Cent und auf den Knien paddelnd konnte man eine halbe Stunde im Wasser bleiben, bevor man seinen unterkühlten Körper an einem Feuer aus Treibholz aufwärmen musste. Van Dyke erinnert sich, wie er einmal gerade auf einer Welle ritt, auf der ein Freund bodysurfte; vor ihm sprang ein Königslachs aus dem Wasser, und hinter ihm schwamm ein Seelöwe. Er erinnert sich sogar, dass er sich damals mit einem Seehund anfreundete, der sein Brett zurückholte, wenn es abtrieb.

An einem Herbstnachmittag mit strahlend blauem Himmel wühlten Seewinde auf ihrem Weg die Küste hinab den Point auf, umgingen aber die Buchtmündung, wirbelten die Santa Cruz Mountains hoch und drehten am Leuchtturm von der Küste ab, wobei sie eine saubere, gerade Brandung erzeugten. Ungefähr sechzig Surfer waren draußen, Radfahrer fuhren im herbstlichen Sonnenschein, ein Rollschuhfahrer vollführte seinen täglichen Tanz auf alten, zweiachsigen Rollschuhen; der archetypische Golden-Age-Surfer stand in Bronze gegossen in einer Blumenrabatte: ein Mann von mittlerer Größe mit Bürstenschnitt und ausgeprägter Muskulatur, der Shorts (!) trug und ein riesiges Longboard auf alte Art umfasst hielt: senkrecht an den Rücken gepresst, mit beiden Händen von hinten gehalten. Um den Hals trug er eine frische Blumenkette, eine Bank ganz in der Nähe trug die Widmung «Zum Andenken an alle Surfer, die ihre letzte Welle geritten haben». (Die Städte Santa Cruz und Huntington Beach sind unlängst vor Gericht gezogen wegen des alleinigen Rechts, die Bezeichnung «Surf City» führen zu dürfen). Ich schlüpfte gerade in meinen Neoprenanzug, als eine Reihe tropfnasser Surfer vorbeimarschierte – weil die Ritte so lang und die hereinkommende Strömung so stark war, gab es nur einen vernünftigen Weg, wieder rauszukommen: den zu Fuß an der

Klippe entlang. Von unberührter Natur keine Spur; am Fuß der Treppe bot ein grauhaariger Kiffer mit verspiegelter Sonnenbrille gratis «Verbesserungen der Lebenseinstellung» an. Weit draußen donnerten richtige Klopper, während sich entlang der Klippe kleine, schnelle Wellen brachen. Ich blieb bei Letzteren, tauchte und wartete, bis ich eine lange Welle bekam, verlor mich in ihrem Rhythmus, ihrer Richtung und ihrer Dynamik. Sie wollte gerade am Kamm brechen – der Teil, in den du reingehst, den du rippst –, und ich fuhr leichtfüßig ihren Rücken: ein herrlicher Moment der Schwerelosigkeit, bevor die Schaumwalze dich an Land trägt.

Wieder draußen: Überbevölkerung, begrenzte Ressourcen, kein Augenkontakt. Ich paddelte mit durchgedrücktem Rücken, um Haltung, Aggressivität zu signalisieren; das Schlimmste, was man tun kann, ist, schlaff auf dem Brett liegen, weil das auf mangelhafte Anpassungsfähigkeit und fehlende Entschlusskraft hindeutet. Also hält man den Kopf in der Menge hoch und krault kräftig in einen strikt zivilisierten Raum: strenge Verkehrsregeln, die zu befolgen sind, ein ganz klarer Kodex, der bestimmt, wer die Wellen für sich beanspruchen darf. Doch dann bekam ich mühelos eine schöne Welle, und niemand anderer als Apollo schob sich vor mich, womit er eindeutig gegen die Vorschriften verstieß. Plötzlich kam er mir so klein und jung vor, dass ich ihn die Welle hinabkurven ließ, bis ich ihm einen leichten Stubs von der Welle hinunter geben konnte. Als ich an ihm vorbeisurfte, blickte er wütend hoch und versuchte, mich zu rammen. Als das misslang, schrie er irgendwas wie, er habe nicht übel Lust, sein Brett gegen meinen Kopf zu donnern. Als ich die Welle abgeritten hatte und zurückpaddelte, kam ich in die ideale Lage, Apollo den Dienst, den er mir erwiesen hatte, heimzuzahlen:

«Was machst du denn?», kreischte er, als ich mich vordrängte.

«Dich ärgern», erwiderte ich lächelnd, «so wie du mich geärgert hast.» Ich ließ mich wieder zurück zur Brechungskante fallen und zwang ihn dadurch ins Weißwasser und aus der Welle heraus. Hinterher paddelte ich zu ihm und fragte ihn, was er eigentlich erwartet habe.

«Du weißt ja gar nicht, was du tust», antwortete er völlig angewidert. Mehrere seiner Freunde hatten sich umgedreht und sahen zu.

«Mal ganz ehrlich», sagte ich, «du kennst die Regeln doch, oder, du kleiner Scheißer? Du hast mich geschnitten, hast mich gesehen und bist nicht ausgewichen, stimmt's?» Als er merkte, wie wütend ich war, lachte er nervös, und dann verlor ich die Beherrschung und schiss ihn lauthals zusammen, bis ich mich an die Lektion des Longboarders erinnerte und ihm eine Ich-bin-doch-sehr-enttäuscht-von-dir-Strafpredigt hielt, um Schuldgefühle bei ihm zu wecken. Als ich fertig war, wirkte Apollo eher wie ein eingeschüchtertes Kind als wie ein echter Gegner, und ich kam mir wie ein Schuft vor. Beschämt und gequält lächelnd drehte er sich zu einem bärtigen Mann um, der neben mir auf dem Wasser trieb. «He, Dad», sagte er kleinlaut, «wollen wir noch eine nehmen und dann aufhören?» Interessant: Dad war ein kräftiger Surfer, der nicht im Entferntesten von mir hätte eingeschüchtert werden können, aber er hatte während meiner Schimpftirade keinen Ton gesagt. Er dachte wohl, dass der kleine Mistkerl sie verdient hatte.

Doch dann, obwohl ich mich ganz im Recht fühlte, kam ein Kajak hinter mir geschickt auf einer großen Welle, und da konnte ich nicht anders, schnitt *ihm* den Weg ab und verletzte damit dieselbe Regel wie Apollo. Wir sausten die Welle hoch und runter, berührten uns fast ein paar Mal, bis er in den Schaum geriet und zurückfiel. Später paddelte der Geschnittene mit seinem sternengesprenkelten Kajak herüber und sagte mit hochrotem Gesicht und wohlwissend, dass er den Kürzeren ziehen würde: «Wenn du noch mal so 'ne Show abziehst, fahr ich glatt über dich drüber.»

Starke Worte. «Pack dein billiges Spielzeug ein und scher dich weg», hörte ich mich sagen, «oder lern surfen.» Danach gab es nur noch die Flucht: die Betontreppe rauf, zwischen den Spaziergängern und Joggern hindurch und runter zum Ende des Strands. Der ungesellige Außenseiter scheut die menschliche Gesellschaft, und so glitt ich die ausgetretenen Stufen hinunter, warf das Brett ins Wasser und sprang hinterher. Plötzlich tauchte ein Seetaucher aus einer Welle heraus auf, und drei Seelöwen steckten die Köpfe aus dem Wasser und blickten sich um – auf einem vorgelagerten Felsen unterhielten sie eine lautstarke Kolonie. Ein voller Regenbogen reichte bis ins Wasser herab und verband die dunstigen grünen Hügel mit der glitzernd weißen Pier, goldgeränderte Gewitterwolken zogen am Himmel vorbei: Regen, dann Aufheiterungen, dann Schauer, dann Sonnenschein. Und dann, während ich tief atmete und mein letztes Gespräch rekapitulierte, ging mir auf, dass ich zu dem geworden war, was ich am meisten verachtete. Also ließ ich mich treiben und sah mir eine Weile alles an, blickte auf die dicht gedrängte Gruppe der einheimischen Surfer, die das Riff so aus dem Effeff kannten, dass jedes schwierige Manöver, jeder Aerial, jeder scharfe Turn völlig intuitiv und flüssig aussahen. Auch ein paar ältere Longboarder waren da, sie kannten die Wellen so gut, dass sie auf dem Brett standen, bevor diese brachen, und zwei ältere Shortboarder waren offenbar alternde Schwergewichte, deren Status als Alpha-Männchen unangefochten war. Zählte man den Rest der etwa hundert Personen hinzu, die jetzt im Wasser waren, erlebte man an der Lane die gemeinschaftliche Surfsession einer ganzen Stadt: Hippies mit Salzwasser-Dreadlocks, Typen mit kurz geschorenem, gebleichtem Haar, die in den 1980ern stecken geblieben waren, Studenten, die dazugehören wollten, ohne den Einheimischen den Respekt zu verweigern.

«Soll ich dir mal was erzählen?», fragte mich ein Typ, der in der Nähe trieb. Er hatte eine rote Nase und trug einen blau-weißen Anzug.

«Klar», sagte ich.

«Gestern bei Ebbe bin ich hier mit ein paar Jungs im Wasser, und da kommt ein Otter auf dem Rücken vorbeigeschwommen und hält eine Bierdose in den Pfoten, als wollte er daraus trinken. Also frag ich den Typ neben mir: ‹He, was der wohl für 'ne Sorte trinkt?› Antwortet der Typ: ‹Wieso willste das wissen?› Gut, was?»

Bevor ich antworten musste, kam glücklicherweise eine Welle angewalzt: Sie krümmte sich in der Brise, wurde immer höher, und ich kam ungehindert bis ins Innere der Bucht. Und gerade als ich vom Board rutschte, sah ich den Kajak und damit den einzigen Menschen, der mir vergeben und mich von meinen Sünden befreien konnte. Während ich zu ihm paddelte, sah ich seine zusammengebissenen Zähne und seinen unruhigen Blick. Er war aufs Schlimmste gefasst.

«Sieh mal», sagte ich und setzte mich auf, «ich brauch wohl einen Psychiater. Ich hab mich vorhin wie ein echtes Arschloch benommen, und es tut mir wirklich Leid.»

Der Kajaker war so überrascht, dass es einen Augenblick dauerte, bis er verstand, was ich meinte. Als er es begriffen hatte, lächelte er breit (und hat mich seitdem immer freundlich gegrüßt, wenn sich unsere Wege kreuzten). Während ich schwerfällig die Betontreppe hinaufstieg, hatte ich ein Gefühl, als laste das Gewicht der ganzen Welt auf mir und als brauchte ich eine Pause, da hörte ich einen kleinen Flachskopf mit Fistelstimmchen fragen, ob die Wellen gut seien. «Der Wahn», erwiderte ich, worauf er an mir vorbeimarschierte und sagte: «Na hoffentlich! Ich bin mit dem Rad quer durch die ganze Stadt gefahren!»

Da sah ich Vince auf dem Bürgersteig neben dem Denkmal des Unbekannten Surfers; er trug eine saubere Jeans, ein strahlend weißes T-Shirt, Sandalen und eine Baseballmütze, saß auf seinem rostigen Tourenrad und lehnte am Klippen-Geländer, zugleich aufmerksam wie ein Habicht und doch jungenhaft; als sei er so lange der Perfektion nachgejagt, bis er in einen angenehm selbstzufriedenen Hedonismus hineingewachsen war; als bestimme *er*, welche Dinge es wert waren, sie sich zu holen, und als bekäme er sie auch.

«Na, Spaß gehabt?», fragte er.

«Ja, hab ein paar erwischt.»

«Echt? Hab ich gar nicht gesehen.»

«Na ja, ja, klar, ist schon etwas her. Du warst gestern gar nicht am Point.»

«War ziemlich beschissen, was?»

«Ja», sagte ich, keuchend und tropfend, und klagte über meine dreistündige Suche im gesamten County. «Schließlich bin ich am Point gelandet, war aber nichts.»

«Hätte ich dir gleich sagen können», sagte er, immer ganz darauf aus, Punkte zu sammeln, während man selbst schwächelte. Dann blickte er aufs Wasser und erklärte mir: «Der Point ist nie gut bei Nordswell, außerdem hat er schon seinen ganzen Sand auf dem Riff gelassen.»

Genau was ich bemerkt hatte, aber nicht benennen konnte: Vor dem Riff war das Wasser tiefer gewesen, es ließ die Wellen unter mir verschwinden.

«Schon dein neues Board geholt?»

Nein.

Er grinste vielsagend und bemerkte dann: «Schön, was?» Wehmütig blickte er auf das Bild vor uns, saß immer noch auf seinem Fahrrad, die Sandalen auf den Pedalen.

Ich sah mich um, versuchte nachzuvollziehen, was er sah: ein ziemlich schöner Tag, tiefblaues Wasser und ein strahlend blauer Himmel – wenn man die vielen Leute vergessen konnte, die das Bild störten, all die unvermeidliche Hässlichkeit des Kampfes um Ressourcen.

«Es ist alles so ... so klar.» Er war wie hypnotisiert von den Wellen, die vorbeikamen, und sah nicht einmal die Horden, die darauf ritten. Er war ein verzückter Kenner und hatte zeit seines Lebens einen Geschmack kultiviert, vergleichbar etwa der rein ästhetischen Würdigung der Frau eines anderen Mannes. Noch nach dreißig Jahren gehörte sein Herz dem Juwel seiner Heimatstadt. Und von der Klippe hier oben aus gesehen, hatte das Meer heute tatsächlich eine besondere Ausstrahlung, wenn man die Massen einmal außer Acht ließ. Ruhige, glänzende Wellen ohne Unebenheiten glitten durch das glatte Wasser wie gelassene Bögen aus Energie. Nichts Chaotisches, nichts Heftiges, nur ein grünes, gläsernes Pulsieren, das sich sanft in Weiß ergoß. Die Surfer brachen mühelos auf, kraulten, kamen auf die Beine, glitten ihre Strecken hinab und nahmen teil am ruhigen Schieben einer gutmütigen See. Genug für einen Mann, der – wie ich erfahren hatte – irrsinnige indonesische Tubes geritten und allein auf den Kanarischen Inseln gelebt hatte, um an einem wenig spektakulären Tag an einem städtischen Surfspot ein seltenes und heiteres Bild zu erleben: den exakt richtigen Zeitpunkt zwischen Ebbe und Flut, eine kräftige, aber nicht zu hohe Dünung, die im genau richtigen Winkel aus dem westlichen Pazifik kam, bei leicht ablandigem Wind, der die Wellen steil hielt, ehe sie brachen, fast ohne Kabbelungen drum herum. Dieser Augenblick war umso kostbarer, wenn man wußte, dass er morgen, vielleicht schon in einer Stunde, vorüber sein würde.

Während mein schwarzer Surfanzug in der Sonne wärmer wurde und ich die tiefe Verletzung meines inneren *wa* vergaß, überlegte ich, wie eine brechende Welle zum Ideal von Vollkommenheit, zum Objekt der Surferbegierde, zum Wesen aller Kurzlebigkeit werden kann; weder ist sie etwas, das man besitzen, noch ein Ziel, das man erreichen kann – nur ein flüchtiger Zustand fürs Bewusstsein. Einen viel größeren Teil meiner Zeit verbrachte ich schließlich im Zustand des Träumens und Suchens als mit dem tatsächlichen Wellenreiten; sehr viel mehr Zeit ging dabei drauf, die Küste hinaufzufahren und zwischen den Wellen umherzutreiben. Von einem ganzen Jahr voller Hingabe hatte ich zusammengenommen vermutlich nicht mehr als einen Tag wirklich stehend auf dem Surfboard verbracht, und deshalb konnte ich einen Augenblick wie diesen nicht ohne ein glühendes, frustriertes Begehren, eine beinahe religiöse Sehnsucht nach Ganzheit betrachten. Im Unterschied zu so vielen anderen Leidenschaften gilt: Während wir wohl wünschen können, dass eine Blume immer weiter blüht und eine reife Weinbeere für immer am Rebstock hängt – Sehnsüchte nach flüchtiger Schönheit und Jugend, die sich John Keats zu Eigen machte, diese nachvollziehbar hoffnungslose Hoffnung, wir könnten die schöneren Momente unserer Welt festhalten –, liegt die Vollkommenheit der Welle eher im Abfallen der Blütenblätter, in der schieren Bewegung der fallenden Frucht.

Dunkler, heftiger Regen auf dem Highway, während ich an einem platt gewalzten Stinktier und einer zerfetzten Hauskatze vorbeifuhr. Ich war übers Wochenende bei Susan in Berkeley gewesen: ein hervorragender Lendenbraten, dazu Zinfandel, ein paar Videos und die Sonntagszeitung. Nur weil Susan billige Strandhütten in verschlafenen Provinzstädtchen nicht sentimental machten, waren ihre Wünsche und Bedürfnisse keineswegs krass materialistisch. Sie wollte einfach eine gute, ruhige Beziehung, vielleicht hin und wieder ein Gespräch über eine gemeinsame Zukunft. Sie tat sogar so, als mache es ihr nichts aus, dass ich noch am selben Morgen – obwohl es regnete und ich für mein Seminar am Tag darauf noch keine einzige Zeile gelesen hatte – ihre Wohnung in aller Frühe verließ, um an die Küste zu fahren. Ich musste einfach das Wasser in dieser winterlichen Stimmung sehen.

Und jetzt, einige Meilen nördlich von Santa Cruz, stand da ein Vogel von der Größe eines großen Truthahns in meinem Scheinwerferlicht: ein großer Reiher, ruhig, gefasst und fast unsichtbar auf seinen langen Beinen mit den knubbeligen Knien und breiten Füßen mit Schwimmhäuten. Neugierig spähte er die Route 1 auf und ab, während die Reihen der Scheinwerferlichter aus beiden Richtungen näher kamen – ein Bild hilfloser Eleganz. Als ich hupte, breitete er die Flügel aus, erhob sich schwerfällig vom Asphalt und war mit einigen Flügelschlägen hoch oben in der regenschweren Luft. Ich fuhr rechts ran, sah zu, wie er landete und langsam einen Sandweg entlangstakste. Allein in diesem strömenden Regen (der ganze Staat war praktisch überflutet, der Russian River schwemmte Häuser davon, der San Lorenzo färbte das Wasser der Bucht braun, ganze Strände wurden fortgespült) stolzierte der Reiher, graziös und doch ungelenk, zu einem schlammigen Bach, in den das Wasser von einem mit Weiden bestandenen Hügel floss, unter einem Aluminiumzaun hindurch und einen Feldweg entlang. Der Vogel stand in diesem Scheinbild einer Lagune und dehnte den Hals wie eine Bogensehne, dann steckte er ihn in das zentimeterflache Wasser; pickte ein Schlammklümpchen auf und spuckte es wieder aus, als handele es sich um eine Sandkrabbe in einem Priel (sogar ich in meinem Pick-up bei laufender Heizung und Scheibenwischern konnte sehen, dass es bloß ein Matschklumpen war).

Am nächsten Abend wieder Reiher. Der Sturm war vorüber, die Wolken hoch oben. Ich hatte mein Fenster geöffnet und las vor dem Abendessen; eine Brise bauschte die Vorhänge, und auch die Palme raschelte (ich hatte sie am vorangegangenen Samstag ziemlich zugerichtet – wussten Sie, dass Palmholz butterweich ist? Ich hackte die kleinen Triebe mit jeweils sechs Beilhieben durch). Der Ahorn schwankte leicht im Fallwind, genau wie der einzige Baum, an den ich mich aus meinen vier Jahren im Staat New York erinnere. Zwar konnte ich mich an ganze Hänge voll davon erinnern, aber es gab nur einen einzigen Baum, der mir um seiner selbst willen in Erinnerung geblieben war. Es war auch ein Ahorn, und er stand da, alle Blätter ausnahmslos strahlend gelb wie beleuchtet, am Rand einer Felsschlucht. So schrill künden die Farben in Neuengland vom Übergang, dass sie eine indirekte Studie über die Vergänglichkeit der Schönheit abgeben. Im Gegensatz dazu war der Ahorn hier nur ein zarter Hinweis auf ein kleines Unglück, so wie man vielleicht inmitten der kühlen, sonnigen Klarheit eines mediterranen Herbstes allen Verlust und Wechsel vergisst.

Von der Atlantic Street scholl ein krächzendes, gereiztes «Caw!» herüber: «Caw!», mit lauter, kehliger Stimme. Zwei große Reiher liefen direkt vor mein weit offenes Fenster. Was für ein Geschenk! Ihre fast rechteckigen Flügel wirkten derart überdimensional im Vergleich zu ihren schlanken Hälsen und den Leibern, die sich bei jedem Flügelschlag wie Fische im Wasser schlängelten. Der eine Reiher hielt den Hals gerade, den Kopf fast einen halben Meter vor der Schulter, der dünne Hals gab nach, krümmte sich zwischen schlagendem Körper und atmendem Schnabel – eine schlanke, schöne Seele auf einem viel zu großen Leib. Der Hals des anderen war nach hinten gebogen wie der eines Pelikans, der winzige Kopf inmitten des Gefieders sah aus wie das Cockpit einer Cessna auf einer Boeing 747. Die Flügel der Reiher schlugen ungefähr so schnell wie mein Herz – gleichmäßig und ohne das Drängende der Jagd oder die hektische Suche nach Aas –, während sie auf meinem ungemähten Rasen zwischen den Kunstwerken umherstolzierten, vorbei an der weiblichen Bronzestatue ohne Kopf, deren Halsstumpf sich keusch dem Feigenbaum zuneigte.

Als ich nach draußen ging, waren die Reiher verschwunden. Aber es war sowieso höchste Zeit für meinen Abendspaziergang. Ich setzte mich auf eine Bank und sah einem Lagerfeuer am Strand zu, das von einer großen Familie umgeben war, die italienische Lieder sang. Der ganze Strand war übersät mit Treibgut, ein älteres osteuropäisches Ehepaar in graubrauner Kleidung ging von sandiger Brandung umspült vorüber, lachte und umarmte sich. Der Mann mit dem Pferdeschwanz – ein Architekt –, der weiter oben an der Straße wohnte, stand in der Nähe am Geländer und starrte vor sich hin. Er war groß, weißhaarig und gut aussehend und kam zweimal täglich herunter, normalerweise allein: einmal zur Morgen-, einmal zur Abenddämmerung, sah sich um und dachte über irgendwelche Dinge nach. Wir hatten schon ein paar Mal miteinander geplaudert, und inzwischen mochte ich ihn: Ausschweifend erging er sich in Zen-Begriffen über Malerei und Dichtung, Meditation und die Tugenden des stillen Lebens; Dinge, die auch auf meiner Liste ganz oben standen. Seine beiden Kinder waren erwachsen und aus dem Haus, er wohnte mit seiner zweiten Frau in einer kleinen Einzimmerwohnung im zweiten Stock neben einem unbebauten Grundstück voller hoher Gräser und Blumen. Möwen kreisten in der warmen Luft, ich erkundigte mich nach seiner Frau, einer Indianerin, mit der er seit zwanzig Jahren zusammenlebte. Sie lese an diesem Abend aus ihrem Manuskript, sagte er, bei einer Sun-Dance-Benefizveranstaltung in der Veterans Hall.

«Es gibt nicht viel Arbeit für Architekten in letzter Zeit», sagte er, «aber, Herrgott, sie ist großartig; die großen New Yorker Verlage reißen sich um die Geschichte einer richtigen Indianerin.» Dann erzählte er mir, dass die meisten Texte in der indianischen Literatur von Mischlingen geschrieben sind, und die Texte seiner Frau bedeuteten einen echten Schritt nach vorn. Ich hatte ihn schon ein paar Tage zuvor gesehen. In einem Café in der Nachbarschaft hatte er am späten Vormittag koffeinfreien Kaffee getrunken und die Stellenanzeigen in den Zeitungen weit entfernter Städte gelesen: *Chicago Sun-Times, Detroit Free Press, Seattle Times*.

Klarer Himmel, das tiefe Blau des Winters über uns und der blassere Dunst des Spätsommers noch immer am Horizont, während eine sanfte Brise vom Land her die Strandbrecher zu grünen, hohlen Wellen hob; das Wasser weiter draußen in der Bucht hatte Schaumkronen, die See war noch nicht windgetrieben, zeigte nur weiße Flecken auf Blau. Die Vorgärten leuchteten vor Blumen: Calla, Iris, Mohn, Lupinen, süß duftendes Steinkraut. Das Viertel mit seinen Strandhäuschen, seinen engen Gassen und Bürgersteigen aus Erde und Gras, den verwilderten Gärten und entzückenden kleinen Blumenrabatten, mit seinen Holzschindeln und Buntglasfenstern, den alten Autos und Hundehütten hatte etwas sehr menschlich-heimeliges und stand in krassem Kontrast zu den astronomischen Preisen der örtlichen Immobilien.

Weißes Haar wehte ihm über die gebräunte Stirn, der Architekt wirkte schlank und kräftig; seine Jeans und sein Pullover waren von der Sonne gebleicht, die Haut gefleckt und ein wenig schlaff, die Lider hingen über blauen Augen. Etwas Verstohlenes lag darin, dass er mich nie direkt ansah.

«Und Sie?», fragte ich.

«Ach», sagte er, als geniere er sich, «ich sehe mich nur am Strand um.»

«Ein herrlicher Ort, um aufs Wasser zu sehen, oder?»

«Ja, ja», stimmte er rasch zu und nickte, «ständig ändert es sich, nie ist es gleich, durch das Licht, den Wind und all das.»

Ich erzählte ihm, dass es in dieser Woche eine fette westliche Dünung gegeben habe, und er nickte nachdenklich. «Kommt alles von der Sonne», sagte er, schob die Hände in die Hosentaschen, wippte auf den Hacken, «sie kühlt und wärmt die Erde, völlig klar.» Er sah aufs Meer hinaus, schaute mich dann von der Seite an. Ich war tatsächlich interessiert. «Sonnenenergie, wissen Sie, verursacht unterschiedliche Dichte in der Atmosphäre.» Er formte mit seinen Händen die Erdkugel und führte sein Argument näher aus. «Erst ist da der Wind, dann die Reibung auf dem Wasser und schließlich die Wellen. Die werden dann von der Schwerkraft um die Erde gezogen, wobei sie allmählich kleiner werden. Da draußen auf Ihrem Brett reiten Sie Sonne, Wind, Schwerkraft, Verschiebung der kontinentalen Platten *und* der Platten vor der Küste – alles zugleich.»

Profund. Ich dachte, der Bursche sei Architekt.

Wir standen da und lehnten einen Augenblick am Geländer, genossen die Brise und sahen dem wogenden verdörrten Gras zu.

«*Außerdem*», sagte er, «ist die Sonne unsere einzige *Zufuhr* von Energie, weshalb jede Welle ein Ausdruck des schieren astralen Geschenks des Lebens an unseren Planeten ist.» Dann hüstelte er, und sein Tonfall änderte sich, als er mir erzählte, er habe in letzter Zeit Aquarelle gemalt, diverse Richtungen der Dünungen auf einem Blatt Papier extrapoliert, um zu sehen, was für eine «See» sie erzeugten – offenbar hatte er viel freie Zeit in seiner sonnendurchfluteten Wohnung. So redete er eine Weile weiter, neben einem efeubewachsenen Zaun, und erklärte mittels vieler Gesten, wie seine Zeichnungen aussahen: «Sagen wir mal, man hat viel Swell aus dieser

Richtung, das Kielwasser eines Boots, das Spritzwasser deines Surfboards, etwas Swell von der anderen Seite des Globus, den Wind vor Ort, ein wenig Rückströmung ... all das erzeugt das Muster und die Bedeutung an Ort und Stelle.» Und der Mann surfte noch nicht einmal, ging nur gelegentlich schwimmen.

«Aber das Wichtigste jetzt in meinem Leben», sagte er und nickte mit der praktischem Selbstgewissheit eines Menschen, der seinen Entschluss verkündet, Investmentfonds zu kaufen, «ist der Horizont.»

Der Horizont. *Ehrlich?*

Er blickte hinaus zum Einzigen, der dafür in Frage kam. «Ja», sagte er und nickte noch einmal, «diese Linie, die einem deutlich macht, dass man in einem Raum lebt.» Die Abendbrise hatte sauber eine scharfe, absolute Grenze zwischen dem dunklen Wasser und dem hellen Himmel gezogen.

«Direkt hinter dem Rand der Erde», sagte er, «krümmt sich der ganze Planet in dein tägliches Leben; lässt dich wissen, dass du dich in einem Raumschiff befindest.»

«Wie dem auch sei», sagte er plötzlich und wandte sich zum Gehen, «man sieht nicht einfach nur eine Zeit lang hin und sagt sich: ‹Gut, das hab ich jetzt begriffen.›»

Vince hingegen hatte tatsächlich alles begriffen: «Schöne Spritztour», sagte er gut gelaunt, als wir zum ersten Mal zusammen nach Norden hochfuhren, an einem Spot nach dem anderen vorbei. «Die Gegend checken. Mindestens einmal am Tag muss ich raus, mir alles ansehen – wie ein Landadliger auf seinen Ländereien; wenn du auch nicht mit einem Fasan zum Abendessen zurückkommst, hast du immerhin einen Spaziergang durch den Wald gemacht.» Wir fuhren zu den heiligen

Stätten unseres Kults, überprüften ihre feinen Unterschiede und ordneten die Welt ganz allgemein in bequeme kleine Schubladen. Vince besaß einen japanischen Pick-up ohne jede Beule oder Kratzer am Lack, innen alles pieksauber; ein ziemlicher Kontrast zu meinem verbeulten, ungepflegten, in jeder Hinsicht misshandelten Auto gleichen Typs. Der Gezeitenkalender steckte ordentlich im sauberen Ascher, eine Büroklammer hielt die Kalenderseite des aktuellen Monats offen, hinten saubere Schaumstoffpolster zum Schutz der Surfbretter, keine Aufkleber, kein Rückspiegelbehang, kein Riss in den Polstern. Ein sauberes Auto, das zu Vinces gebügeltem Hemd, der glatten Rasur und den weißen Zähnen passte.

Endlich, nach fast einem Monat, hatte ich mein Board bekommen: Jack hatte es am Vorabend in einem Anfall schlechten Gewissens vorbeigebracht. Er schien sich nicht nur für seine Saumseligkeit entschuldigen zu wollen, aber in meinen Augen sah das Brett phantastisch aus, nicht zuletzt deshalb, weil unter dem Fiberglas, direkt neben den Angaben zum Design, die Worte standen «Shaped for Dan». Vince schien nicht beeindruckt und meinte, er könne erkennen, wie gut ein Board funktioniere, sobald er es in Händen halte; dreißig Jahre an aufgesogenen Informationen und Daten, gespeichert in den Fingerspitzen. Ein Brett musste sich bei der ersten Berührung lebendig anfühlen, oder er wollte nichts damit zu tun haben. Eine weitere Besonderheit: Wie viele Surfer behauptete Vince, dass manche Boards einfach «nicht funktionierten» und andere, ganz ähnliche, absolut magisch seien. Angesichts der Tatsache, dass diese Unterschiede für einen Nichtsurfer viel zu fein sind und Surfbretter keine beweglichen Teile haben, leuchtete mir die Idee, ein Brett könne «nicht funktionieren», nicht ganz ein. Wahrscheinlich würde sich das im Wasser erweisen.

Vince hatte mich kurz nach Sonnenaufgang abgeholt,

und wir hatten bereits dreißig Meilen Strand südlich von Santa Cruz inspiziert. Da aber keine einzige Sandbank nach seinem Geschmack war, fuhren wir zu Willie, der weiter oben an der Küste wohnte.

«Übrigens – wovon lebt Willie eigentlich?», fragte ich Vince, als wir uns der Farm näherten, auf der Willie wohnte. Die Frage ließ mir schon seit langem keine Ruhe: anständiges Auto, gute Kleidung, guter Zahnarzt, keine offensichtlichen Verpflichtungen.

Vince musste laut lachen, als habe er schon auf diese Frage gewartet. «Unklar», sagte er, sah mich von der Seite an und hob die Augenbrauen. Ein großer Sattelschlepper kam uns entgegen, beladen mit Kisten voller Rosenkohl.

«Du hast keinerlei Vorstellung?» Ich hatte so eine Ahnung, dass Willie unser Gespräch, könnte er es hören, bestimmt nicht gutheißen würde. Außerdem hatte Vince nebenbei erwähnt, es könne Willie missfallen, wenn wir einfach hereingeschneit kämen, ohne vorher bei ihm anzurufen; da er aber alle Anrufe erstmal auf dem Anrufbeantworter speichert, ist es schwierig, sich spontan mit ihm zu verabreden.

«Er behauptet, auf der Farm zu arbeiten», sagte Vince, «aber in zehn Jahren habe ich noch nie erlebt, dass er je eine Dünung ausgelassen hätte. Und seine Reisen? Kein Problem. Im vorigen Sommer sechs Wochen in Chile, in diesem Sommer Costa Rica ... Hast du gewusst, dass er in Indo gelebt hat?»

«Wo?»

Vince bremste, als ein anderer Wagen signalisierte, dass er nach links über den Highway abbiegen wollte. «Indonesien», sagte Vince. «Aber das ist der Teil, über den ich mir nicht im Klaren bin. Offenbar hat er sein Studium in Harvard in den Siebzigern abgebrochen, aber ansonsten ... *misterioso.*» Er bog rechts ab auf eine unbefestigte Straße und folgte ihr fast eine Meile den Hügel hinauf unter dichten Eichen; die Straße beschrieb mehrere Kurven, bis sie auf einen breiten Hof voller verrosteter Autos mündete. Ich sah kein Haus, und die beiden langen, fensterlosen braunen Gebäude am Rand des Hofs sahen aus wie zugenagelte Baracken oder Geräteschuppen. Ein einstmals gelber Grubber rostete neben einem feinmaschig verkleideten Verhau voller Hausmüll vor sich hin; ein paar weiße T-Shirts und rosa Damenunterwäsche hingen auf einer Wäscheleine. Dahinter gaben weite Felder einen unverbauten Blick frei auf die Hügel, das gedämpfte Grün der Artischockenfelder gegenüber vom Highway sowie das grellweiße Meer. Der ganze Ort hier wirkte wie eine luftige Ebene voller Grün auf brauner Erde, ein aus all dem windgepeitschten Wasser in den überwältigenden Himmel aufsteigendes Stück Land fern der Stadt; die reglose Stille auf dem Highway war fast körperlich spürbar. Im Gras neben einem weißen Plymouth ohne Reifen döste ein großer Labrador; ein silberhaariger Mann mit hellbraunen Augen und weicher, rosiger Gesichtshaut saß auf einem Stuhl neben einem der Schuppen und begrüßte uns lächelnd – glücklich und zufrieden an seinem kleinen Platz an der Sonne. «Ein Experte für Basilikum», sagte Vince leise; ein Teil seines Lebens sei dem Müßiggang, ein anderer dem Pesto gewidmet. Das Grundstück gehöre dem Basilikum-Burschen, und Willie zahle offenbar keine Miete, sagte Vince.

«*Coño*», sagte Vince und lächelte.

«*Ja, gleich*», antwortete Willie. Er würde sehr gern nach Wellen Ausschau halten, habe gerade selbst ans Meer fahren wollen. Dann lud er uns ein, ins Haus zu gehen, während er sein Brett und den Anzug holen wollte. Was für eine Offenbarung! Gewachste Zedernböden und -schränke, ein riesiges Bücherregal, drei akustische Konzertgitarren. Die gesamte Front nach Westen hin bestand aus Fenstern bis zum Boden. Draußen, hinter der verwitterten Veranda und einem kleinen

Garten mit Küchenkräutern und Salatbeeten (eine zu schlichter Schönheit bearbeitete Wildnis), strahlte der Pazifische Ozean seine überwältigende Ruhe in jeden Winkel von Willies häuslichem Leben. Seine hübsche Frau, Pascale, saß an einem selbst getischlerten Esstisch, trank Espresso und las die *New York Times*. Pascale war eine liebenswerte Mischung aus europäischer *femme fatale* und gutmütiger New-Age-Feministin; sie schien irritiert und amüsiert zugleich von diesem Truppenaufmarsch; angestachelt von einem Leben, das mit derartiger Pflichtvergessenheit einherging.

«Ich habe vier Tage frei», sagte sie zu Vincent, den sie zweifellos gut kannte, und imitierte dabei einen Brooklyner Akzent. «Vier Tage! Und macht er mir vielleicht Vorschläge, was man unternehmen könnte? Höre ich vielleicht so etwas wie: ‹He, Liebling, wollen wir nicht mal zusammen wegfahren?› Aber nein! Bloß» – hier fiel sie in einen makellos modulierten, nicht übertriebenen Surfer-Tonfall – «‹tut mir Leid, ich weiß noch nicht, wie die Wellen aussehen.›» Dann wandte sie sich wieder ihrer Zeitung zu und murmelte: «Einfach erbärmlich.» Aber die Art, wie sie sich beklagte, hatte etwas herrlich Gutmütiges, auch wenn hinter jedem Scherz etwas Ernstes steckte. Während sie sich mit Vince unterhielt, sah ich mir die Bücher an: überwiegend amerikanische Lyrik und Romane von Minderheiten-Autorinnen, ein paar Stretching-Handbücher und ein Frauen-Gesundheitsbuch. Willie kam mit seinem Brett ins Haus und bat Pascale um ein paar Dollar. Sie deutete auf ihre Handtasche, grinste und las die Sport-Seiten – wie sich herausstellte, war sie Baseball-Fan. Offensichtlich hatte sie die nörgelnde Ehefrau nur für mich und Vince gespielt, als seien ihr all die kleinen Unabhängigkeitsphantasien der Männer völlig klar und als habe sie diese nur ein wenig veralbern wollen.

Wir zwängten uns in Vinces Pick-up und fuhren zurück

auf den Highway, dann weiter nach Norden, hielten an etlichen Wasserscheiden; dort, wo die kleinen Bäche ins Meer flossen, kletterten wir die Böschungen hinauf oder an den Rand der Klippen und inspizierten das Wasser. Da kein Riff die Dünung so ganz richtig traf, fuhren wir noch weiter Richtung Norden, unterhielten uns über dies und das und spielten endlos mit den Variablen herum: An dem Spot ist die Dünung zwar höher, aber die Ebbe wird bald zu stark sein, vielleicht brechen die Wellen nach einer Weile sauberer, aber der Wind kann schlimmer werden, und vermutlich tauchen auch bald die Massen auf; man könnte ja auf die Ebbe warten und einen anderen Spot ausprobieren, aber was ist mit der Sturmfront, die da heraufzieht?

«Chummies?», schlug Vince vor, womit er einen Surfstrand meinte, an dem ein Tauchlehrer angefangen hatte, tonnenweise «Chum» – Schweineblut und Tierabfälle – ins Wasser zu werfen, um Weiße Haie anzulocken.

«Haste Lust?», fragte Willie.

«Könnte ideal sein.»

«Es gibt keine Garantien im Leben, aber was soll's. Wir sind unterwegs, die Fahrerei macht Spaß und mit euch dabei sowieso. Vielleicht lohnt sich das Ganze so richtig, vielleicht werden wir aber auch bloß nass.»

«Klar, wie sollte es auch anders sein ...», erwiderte Vince. Während sich Willie dafür aussprach, einfach einen Surfspot auszusuchen und damit zufrieden zu sein, war Vince immer auf der Suche nach dem Gras, das anderswo grüner sein könnte. Außerdem beanspruchte er eine unbestreitbare Autorität im Hinblick auf jede Variable aller Surfspots im gesamten County, wodurch sich die Verhandlungen etwas schwierig gestalteten. Doch nach fast einer weiteren Stunde, in der wir herumfeilschten und durch unsere Fahrerei zum Treibhauseffekt beitrugen, einigten wir uns – eigentlich *sie* sich – auf

«Chums», sehr zu meinem Entsetzen. Also parkten wir an einem kleinen Bach, der über den Strand ins Meer floß, kraxelten zwischen Schrott herum, der früher mal ein spektakuläres Autowrack gewesen sein musste – eine verbeulte Karosserie, eine Kurbelwelle, ein Kühler –, gingen weiter, vorbei an weißen Ranchgebäuden, Knobcone- und Montereykiefern und Sträuchern, zwischen denen ein Milan jagte.

Ein Wolkenstreifen erstreckte sich über den ganzen Horizont und sah aus wie ein menschliches Rückgrat im Nebel. Die pulverisierten Muschelschalen, gemischt mit schwarzen Kieseln, gaben dem knirschenden Sand Glanz. Aber auch Spuren eines Gemetzels waren zu sehen: ein großer See-Elefant, dessen Hinterteil halb abgebissen war, ein hellrotes inneres Organ quoll aus seinem Leib, hellrosa und weiße Muskelstränge hingen schlaff herab. Zwei Flossen lagen am Körper an wie brandige Hände; in der Nähe stand seelenruhig eine Möwe und schaute vom Gegenstand ihres Interesses weg – wie Möwen das so tun –, ließ den Blick in die Ferne schweifen. Nachdem uns die Möwe geduldig und ohne Angst vorbeigelassen hatte, hackte sie dem See-Elefanten die Augen aus. Wir setzten diesen Ausflug fort, wobei die Wellen fast zu einer Chimäre geworden waren, die rechtfertigte, dass ich Tag für Tag über obskure Strände wanderte und das Verhältnis eines Riffbodens zu den vorherrschenden Winden und diversen Dünungsrichtungen erkundete; dann überquerten wir einen weiteren Bach, der aus den Bergen herabfloss und über Kieselsteine strömte, die wie Holz gemasert waren. Und da, noch ein Gemetzel: ein enthaupteter Otter; seine gesplitterten Knochen ragten durch die ersteifte Haut, das Rückgrat stand in die Höhe wie ein gebrochener Flaggenmast. Offenbar fressen Weiße Haie keine Otter, sondern reißen ihnen lediglich den Kopf ab. Während wir uns unter der tief liegenden Wolke näherten, hockten zwei sehr große Geier ganz in der Nähe auf einem Baumstamm und ließen den Kadaver nicht aus den Augen; geduldig plusterten sie ihre dunklen Gefieder im Tempo unseres Schlendergangs, ihre knochigen Nüstern atmeten dieselbe seetanghaltige Brise wie unsere Nasen. Als wir näher kamen, erwiesen uns die Raubvögel den gebührenden Respekt und schwangen sich mit ihren breiten, schweren Flügeln zu ihrem Ausguck auf der bröckeligen Klippe empor.

Vince unterhielt sich mit Willie über eine erfolgreiche Fotojournalistin, die er kürzlich auf einer Dinnerparty getroffen hatte. Diese Frau hat enorm viel Power, sagte Vince, echte Kraft und echten Ehrgeiz. Während er Steinchen aufhob und über das Wasser hüpfen ließ, erzählte er, dass sie die ganze Welt bereist habe, in Nepal, Tibet, abgelegenen Orten im Südpazifik, in ganz Afrika gewesen sei. Offenbar hatte sie Vince des Öfteren gescholten, weil er immer wieder zu einer Inselgruppe vor der Westküste Afrikas zurückgekehrt war und nie andere interessante Orte im Inneren Afrikas besucht hatte. Seit nunmehr zwanzig Jahren flog er zu dem kleinen Archipel im Atlantik, wo ihm das Bevölkerungsgemisch aus Abkömmlingen maurischer Piraten, afrikanischer Sklaven und spanischer Seeleute gefiel. «Ich habe einfach keine Lust auf Afrika», sagte er. «Andere haben auch überlebt, ohne dort gewesen zu sein, stimmt's?» Irgendwie schien ihn der Gedanke doch zu wurmen, forderte ihn heraus, seine Einstellung in Frage zu stellen, dass nämlich mit den täglichen Spaziergängen, die er unternahm, aller Reiselust genüge getan war. Natürlich stimmte ich dem zu und Willie wohl auch; aber Vince fühlte sich offenbar unter Druck gesetzt.

Als wir endlich einen guten Blick auf das Riff hatten, bemerkte Willie, wie Vince es genauestens unter die Lupe nahm. «Lass mich raten», witzelte er, «gestern war es fünfmal besser.»

Vince lächelte und schwieg. Wir zogen uns an einer Stelle um, an der ein paar große Brocken Sandstein aus dem

Strand ragten, streiften die Neoprenanzüge über und paddelten zu einer Welle hinaus, die von einer Unebenheit unter Wasser geformt worden war. Brandungen spiegeln meist exakt den Umriss des Kontinents und die Strömungen der Wasserscheide wider – von den Gezeiten gebogene Sandbänke, die unter Wasser liegende Rundung einer Bucht –, aber diese Wellen brachen direkt über dem Strand, ihr Riff war das Überbleibsel einer Küstenlinie, die nicht mehr existierte. Reffen bezeichnet im Segelsport die Verringerung der Segelfläche – und sicherlich «refft» auch ein Felsenriff in gewisser Hinsicht die Welle. Der Name «Chums» verstärkte die ohnehin schon düstere Aura, die dieser Ort besaß: Ein paar Jahre zuvor hatte ein Hai einen Mann zerfleischt und das ganze «Chumming», also das Ausschütten von Blut, Eingeweiden und Tierkadavern zum Anlocken von Haien für gut zahlende Ökotouristen, hatte unter den Anwohnern ziemliche Kontroversen ausgelöst; der Tauchlehrer hatte anonyme Briefe erhalten, deren Absender schworen, sie würden ihm, sollte er noch einmal Fleisch ins Wasser werfen, beide Beine abhacken – was ziemlich gut zum Ausdruck brachte, warum sie solche Angst vor Haien hatten. Der Zweck fand meine Zustimmung, nicht die Mittel. Immerhin flossen die Abfälle mit den Strömungen davon, erzeugten eine Blutspur, der die Haie tagelang folgten, deren Appetit dann zwar geweckt, aber nicht gestillt wurde. Später fanden wir heraus, dass ein von einer Filmproduktionsfirma gechartertes Boot genau an diesem Tag vor der Küste große blutige Köder ausgeworfen hatte.

Diffuses Sonnenlicht drang durch die hohen Wolken und beschien das Meer wie eine Straßenlaterne, deren Schein auf einen Fluss fällt. Die Wellen hatten verblüffend viel Kraft; sie kamen aus sehr tiefem Wasser und waren nicht höher als etwa einen Meter, bis sie schließlich auf das Riff trafen. Dann richteten sie sich auf doppelte Höhe auf, und noch während der vorderste Rand brach, bildete sich ein zweiter Rand unterhalb des ersten auf der Vorderseite der Welle, woraufhin die ganze Spitze der Welle abbrach, ein Phänomen, das als »Doubling-up» bekannt ist. Nach dem steilen Drop, den ich gerade noch schaffte, musste ich attackieren, um in die Hohlwand zu gelangen; das neue Board fühlte sich schnell und lebendig unter meinen Füßen an. Willie und Vince erwischten mehrere hohl brechende Wellen, dann kamen sie, von einem Ohr zum anderen grinsend, über den Wellenkamm herangeflogen.

«*Formidable, non?*», rief Vince und wendete, um eine weitere große Welle zu reiten.

«Erschröckliche Höhlen», fügte Willie noch hinzu und meinte damit die Hohlräume, die sich zwischen der herabbrechenden Front und der eigentlichen Welle bildeten.

«Ziemlich hohl das alles», schrie Vince zurück. «Hier kommt das Hohlschoi-Ballett!»

Es gelang mir nicht, meinen Weg in die Röhre zu finden, und Willie erklärte mir, dass man praktisch von hinten in sie hinein musste, dann lossausen, während der Wellenkamm über dir in weitem Bogen nach vorn geworfen wird – in einem Satz ausgedrückt: «Du musst von hinten in die Welle rein, so bleibst du in Deckung.» Das Schlimme war nur: Wenn man dieses Hineinkommen verpasste, geriet man in den Wellenkamm und machte unliebsame Bekanntschaft mit dem flachen Riff. Trotzdem, wir entwickelten einen Rhythmus, wechselten uns ab, redeten nicht viel, surften rein und paddelten raus, und der ruhige Wasserspiegel ließ einen die feinen Abstufungen von Wasserdichte und Widerstand spüren. Vince war im siebten Himmel, er war nicht der Kletterer, der für die größte Wand lebte, der Surfer, der sich nach der ultimativen Mega-Welle sehnte – er strebte einfach nach täglicher Perfektion, freute sich über einen Nachmittag mit guten Wellen. Er träumte nicht von den Drachen, die er da draußen töten mußte. Auf eine wunderbare Art fällt Surfen aus den Erzählungen über Tod und Veränderung heraus – es ergibt im Grunde keine Geschichte. In Gesprächen und Texten darüber hört man selten etwas über das eigentliche Surfen. Drei Stunden mit der tollsten Brandung in deinem Leben sind einfach nur das – nichts, worüber man etwas erzählen könnte. Man geht raus, kommt rein, surft und verbringt den größten Teil der Zeit mit Treibenlassen, Warten, Herumfahren. Man kann zwar das aufregende Gefühl beschreiben, wenn man nach dem Anpaddeln die Welle runtersaust, wird aber in Not geraten, wenn man schildern will, wie sich das Wasser bewegt, wie sich verschiedene Bewegungsvektoren anfühlen, die wilde Vitalität des Ganzen. Man kann drüber reden, dass man radikal carvt oder auf der Lippe reitet. Doch selbst dann, wenn sich der Zuhörer das Pulsieren der Welle tatsächlich vorstellen *kann* und sich ausmalt, wie aufregend es ist, auf dieses übernatürliche Strömen der Wellen zu reagieren und sich ihnen wieder zu entziehen, während sie donnernd auf ein Riff brechen, ergibt das noch immer keine Geschichte. Die gebrochene Achse eines Lkw und der sechsstündige Gewaltmarsch durch die Baja-Wüste, um Hilfe zu holen, all das kann noch Jahre später wiederholt werden; viel eher als ein «Ich hatte noch diesen superspäten Drop geschafft, und dann baute sich die Welle zu einer irren Tube auf, bevor sie einfach zumachte».

Eine Surfsession ist also ein unbedeutendes Ereignis außerhalb der linearen Zeit. Sicher, du kannst deine letzte Welle erwischen, doch wird das weniger der natürliche Schlusspunkt einer intensiv erlebten Erzählung sein als eher der Moment, an dem der Kreis durchtrennt wird. Anstelle von Bedingungen – beispielsweise einer guten Westdünung oder einem leicht ablandigen Wind – erzählt man sich von entspannten Zweimeterwellen nahe am Ufer. Kein Konflikt, keine Krise und keine Lösung; kein schwer zu erreichendes Ziel, kein

Kampf zwischen Mannschaften oder zumindest gegen den eigenen Schweinehund. Kein Hindernis, das man gegen große Widerstände überwindet – ja, das Schwierigste beim Surfen geschieht, bevor man auf dem Board auf die Füße kommt. Deshalb sind Gespräche mit Nichtsurfern etwa so, als erzählte man: «Ich bin heute rausgegangen und habe masturbiert, und es war toll.» Wen schert's? In der reichen Tradition der Geschichten über das Wellenreiten geht es eher darum, was man davor und danach gemacht hat, weniger um das Surfen selbst – außer vielleicht im Fall einer enorm großen, gefährlichen Welle. Gewiss, jeder kann die Freude nachempfinden, die das Meer bietet – Vögel, Fische, Delphine, Seehunde und Otter und vielleicht Haie und Seetangstränge, die in der Dünung umhertreiben und hier und da ihre Meereshexenköpfe herausstrecken – möglicherweise kann man sich sogar ausmalen, wie sich der kristallene Vorhang ringsherum senkt, oder sich die unbändige Freiheit vorstellen, wenn man in den goldenen Ball einer sinkenden Sonne gleitet. Trotzdem ergibt es keine Geschichte. Und deshalb ist die Haltung, selbstgefällig mit einem «Wenn du schon fragst …» zu antworten, die mangelnde Artikuliertheit als Elitebewusstsein auszugeben, weit verbreitet: «Nur ein Surfer kennt dieses Gefühl.» Man hört oft den Vergleich von Surfen mit Sex; eine ziemlich gewagte Analogie, außer vielleicht, was das selbstvergessene Teilhaben an einem energiegeladenen Geschehen betrifft, das ständige körperliche Reagieren auf ein sich änderndes Medium, was – bestenfalls – alle Gedanken an Vergangenheit und Zukunft auslöscht. Willie drückte es später einmal so aus, dass Surfen für ihn einem japanischen Tanz auf Reispapier ähnele, bei dem der Tänzer so vorsichtig auftritt, dass das Papier nicht zerreißt. Er meinte, dass jede Welle alles, was zuvor geschehen sei, fortspüle. Und an jenem Tag am «Chums», während ich aus einer Welle rauspaddelte und im Gefühl eines grandiosen Wellenritts schwelgte, bemerkte ich, dass ich mich an nichts Besonderes erinnern konnte, nicht einmal an die ungebrochene Wellenwand, die hereinrollte.

Als es dämmerte, waren wir alle erschöpft und doch aufgekratzt. Die Sonne glitzerte hinter den Wolken wie eine blutige Muschelschale in einem grauen Teich. Im Norden, oberhalb der Insel vor der Küste rahmte ein erster Flecken Blau ein Stück Regenbogen, dann klarte der Himmel über uns auf, und ein riesiges Bollwerk aus weißem Nebel erglühte hellrosa. Willie erwischte eine letzte Welle. Und während ich auf meine wartete, dachte ich, wie furchtbar es wäre, entzweigebissen zu werden, nachdem man sich schon zum Gehen entschlossen hatte – wie ein Polizist, der am Tag seiner Pensionierung erschossen wird. Doch dann erschien meine letzte Welle, ein stilles Geschenk, schimmernd und silbrig-weich, ohne Gebrüll, Gebell oder Gebeiße; hob mich auf einer hundert Meter langen Wand, die ich kaum sah. Als wir auf dem Schieferplateau standen und unsere klammen Neoprenanzüge auszogen, am nassen Gummi zerrten und fuchtelten, um alle Gliedmaßen freizubekommen, wehte eine laue Brise von den Klippen herunter. Plötzlich spürte ich Gewissensbisse, auch wenn ich keine Ahnung hatte, warum. Weil ich nicht weiterkam im Leben? Zeit verlor? Den Zug des Lebens verpasste? «Wir werden am Himmelstor bestraft werden, nicht wahr?»

«Nein», sagte Willie. «Gott interessiert sich nicht für so was.» Leider klang diese Versicherung nicht ganz überzeugend in seinem Alter. Was immer er sich im Leben beweisen musste, hatte er anscheinend bereits bewiesen.

Besorgt blickte ich mich nach Vince um. Er blies die Backen auf, als wollte er sagen: Lass mich da bloß raus. Damit erklärte er sein unveräußerliches Recht, sein frei gewähltes Leben zu genießen. Über uns auf der Klippe hockte ein großer

Habicht mit goldfarbener Brust auf einem runden Felsen. Er hatte sich niedergelassen, um in die letzten Strahlen der untergehenden Sonne zu sehen, war aus den Wäldern zurückgekehrt, um einen irdischen Augenblick wahrzunehmen; und so sah er aufs Meer, wo das sanfte Blau am äußersten Rand der Welt verschwamm. Ich konnte dem Habicht seine Verzückung nicht verdenken. Schließlich ist das Gefühl der Leere abhängig davon, ob man (un)fähig war, dem betreffenden Raum einen Sinn abzugewinnen. Später dann, als wir nach Hause fuhren, ging der violette Vollmond über der Bucht auf, die wie eine japanische Berglandschaft in nebligen, waldigen Gestaden verblasste. Die Farbe, ja selbst die Wasseroberfläche schienen nicht mehr und nicht weniger als Wind zu sein: Manche Winde sind prächtig, andere aggressiv, chaotisch oder schwächlich, aber an jenem Abend war der ablandige Wind reine Kunst. Und während sich Vince und Willie darüber unterhielten, wie es vor zwanzig Jahren hier oben gewesen war, als nur eine Hand voll Surfer diesen Spot kannten, dachte ich mir, dass etwas von der Liebe des Neuengländers zum Herbst in der des Kaliforniers zum Surfen liegt – ein amerikanisches Gefühl für Ort und Region. Die Altvorderen schwelgten immer in der Erinnerung an die vielen Sommer, die sie unter der inzwischen verschandelten Pier verbracht hatten, an die Abende als Teenager an Stränden, die nun unter Wohnkomplexen begraben liegen, an die Art, wie sie tatsächlich *aufgewachsen* waren an einem heute berühmten Surfstrand – so als wollten sie sagen, ich bin mehr ein Teil dieses Lebens, als die meisten Amerikaner Teil des Lebens irgendwo sind. Ein tiefgründendes Beharren auf Authentizität, der Glaube an eine Identität, die die amerikanische Kultur nicht belohnt, und die Bitte um Verständnis für all die Werte und Disziplinen, die keine Antwort darauf geben, ob das, was wir mit dem Leben anstellen, einen Sinn hat.

WINTER

Some lucky day each November
great waves awake and are drawn
Like smoking mountains
bright from the west.

Robinson Jeffers
November Surf

Winter hier fühlt sich an, als treibe man in kühlem Fruchtwasser, er bedeutet hier nicht den Tod vor einer Wiedergeburt – eine Puderschicht Schnee kann auf den Gipfeln der Hügel bei Temperaturen von 20 °C im Sonnenschein etwa eine Woche lang liegen bleiben, um dann in einem Monat Dauerregen fortgewaschen zu werden. Aber diese Zeit, anders als der Ostküstenwinter oder der kalifornische Sommer, ist keine tote Zeit, sondern bringt alles zum Wachsen. Und die großen Tiefdruckgebiete, die sich vom Nordpazifik her anbahnen, wühlen eine fast beständige Nordwest-Dünung auf, solange ein kalifornisches Hoch sie alle über Oregon hinweg und nach Idaho ziehen lässt. Wenn aber dieses Hoch über unserem Kopf zusammenbricht, schwenken die Stürme die Küste entlang und lassen die Wellen direkt auf uns niederkrachen, was nichts Gutes verheißt. Alles kommt kreuz und quer. An einem solchen chaotischen Tag war Willie dann wirklich glücklich, wenn er ein paar Dollar verdiente, und Vince riss entweder seine Sprechstunden herunter oder surfte an einer Stelle, von der er mir nichts erzählt hatte, und ich kämpfte mich am Point mit einem sich gerade lichtenden Sturm ab, während eine neue dunkle Wolke hinter den Hügeln am Himmel aufstieg. Ein neuer Streifen schlechten Wetters, gelegentliche Regentropfen aus den Wolken fielen in die Pfützen von gestern und kräuselten die Spiegelung des klaren Himmels. Frische gelbe Senfpflanzen waren zwischen den Stürmen aufgetaucht und hatte ein bisschen Fröhlichkeit in all das harte, trockene Grün der Berge gebracht, und sogar die Kornweihe kreiste niedrig über den durchweichten Resten der Hemlocktannen. Schwalben tschilpten hungrig über den morastigen Feldern, noch nicht so aufgeregt, wie sie in ein, zwei Monaten sein würden, piepsten sich zu und hüpften dabei über ein Wasserrinnsal am Wegesrand. Kleine Disteln und Farne, frischgrün und lebendig, dufteten nach Überfülle unter der Fäulnis, nach Anschwellen und Blühen, wenn das Gras aufging. Im Wasser ritt ich ein paar kleine, ungeordnete Wellen. Einige Delphine schwammen heran, und dann kamen keine weiteren Wellen. Es wurde ganz ruhig, abgesehen vom Kreischen der Möwen und Plätschern eines auftauchenden Seetauchers – schon etwas seltsam nach dem Getöse der Wellen. Ein großes Stück Seetang ähnelte einem menschlichen Kopf, und grüne Fettpflanzen hingen von der Klippe wie Moos. Der Geruch von Seegras, während die Wolken sich in Spiralen und Schichten verschmierten ... es war schon merkwürdig, keinen Otter, keine Robbe und keinen Seelöwen zu erblicken. Die Delphine waren längst fort, und ich lungerte in der Nahrungskette herum. Wenn ein großer Hai hochkommt, heißt es, sehe man zuerst einen «Fußabdruck» hochsprudelnden Wassers – ungefähr so wie dieses Gebrodel überall um mich herum. Ich spürte meine Blase, als ich mich an den Geruchssinn des Weißen Hais erinnerte, der den Urin von Säugetieren in einer Auflösung von eins zu zehn Millionen ausmachen kann. (Wie oft wohl Pinkeln ein fatales Ende hat?)

Meine Gedanken an Haie lenkten meine Augen zurück an Land, wo ein Bestand schiefergrauer Monterey-Pinien von der Klippe aufragte, dicke, windschiefe Stämme mit ein paar breiten Ästen; keine schwankenden Blätter oder unwürdige kleine Zweigchen. Ich vergaß den Tod und sah, wie diese Bäume das Wasser nicht beachteten, das sie bereits doppelt so lange, wie ich schon lebte, nicht beachtet hatten, und fragte mich, wie dieses dunkle, seit Jahrzehnten windgepeitschte Baumgestrüpp mir hier im Wasser jeden Tag einen fast greifbaren Frieden vermitteln konnte, einen Anker würdevoller Gleichmut. Denn das tat es seit kurzer Zeit, in der Art, in der die Ansicht eines Tempels am Fluss einer Stadt einen Einheimischen Jahr für Jahr über die sich ständig verändernde Mixtur von Straßenmüll hinwegsehen lassen kann und sogar über den erbärmliche Geschmack der Geistlichen in Bezug auf die neuen bunten Fenster. Die Art, in der diese Bäume sich nach Südosten lehnten, ohne sichtbaren Anstoß, beschwor jetzt einen ruhigen, genau bemessenen Ablauf der Zeit herauf, so als wollten sie sagen: Du hast gefunden, was du brauchst; immer aufs Neue werden Wellen sich unter diesen Bäumen und über diesem Riff brechen und dir weiterhin all das geben, was du von ihnen erwartest. So wie für andere wohl ein Fluss zum Angeln oder eine Skiloipe, ein Ort also, dessen Geometrie lange genug vor Augen geführt wurde, um für immer im Zentrum seines Vorstellungsvermögens zu stehen. Merkwürdig war auch, dass mich nur mein tägliches Ausschauhalten niemals dazu gebracht hätte, diese kleine Bucht als mein gesetzlich angetrautes Leben anzunehmen; erst dadurch, dass ich mühselig in dem Wind trieb, der diese Äste krümmte, sodass ich einen Strang Seetang fest um meinen Oberschenkel schlingen musste, erst dadurch war es so weit gekommen.

Ich weiß das, weil ich vor ein paar Tagen an einem dieser seit Wochen fürchterlich verregneten Nachmittage hier heraufkam, um die Küste zu schmecken. Wir hatten kaum eine Brandung gehabt, auf der man hätte surfen können, weil die Stürme direkt über uns lagen. Am besten sind die ein paar hundert Meilen entfernten, denn sie wühlen die Grunddünung auf, ohne die Oberfläche am Surfspot zu stören. Doch an dem Tag fiel der Regen auf stürmisches Wasser, und über den ganzen Strand verteilt lagen Treibholz und Styroporstücke sowie eine grüne Flasche. Als ich den Weg hinabgeschlittert war, sah ich das Kreuz, das jemand im Sand aufgepflanzt hatte, zwei Stück Treibholz, vertäut mit einem Strang Seetang, dem Ozean zugewandt. Beim weiteren Umsehen stellte ich fest, dass jemand insgesamt neun Kreuze entlang des Meeres aufgestellt hatte (in seinem allzu menschlichen Zwang, Ordnung in Entropien zu bringen und eine Entropie von Ordnung zu erschaffen); und es sah so hoffnungsfroh aus, war wie ein zartes, kleines Zeichen Gottes inmitten all dieser grässlichen Zeugnisse. Ich war beeindruckt von dieser Geste, zu der ich nie imstande gewesen wäre, die in mir aber auch eine Nostalgie für das auslöste, wie hier das Leben einst gewesen sein mochte. Ich trieb also in meinem Neoprenanzug mit Reiß- und Klettverschlüssen auf von Fiberglas umschlossenem Polyäthylenschaum, schaute zurück auf den aufgeweichten Strand und stellte mir vor, wie zwischen reetgedeckten Hütten, Haufen aus Vogelknochen und Austernschalen Feuer brannten und vielleicht eine Frau in den Ebbesielen stocherte und einen Korb mit Schalentieren füllte. Nennen wir es den Fluch des Amerikaners, dass er sich diese Welt immer ohne sich selbst vorstellt, aber ich konnte nicht anders. Ich malte mir aus, wie ein paar Jungen einem gestrandeten Wal Fleisch abschnitten, während in der Nähe ein Grizzly herumtappte und ein Kondor mit über zwei Meter Flügelspannweite darüber kreiste; wie Männer im Morast Enten jagten, während andere in einer Mulde Muscheln und Eicheln backten. Vielleicht trieb ein Mann (vielleicht ein Ohlone-Indianer?) genau hier, wo ich auf eine Welle wartete, in seinem Reetboot und fischte mit dem Speer. Als Nomaden innerhalb eines kleinen Territoriums wanderten sie ein paar Meilen nach hier, ein paar Meilen nach da; von Schalentieren zu Flusslachs, von Eicheln in den Hügeln zu Samen in den Wiesen. Die Notwendigkeit solchen Umherziehens preisend, schreibt Bruce Chatwin in seinem Buch *Songlines*, dass «die natürliche Selektion für uns gemacht war – angefangen bei der Struktur unserer Gehirnzellen bis hin zur Struktur unseres großen Zehs –, für einen Werdegang saisonbedingten Reisens zu Fuß». Ich frage mich, ob unsere Definition von Reisen nicht inzwischen von den zeitgemäßen technischen Möglichkeiten bestimmt wird; wir nennen es kaum noch Reisen, es sei denn, es steht in Verbindung mit einem Flug in eine andere Zeitzone, einen anderen Kontinent. Aber sicherlich entspricht etwas an dem langsamen Umherwandern durch die Heimat dem Bedürfnis nach jahreszeitlich bedingter Bewegung – genau wie Vince es proklamierte. Immerhin kommen Dünung und Wind an der Küste zu jeder Jahreszeit aus ganz unterschiedlichen Richtungen, und zwischen der Nord- und der Südgrenze von Santa Cruz County liegen Riffe und Sandbänke, die für praktisch jede Art von Brechung sorgen. Langsam zieht man von einem Surfspot zum anderen durch das Jahr, von einem bestimmten Strand bei Flut oder einem Ebbe-Riff im Herbst zu einer anderen Kombination im Winter und zu wieder anderen im Frühling und Sommer. Unsere Jahreszeiten sind subtil, nicht deutlich ausgeprägt, und sie wechseln auch nicht rasch. Wir haben sommerliche Bedingungen im Februar und gelegentlich Stürme aus Norden im Mai; doch ein Surfer auf der Suche bekommt im Laufe eines Jahres fast jeden Zoll der dreißig Meilen langen Küste zu sehen. Es ist, als ob das Surferleben hier eine Zelebrierung der Welt vor der eigenen Haustür im Sinne von Thoreau und zugleich von Chatwins Weltenbummelei (wenn auch auf einem kleinen Globus) wäre.

Und die Ohlone-Variante dieser Wanderung resultierte in einem verlockenden Garten Eden: Gelegentliche kriegerische Auseinandersetzungen forderten nur selten Leben; sie hatten viel zu essen und brauchten wenig Besitz. Nach jeder kleinen Strecke, die sie weitergezogen waren, bauten sie sich neue Hütten und Boote und konnten sich mit den je nach Jahreszeit verfügbaren Köstlichkeiten den Wanst voll schlagen. In den 1880er Jahren schrieb José Espinosa y Tello, dass ihr Leben ewigen Ferien ähnele, wie Reisende nach ihrem Besuch der Pazifikinseln bezeugen konnten. In ziemlich kolonialistischem Ton bemerkt Tello, dass «ihre Wünsche nur dahin gehen, genügend Essen für den Tag zu haben, ohne sich dafür allzu sehr verausgaben zu müssen», und sie deshalb «eine außergewöhnliche Trägheit und Stumpfheit an den Tag legen, sodass sie ihr Leben in ständiger Untätigkeit und Zeitvergeudung verbringen und jede Art von Arbeit und Anstrengung mit Entsetzen betrachten». (Isabella Bird und Hiram Bingham hätten dem beigepflichtet.) Aber gewiss hat die Gegenwart ihren Wert: Während Hunderte von Pott- und Buckelwalen nicht mehr länger zwischen den Kelp-Betten treiben und Millionen Heringe nicht länger die Navigation in der Bucht behindern (1863 beging ein riesiger Heringsschwarm Massenselbstmord, indem er an der Küste strandete und drei Meilen Strand vor Santa Cruz mehr als einen halben Meter hoch mit totem Fisch bedeckte), sind zumindest Otter, Seelöwen – deren Genitalien getrocknet nach China exportiert werden, um die Vitalität der Alten zu stärken – und See-Elefanten, die alle fast bis zum Aussterben gejagt worden waren, zurückgekehrt. Und sogar die Ohlone, das nomadische Volk an der Pazifikküste, schufen sich ihr Reich. Sie brandrodeten das angeschwemmte Land, um das Baumwachstum niedrig zu halten, und ernteten diese Bereiche zwischen den Gezeiten ab. An Hängen, an denen jetzt im Herbst die Kürbisse orange wurden und Senfpflanzen gelb blühten, fächelten auflandige Brisen den von den Indianern gelegten Buschfeuern Luft zu. Das Leben der Ohlone fand kurz nach der Ankunft der Missionare ein Ende: Das Volk umfasste beim Eintreffen der Missionare ungefähr 11000 Menschen, um 1924 waren es noch 56. Malcolm Margolin schreibt in *The Ohlone Way*, dass zu den wenigen Überresten dieser Kultur eine Zeile aus einem Lied gehört. Während ich hier vor so viel Weite surfe, erscheint mir diese Zeile ausgesprochen sinnvoll: *Wir tanzen auf dem Rand der Welt*.

Eine andere Formulierung meiner ursprünglichen Frage: Wie wird ein schottisch-irischer Surfer am Ende des 20. Jahrhunderts ein Bewohner der Westküste Nordamerikas und glaubt an sie? Indianische Gedanken bieten ein hübsches Gegengift für unseren Wahnsinn, aber nur der Wahnsinn gehört uns, also muss ein Teil der Antwort in den kursierenden Geschichten unserer Kultur liegen: Ökosysteme und Biotope, natürlich, und sogar kultische Stätten der Einheimischen, aber auch, wer wen tötete, was sie aßen, was sie beim ersten Anblick von was auch immer sagten. Also ab in die Bibliothek, um bei den weißen Burschen nachzuschlagen, die uns hierher brachten, um einen vorgetäuschten Ursprungsmoment zu finden: beispielsweise das Jahr 1542. Noch ehe jemand auf den Hügeln Neuenglands eine Stadt gebaut hatte, ging Juan Rodriguez Cabrillo mit seinem kleinen Holzschiff vor dem heutigen Monterey vor Anker. Er war am Dienstag, dem 27. Juni, um die Mittagszeit aus Navidad in Baja California, das in spanischer Hand war, losgesegelt und wollte weiter an der kalifornischen Küste entlang nach China, um neue Märkte zu eröffnen, ein paar weiße Flecken auf der Landkarte auszufüllen, und er sollte der erste Europäer werden, der diese herrliche Bucht mit ihren verschwiegenen Winkeln und Stränden sah. Vielleicht träumten Cabrillo und seine Männer von einem nördlichen, goldbeladenen Aztekenreich oder vom edlen Ritter, der vor einer Insel namens Kalifornien festmachte, die von bildschönen schwarzen Frauen bewohnt war, die ihn nur an Land ließen, um für Nachkommen zu sorgen. Cabrillos Schiff segelte nach Norden, vorbei an den öden Wüstenständen der Baja-Halbinsel; die Männer sahen, wie die Küste immer grüner wurde, Monat für Monat, sahen riesige Herden Seelöwen, wogendes Kelp, das Seegras auf dem Meeresgrund und hier und da mal einen Indianer. Nach der Umrundung von Rosario Bay und Baja Point kam Cabrillos Schiff, die *San Salvador*, in wahrlich noch nicht vermessene Gewässer. Gelegentlich hielt Cabrillo auf der Strecke, um das Land für den spanischen König zu besetzen; wahrscheinlich so, wie es Ulloa im Innern des Landes gemacht hatte: Eine Hand am Schwert, verkündete er dem schweigenden Wald, er würde für das, was er getan habe, einstehen; haute Pinien um, versetzte Steine von hier nach da, goss Meerwasser aufs Land und pinkelte an den sprichwörtlichen Baum.

Überall warteten die Aufgaben Adams auf ihn: Landzungen und Buchten und Inseln nach den Heiligen zu benennen, denen man wiederum den Tag der Entdeckung widmete; eine Art, diesen Heiligen für ihre unmittelbaren und unentbehrlichen Beistand zu danken, durch den sie das Leben der Entdecker schützten. Dadurch hinterließ Cabrillo ein Vermächtnis spanischer Eigennamen für heutige Schulen, Straßen und Städte, das sogar noch flächendeckender ist als das der Gründungsväter. Cabrillo kam bis Point Reyes fünfzig Meilen nördlich von San Francisco, einer herrlichen Landzunge, die durch den San-Andreas-Graben vom Festland abgebrochen war. Er benannte sie Cabo de los Pinos nach den heute verschwundenen Wäldern aus Redwood, Fichten und Pinien. Überraschenderweise übersah er das Kronjuwel: die Einfahrt zur Bucht von San Francisco – vielleicht war sie von Nebel verborgen. Cabrillo kehrte nicht eher um, als bis er die Mündung des von Weiden flankierten Russian River erreicht hatte. Am 16. November trat er die Heimfahrt an, das Schiff umrundete den Point bei Santa Cruz, wo eine Nordwest-Dünung, die sich über die Riffe quälte und an den Sandbänken zu Tubes auftürmte, die Männer davon abhielt, an Land zu gehen; in einem Moment besonderer Inspiration nannten sie die Bucht Baya de los Pinos. Tage später segelten sie Big Sur entlang in Richtung Süden, wo die Bergketten direkt ins Meer abfallen, und berichteten von schneebedeckten Gipfeln und weiß vereisten

Klippen – ein Beweis für das völlig andere Klima damals. Aus Angst vor dem nahenden Winter wollten sie schnell weiter nach Süden und machten auf einer Insel vor dem heutigen Santa Barbara Halt. Während sie die Lecks am Schiff reparierten und ihre kranken Seeleute ausruhen ließen (die an Erkältungen, Skorbut, Unterernährung und Erschöpfung litten), wurden sie von feindseligen Einheimischen überfallen; Cabrillo wollte am Kampf teilnehmen, aber das gebrochene Schienbein, das er sich beim Sprung an Land zugezogen hatte, kostete ihn das Leben.

Seit der Zeit, in der Cabrillos Schiffe nach Baja zurückkehrten, erhoben die Spanier Ansprüche auf die nordamerikanische Westküste, weil sie sie entdeckt hatten. Ist doch nur fair, oder? Immerhin haben sie sie *gesehen*. Und später im 16. Jahrhundert entsandten sie noch ein paar Abenteurer: Francisco Galli, der gerade von den Philippinen kam, erhielt den Befehl, nach einem sicheren Hafen an der Westküste Ausschau zu halten; er hielt kurz bei Pillar Point, heute Standort einer nordamerikanischen Luftabwehr-Radarstation. Pillar Point macht einen scharfen Bogen nach Süden und bietet guten Schutz vor nordwestlicher Dünung, aber wenn Galli dies als Hafen für sein Königreich nicht geeignet schien, mag das daran gelegen haben, dass es der einzige Ort in Alta California ist, an dem über neun Meter hohe Wellen vorkommen; vielleicht ist er gar an einem Tag vorbeigekommen, an dem das Tiefseeriff, bekannt als Mavericks, «abging», wie wir sagen. Und 1594 bekam Kapitän Sebastián Cermenon den ähnlichen Befehl, einen sicheren Hafen für aus Manila zurückkehrende Galeonen zu finden. Er setzte sein Schiff an einer der Farallon-Inseln in den haiverseuchten Gewässern vor dem Golden Gate auf Grund. Zusammen mit siebzig anderen schaffte er es zur Drake's Bay, wo sie ein Boot aus einem Baumstumpf hauten. Allzu gerne stelle ich mir ihre verblüfften Gesichter angesichts der unberührten Bestände über neunzig Meter hoher Redwood-Bäume direkt an der Küste vor, oder wie sie all die Wochen an diesen verlorenen Gestaden verbrachten, Holz hackten und den Baum aushöhlten, Grizzlys aus dem Weg gingen und Elche jagten. Zusammengepfercht in dem hohlen Stamm, hungernd, stinkend und sterbend, segelten sie (man stelle sich das vor) zweitausendfünfhundert Meilen hinunter nach Acapulco, unter Wind und Dünung aus Nordosten, direkt hier vorbei über den Kelp am Point, zwischen Tausenden von Walen, die nach Süden zogen. Es gibt keinen Zweifel, dass sie sogar in die Monterey Bay trieben, um Süßwasser zu finden, durch Heringsschwärme hindurch, und auf den Dünen Antilopen äsen sahen. Die Bucht muss ihnen wie ein Stück Paradies erschienen sein: ein warmes Tiefland an der Küste, umgeben von grünen Bergen, Lagunen, die von mehreren Flüssen gebildet wurden, ehe sie ins Meer mündeten, vielleicht der Rauch zahlloser Indianerdörfer.

Drei Monate nach Gallis Rückkehr segelte Sebastián Vizcaíno nach Norden, um dasselbe Paradies zu erkunden und zu besiedeln; Winde drängten ihn beim ersten Mal zurück, aber sechs Jahre später versuchte er es erneut und gelangte unbeschadet zum Cap Mendocino. Auch er machte die merkwürdig existenzielle Erfahrung, dass die Welt auf seiner Durchreise so hieß, wie er sie nannte. Nachdem sich am 14. Dezember dicker Nebel gelichtet hatte, sah er eine riesige Bergkette an der Küste (südlich von Monterey Bay) und darüber ein Tal mit einem Fluss, der ins Meer floss. Die Bergkette wurde zur Sierra de la Santa Lucia, der Fluss zum Rio del Carmelo zu Ehren der Karmeliter. Obwohl völlig unpassend, wurden die Namen als Dank dafür gegeben, dass die Entdecker durch die Gebete der Karmelitermönche am Leben geblieben waren. Dann umrundete das Schiff eine hohe, bewaldete Landspitze, die sie Punta de los Pinos nannten – heute Point

Pinos –, und gingen am 16. Dezember 1602 vor Anker. Sie benannten Cabrillos Baya de los Pinos um, zu Ehren ihres Gönners, des Conde de Monterey. Über die Bucht schrieb Vizcaíno, dass alles «so war, wie man es sich nur wünschen konnte, ihre Weiträumigkeit und Eignung als Zwischenhalt für Schiffe auf der Fahrt zu den Philippinen. Dieser Hafen ist von allen Winden geschützt ... und dicht besiedelt von Leuten, die ich von nobler Veranlagung, friedlich und fügsam befand.» Damit war Monterey, die im Dunst des Horizonts südlich vom Point bedrohlich aufragende Landspitze – diese dunkle Silhouette der Berge mir stets zur Linken, wenn ich auf eine Welle warte – auf der Weltkarte.

166 Jahre sollten vergehen, ehe erneut Europäer mit kolonialen Absichten vorbeikamen. Aber die Galeonen nach und von Manila kreuzten weiter vor der Küste, und vielleicht sahen hin und wieder Indianer nachts das Licht einer Laterne weit draußen auf See; Indianer, die nach Vizcaínos letzter Reise geboren und vor Portolás langem Marsch gestorben waren. Zweifellos legte von Zeit zu Zeit ein Schiff an, um Wasser zu holen oder einen gebrochenen Mast zu flicken; keine Entdecker, sondern Kerle, die arbeiteten und dafür bezahlt wurden. Ein Berufsmatrose hätte ein Leben lang an einer Küste vorbeisegeln können, an der nur wenige Orte einen Namen in seiner Sprache hatten, vorbei an dieser Landspitze, auf der Buschfeuer den Hügeln nachts eine Silhouette gaben. Er hätte in seinem Leben drei- oder viermal dasselbe Indianerdorf gesehen und sich dabei Fragen über das Leben gestellt, an dem er hier vorübertrieb, die Sierra und Rocky Mountains weit im Innern des Landes, Puritaner irgendwo dreitausend Meilen entfernt im Kampf gegen die Pequots. Vielleicht hätte er Kodiak-Indianer in ihren *baidarkas* gesehen, den Kajaks aus Walknochen und Robbenhaut, die in einer langen stillen Reihe rund um den Point trieben. Der Otter wäre damals nahe

dem überwachsenen Felsbrocken aus dem Meer aufgetaucht und hätte ein Spritzen im ruhigen, glasklaren Morgen gehört, er hätte sich aufgerichtet, den Verursacher gesehen und wäre wieder abgetaucht. Die Jäger hätten sich über die Bucht ausgebreitet und ein paar Minuten gewartet, bis der Otter wieder an die Oberfläche kam, um Luft zu holen; sobald sein Kopf aufgetaucht wäre, hätte einer der Jäger geschrien, bis er wieder abgetaucht wäre. Und noch einmal, bis er aufgetaucht und einen Moment zu lange nach Luft gejapst und gebannt auf einen roten, fast zwei Meter langen Speer mit Widerhaken und eingebrannten Jagdszenen samt Otterkerbholz gestarrt hätte. Als königlicher Pelz Chinas, Robenbesatz der Mandarine, standen Otter im Mittelpunkt des Interesses bei der darauffolgenden Besiedlung der Westküste; allein die Russen holten sich 1811 neuntausend Felle aus der Bucht von San Francisco, während am Strand Amerikaner auf Trittleitern wahllos Schüsse abfeuerten und darauf hofften, ihr Zufallstreffer würde an Land gespült werden. Sogar in den dreitausend Jahre alten Abfallhaufen einheimischer Indianer sind Otterknochen zu finden: Ohlones erschlugen sie am Strand, breiteten Netze über dem Kelp aus oder warteten darauf, dass eine Mutter nach Nahrung tauchte; banden dann dem Jungen eine Schlinge um den Fuß und zogen daran, damit es heulte und so das Muttertier zurückholte. Gut sind Otter jedenfalls darin, Angriffen aus dem Weg zu gehen. Sie schwimmen klug unters Boot, hinein in Strömungen und windwärts, sogar unter Brecher und zwischen gezackte Felsen, wohin kein Boot ihnen folgen kann. Berichten zufolge reißen sie sich mit den Zähnen Pfeile aus dem Körper und weinen wie kleine Menschenkinder. Heute hat die Wirtschaft für solch schäbige Ressourcen keinen Bedarf mehr; nur noch Weiße Haie jagen Otter, reißen jährlich Hunderten von ihnen den Kopf ab, ohne sie zu fressen, so wie bei dem, den ich am Chums gesehen hatte. So hat diese Kreatur, die einst offen an sonnigen Stränden schlief und dann lernte, dem geringsten menschlichen Geruch oder Geräusch mit Misstrauen zu begegnen, heute etwas von ihrer Angst vergessen.

Die Russen hatten gegen Ende des 18. Jahrhunderts die Beringsee überquert, und es waren ihre von Alaska nach Süden vordringenden Otterjäger, die den spanischen König Carlos III. zunehmend unruhig werden ließen. Um seinen Besitzanspruch zu sichern, entsandte er Don Gaspar de Portolá zusammen mit vierzehn Franziskanermönchen, um die Jesuiten in Baja California zu enteignen und Missionen in San Diego und Monterey einzurichten. Portolá marschierte mit vierzig Kavalleristen und fünfundzwanzig Infanteristen (ebenso mit dreißig christlichen Indianern für die harte Arbeit des Wegesuchens und Flüsseüberquerens) von San Diego direkt hierher. Bei Etappen von zwei, drei Meilen pro Tag und mit Pferden, die nachts wegen eines Fuchses oder durch einen Windhauch aufschreckten, erscheint dies wie eine unvorstellbar mühsame Reise. Nach einer qualvollen Überquerung der Santa Lucia Mountains hielten sie dort, wo der Salinas River in die Bucht fließt, und sandten Soldaten aus, um den legendären Hafen von Monterey zu finden; sie konnten einfach nicht glauben, dass die weit offene *ensenada*, die sie sahen, der geschützte Hafen sein sollte, von dem Vizcaíno so geschwärmt hatte. Tagelang suchten sie und hielten am Mittwoch, dem 4. Oktober 1769, in niedergeschlagener Stimmung Rat. Nach der Messe beschlossen sie, weiter nach Norden vorzudringen. Sechzehn an Skorbut erkrankte Männer konnten jetzt ihre Gliedmaßen nicht mehr bewegen und wurden tagsüber in Hängematten zwischen Maultieren getragen und nachts mit Öl abgerieben. Sie waren ein verlorener, desorientierter Haufen verwundeter, murrender Priester, der durch das Beinahe-Paradies steinzeitlicher Indianer trottete. Viele

Einheimische flohen aus ihren Dörfern angesichts dieser Reiter in ihren Rüstungen aus Wildhäuten, deren Musketen ein meilenweit zu hörendes Echo in der vorindustriellen Stille auslösten. Bruder Juan Crespi beschreibt das Entsetzen der Indianer – was man auch als ungeheuren Weitblick deuten kann: «... sie rannten wild durcheinander, ohne zu wissen, was sie taten. Einige liefen zu ihren Waffen, andere riefen und schrien, die Frauen fingen an zu schluchzen. Die Soldaten taten alles, was in ihrer Macht stand, um sie zu beruhigen ...»

Am 17. Oktober überquerte die Gruppe einen Fluss, den sie San Lorenzo nannte und der mitten durch das heutige Santa Cruz verläuft; genau der Fluss, von dem aus 1880 die hawaiianischen Fürsten losgesurft waren und an dem in den fünfziger Jahren andere Surfer campiert hatten; der Fluss, der den Seabright Beach unterhalb meines Häuserblocks von den grünen Stahlrohren trennt, auf denen die Achterbahn am kitschigen Boardwalk steht. (Der San Lorenzo schwemmt immer noch bei starkem Regen eine braune Brühe in die Bucht, verteilt noch immer den Schutt und die giftig durchseuchten Abwässer der Santa Cruz Mountains über den Sand, wo man Treibholz sammeln, Tempel bauen oder eben neun Kreuze errichten kann. Manchmal spült der Fluss sogar eine Sandbank auf, die lupenreine Klopfer erzeugt.) Dann zogen Portolá und seine Männer weiter nach Norden, vorbei an meiner kleinen Bucht, dem Point, und wenn der Oktober so war wie sonst, dann war das Wetter freundlich, der Himmel klar, wenn die Sonne über diesem fremden Meer unterging. Vielleicht sahen sie am Horizont sogar eine Galeone und fühlten sich den Männern an Bord verbunden. Am 20. Oktober waren sie nahe Punta Año Nuevo und campierten am Waddell Creek; sie wussten es zwar nicht, aber sie waren direkt auf dem Weg zur Bucht von San Francisco. Eines Tages wurde eine Gruppe Männer zur Jagd in die Hügel geschickt und sichtete eine riesige Lagune im Landesinnern, umgeben von Wäldern, Indianerdörfern, von denen Rauchsäulen aufstiegen, glaubten jedoch, es sei der nördliche innere Arm der winzigen Bolinas-Lagune; flach, voller Vögel und Robben (wo meine Familie meist den Unabhängigkeitstag verbrachte und die Audubon Society heute eine Ranch hat). Sogar die äußere Küste vor San Francisco mit den sieben weißen Farallon-Inseln und Point Reyes in der Ferne schienen kaum mehr als eine weitere, ungeschützte *ensenada*. Irgendwie sahen die Männer nie die Öffnung der Bucht zum Meer, setzten die Einzelteile nicht zusammen. Feindliche Indianer und verbranntes Weideland ließen sie nach Süden zurückkehren, immer noch auf der Suche nach einem Ort, den sie längst gefunden hatten.

Zurück am Point Pinos nahmen sie an, Vizcaínos herrliche Bucht sei mit Sanddünen angefüllt worden, und sie berieten sich: die Nahrungsmittelversorgung wurde knapp, der Winter stand vor der Tür, und (genau wie zig Jahre später Walt Whitman) sie hatten einfach nicht gefunden, wonach sie vor so langer Zeit zu suchen begonnen hatten. Am Sonntag, dem 10. Dezember 1769, hinterließen sie am Strand der Bucht ein großes Holzkreuz mit der Inschrift: «Grabe tiefer, am Fuße wirst du eine Schrift finden.» In einer Flasche hinterließen sie (für wen?) einen Bericht mit allen Details der Expedition. Dann marschierten sie die mehreren hundert Meilen zurück nach San Diego, nur um sich von neuen Karten überzeugen zu lassen, dass sie schlußendlich doch Monterey gefunden hatten. Also machten sie wieder kehrt. Monate später kamen sie zurück zu ihrem Kreuz und fanden dort Pfeile kreisförmig im Boden stecken, von denen einige mit Federn geschmückt waren, an anderen steckten Fische oder Fleisch; am Fuß des Kreuzes war ein kleiner Haufen Schalentiere. Opfergaben an einen Gott, den zu fürchten diese geheimnisvollen Spender allen Grund hatten, obwohl sie das wohl kaum gewusst haben konnten. (Hätten die Indianer die Flasche ausgegraben, wären ihnen diese vielleicht als ein wundersames Ding erschienen; aber vielleicht war solcher Müll sowieso schon überall am Wegesrand zu finden, wo diese Entdecker campiert hatten.) In der Nähe des Ortes, an dem Vizcaínos Karmelitermönche 1602 ihre Messe zelebriert hatten, errichteten Portolá, seine Soldaten, die Mönche und Seeleute – eine bunte Mannschaft an einer abgelegenen Küste – am 3. Juni 1770 den ersten Presidio und die zweite Mission in Alta California. Pater Junípero Serra las die Messe und predigte, die Soldaten schossen ihre Musketen ab, und am Ende der Zeremonien nahm Portolá formell im Namen des Königs Besitz von dem Land – unter den Gewehrsalven, die über die Bucht hallten, und den Augen der Indianer, die von den Bäumen herab zusahen. Und all das dort, wo, von meinem Surfboard aus gesehen, die vage Bergsilhouette die Bucht abschloss.

Eine Reihe von Fakten und Daten, die Art von Geschichtsschreibung, die nur wiedergibt, wer gewonnen hat; um das Gefühl des Staunens angesichts dieses Landes zu finden, das einige, da bin ich ganz sicher, empfanden, muss ich mir den einen oder anderen Soldaten oder Mönch ausdenken, muss mir vorstellen, wie er mit diesem kurzen Moment des Mysteriums konfrontiert wurde. Übertragen auf ein zeitgemäßes Beispiel, hätten diese Entdecker ebenso gut auf dem Mars sein können, so groß war ihre Entfernung zur Heimat, so wenig vertraut das Terrain. Bestimmt gibt es noch unerschlossene Bergketten oder Wüsten oder Küstenstriche in Alaska, wo man sich die Abwesenheit jeglicher Kultur vorstellen kann, aber doch nicht an üppig grünen, mittelmeerähnlichen Stränden mit Weideland, das zum fruchtbarsten dieser Welt zählt? An Stränden, an denen es von Tieren wimmelt, mit meilenweit ausgedehnten Lagunen und Zehntausenden Vögeln; Millionen stahlköpfiger Lachse, die zurück in die Flüsse springen, die mehr als zwanzig Meilen lange feinsandige, blumenbewachsene Ufer überspülen? Man sollte sich diese Stellen keinesfalls «leer» vorstellen – die Menschen hier wurden Hunderte von Jahren lang brutal von den Spaniern misshandelt –, was ich indes wissen wollte, war, wie meine Kultur diesen Ort zuerst *gesehen* hatte.

Als ich meinen Neoprenanzug abgestreift und eingepackt, die Rückholleine meines Bretts um die Finnen gewickelt und meine feuchten Füße in die Nylonsandalen gesteckt hatte, schlenderte ich noch einmal den Strand entlang, um mir die neun Kreuze anzusehen, und dachte daran, vielleicht auch ein paar Muscheln bei einem davon abzulegen als meine Opfergabe. Zwar fand ich ein schönes, vom Wasser abgeschliffenes Stück grünes Glas, aber die Kreuze waren alle ins Meer gespült worden.

Im strahlenden Licht des Wintermorgens fächerte sich die scharfkantige Welle schäumend auf, während ich auf ihr davonflog; die Welle war kalt, nass, schnell, ihr vorderster Rand dünnte sich zu einem neun Meter langen Gischtstreifen aus und war kurz davor zu brechen. Zwei Zehen über der Brettspitze kontrollierten den bebenden Rand, und ich schwang mich, genau in dem Moment, als die ganze Welle nach vorne stürzte, hoch, ihren brechenden Rücken entlang. Und in diesem Augenblick – ein teleskopischer Blick durch eine schimmernde Glaswand unter einem schneebedeckten grünen Berg und einem morgendlichen Regenbogen – begann ich zu fliegen, als ein wirklich riesiger Delphin (fast drei Meter lang) aus der Welle vor mir herausschoss und mit seinem glänzenden grauen Körper für einen Augenblick in der Luft stand. Wir hingen beide gerade so lange in der aufgehenden

Sonne, dass ich verblüfft aufschreien konnte, das Gleichgewicht verlor und in den Schaum stürzte, während der Delphin die Oberfläche durchbrach und verschwand. Ich schwamm auf dem Rücken, starrte in den dunkelblauen Himmel, wo ich einen Gott suchte, dem ich meinen Dank sagen konnte.

Aber von solchen Momenten gibt es im Leben am Wasser jede Menge, und sie dienen meistens dazu, die Ängste des Tages zu entschärfen. Was mir nur recht war, denn als ich an diesem abgelegenen Surfspot für Longboards meinen Anzug abstreifte, hielt Skinny seinen kleinen Wohnwagen auf einen Schwatz an, grinste, schüttelte mir die Hand, und wir tauschten Einzelheiten über all die Spots aus, an denen wir in letzter Zeit gesurft hatten. Wir machten Pläne für den nächsten Morgen. Skinny absolvierte jedenfalls flüchtig all die jahreszeitlich bedingt wechselnden Surfspots, und da ich ihn seit dem Matschsocken-Debakel nicht mehr gesehen hatte, freute ich mich, wieder auf dem Laufenden zu sein. Er hatte dem Point rigoros abgeschworen, wollte mich aber gern ein Stückchen weiter mitnehmen; und er war ein angenehmer Begleiter mit genau der richtigen Beimengung von Ironie in seinem endlosen Surftalk, die ihn eher angenehm als lächerlich machte. Ich hatte inzwischen genügend hinzugelernt, um keinen von uns mehr in Verlegenheit zu bringen – all die Zeit am Point ohne jede Konkurrenz, an der ich mich messen musste. Am nächsten Morgen arbeitete sich Skinny bei 13 Grad im allerersten Licht des Tages durch ein Frühstück aus vier Aspirin, einer Tasse Kaffee und einem Joint. Sein sonnengebräuntes Gesicht grinste breit unter seiner schwarzen Sonnenbrille.

«Sooooo», sagte er und atmete aus, «guten Morgen, mein Sohn. Wohin geht's?»

Die Sonne war noch nicht aufgegangen, hohe Wolken im Osten röteten sich mit der Dämmerung; er saß in der offenen Tür seines winzigen Trailers und knackte mit den Knöcheln, schlüpfte in seine ausgelatschten Flip-Flops und nippte an seinem Kaffee.

«Sharkenport?», wollte er wissen. «Shark's Creek? Ooooooh. Will uns das etwas sagen?» Ich erhaschte endlich einen kurzen Blick in seinen Wohnwagen und sah, was ich erwartet hatte: überall Klamotten, eine Matratze, die fast die gesamte Fläche ausfüllte, an den Wänden Ausschnitte aus Surfmagazinen, vorwiegend die allgegenwärtige Insulanerin im Tanga. Wir fuhren fünfzehn Meilen hoch nach Norden, um uns seinen Lieblingsspot anzusehen – ein abgelegener Strand, der auch von Männern für Stelldicheins in den Büschen bevorzugt wurde.

«Taugt nichts», sagte Skinny. «War schon besser. Siehst du diesen Baby-Swell?»

Sah ich zwar nicht, wollte mich aber nicht streiten. Wohin also? Ortegas?

«Die Lane könnte was sein.» Also Kehrtwende und zurück zur Stadt, während die Sonne jetzt über den Gabilan Mountains aufging und zwei Frauen in schwarzen Lycrasuits vorüberjoggten ...

«Hör mal, Kumpel», sagte Skinny plötzlich.

Ja?

«Wenn wir die Lane zusammen surfen, musst du cool sein.»

Wie bitte?

«Du regst dich immer auf. Also, ich will nicht unbedingt, dass jemand denkt, wir seien zusammen dort. Also johl mir nicht zu oder so, okay? Hast du verstanden?»

Was? Warum nicht, zum Teufel? Hatte er von meinem Tag mit dem Kajakfahrer gehört? Meinem Ausbruch gegenüber Apollo?

«Du sollst nur die Klappe halten und nicht weiter auffallen», sagte er. «Ich glaube, du merkst es nicht mal.» Skinny surfte an massenhaft besuchten Surfspots, was ganz allgemein hieß, Spots mit wohletablierter Hackordnung. Und da er ein Bursche war, der viel von seiner Energie darauf verwandte, den imaginären Schicksalsschlägen dieser Welt auszuweichen und allen Groll zu meiden, hatte er sich nie seinen Weg in diese Hackordnung gebahnt, sondern einfach seinen peripheren Rang in der Surfwelt akzeptiert.

Ein kleiner Gummihai lag auf dem Armaturenbrett. Sein Maul bestand nur aus Zähnen. Während er alle Surfspots, an denen wir vorbeikamen, mühelos benennen konnte – Chicos, Fresnos, Gas Chambers, Electric Chairs –, inszenierte ich auf meinem Finger aus der Tiefe heraus ansteigende Brandung, stellte mir vor, aus welchem Winkel dieses Maul hoch genug kommen würde, um den Surfer zu packen. Das kleine Gummispielzeug klammerte sich beharrlich an meinen Finger.

An der Steamer Lane waren schon Autos und Trucks versammelt: Schreiner, Dachdecker und Maler, Ärzte, Rechtsanwälte und Professoren, sie alle waren vor der Arbeit auf einen Blick hierher gekommen, nippten an einem Kaffee, die Fenster wegen der Kälte geschlossen. Ein Geländer trennte den Gehsteig von der Klippe, gegen die das Meer brandete. In dem diffusen Licht, die Sonne noch hinter Wolken, fuhr ein Surfer eine saubere grüne Wand entlang, die krachend durch die Morgendämmerung brach – sah irre aus.

«Glaub nich.»

He?

«Hat den Sand verloren, der im letzten Frühling über dem Riff lag, Rennstrecke unregelmäßig. Ich will heute Schwung, Hochleistung, etwas zum Knallen.»

Und wo?

«Oooooh, keine Ahnung. Brauch was zum Rippen, weißt du? So ein Gefühl, wie wenn es mit dir durchgeht, wie wenn der ganze ...» – er knirschte mit den Zähnen, kniff die Augen zusammen – «verdammte vordere Rand in eins abstürzt und … irgendwie die ganze Spitze der Welle versetzt …»

Wie wär's mit Cowdoodies? Ein reißender Surfspot links vom Strand, zu dem man nach einem Fußmarsch über Weideland gelangte.

«Die Szene da ist mir zu heavy.»

«Da ist doch nie jemand.»

«Aber du willst trotzdem nicht von einem da draußen erwischt werden; die Kerle haben meinem Kumpel in den Rucksack geschissen.»

Immerhin geschütztes Regenpfeifer-Brutgebiet; kleine Vögel, die im Sand nisten.

Skinny, Skinny, Skinny. Er war kurz vor mir auf der High School in Berkeley gewesen, in den späten Siebzigern und frühen Achtzigern. Basketball, Gewichtheben, kleine Diebstähle und unreife Früchtchen. Viel Schwarzen-Slang. Dad war Pflichtverteidiger, die Brüder hatten auch Jura studiert, und Skinny flüchtete. Sogar Berkeley war zu heavy: keine Wellen zum einen, dafür auch noch zu viele Feinde. Mit seinem grimmigen Napoleonkomplex hatte er sich den Weg bis zur Zwölften hochgeboxt. Noch immer machte er täglich hundert Liegestütze und Rumpfbeugen.

«Um fit fürs Surfen zu bleiben?», hatte ich ihn gefragt.

«Nee», hatte er mit bewundernswerter Ironie geantwortet, «mir ging früh auf, dass ich eine Krabbe war, also wollte ich immerhin eine große Krabbe sein.» Und das war er.

«Nun komm, lass uns schnell machen», sagte ich, während ich hinunter zur Steamer Lane schaute und hoffte, dass Apollo eine frühe Mathestunde hatte. «Sieht mörderisch aus! Perfekt zum Surfen. Ein paar kleine Ritte drinnen, vielleicht noch ein, zwei fette Drops draußen.»

«Mann, siehst du nicht, wie viele Typen da draußen sind? Scheiße, wahrscheinlich die ganze harte Truppe von hier: die

Floater-Brüder, die Slacker-Brüder, Peepee, Batboy ...» Zwei Burschen mit hauchdünnen Brettern eilten die Zementstufen hinunter zum Wasser.

«Lass dich von ihnen nicht aus dem Konzept bringen, Mann», sagte ich. «Zieh einfach dein Ding durch.»

«Darum geht's nicht.» Meine Ignoranz schien ihm richtig weh zu tun. «Aber wohin fahren wir dann?»

«Zum Point?»

«Einmal sag ich's noch: ICH SURFE NICHT AM POINT. Langweilig und lahm. Was wir brauchen, ist Hochspannung, kapiert?»

Die Steamer-Lane-Lebenslänglichen kamen nach und nach, Typen, die den Ruf hatten, ihre Behindertenstütze für Bier auszugeben und den ganzen Tag lang der Meute im Wasser Obszönitäten zuzurufen. Offensichtlich kannten sie sich bereits ihr halbes Leben lang und versammelten sich jeden Tag auf dem Kliff wie Bauern auf dem Viehmarkt – hauptsächlich aus Spaß daran, an diesem hübschen Fleckchen herumzukrakeelen.

Dann traf es Skinny wie ein Blitzschlag.

«Ooooooh», sagte er, «siehst du da in der Mitte der Bucht bei The Dunes die beiden Rauchsäulen?»

Vor dem Landwirtschaftsdunst des Salinas Valley hingen zwei dünne Rauchfäden.

«In welche Richtung zieht der Rauch?» Er stellte die Frage rasch, prüfend.

Äääääähm ...

«Ablandig. Los geht's. Das wird krachen.»

«Krachen?»

«Das sind die Rockies da draußen», erwiderte er lächelnd, ganz in seinem Surftalk-Element. «Tubes, viele, weißt du.»

Aber ... aber ... wir hatten schon eineinhalb Stunden vergeudet ... die Flut würde bald einsetzen ... The Dunes waren mindestens vierzig Minuten entfernt.

«Willst du nun fett surfen oder nicht?»

Unglaublich. Ich setzte den Hai auf meinen Finger, während wir nach Süden durch die Badeorte Capitola, Aptos, dann durch das Farmland von Salinas Valley, das Land John Steinbecks, zogen; Surfer als existenzielle Wanderer, aufgefressen von Angst. Ich meine, es macht schon viel Spaß, das ganze Leben lang stets auf Achse und hinter den Wellen her zu sein, aber dieses dauernde Herumzockeln und die Unentschiedenheit, ganz zu schweigen von dem Versäumnis weltlicher Pflichten ... obwohl, wenn es da wirklich Barrels gab; immerhin habe ich in letzter Zeit von solchen Tubes *geträumt*. Für gewöhnlich waren meine Träume Collagen aus Ängsten und Erinnerungen, aber das Surfen regte zu Wunscherfüllungs-Phantasien an, in denen ich durch die Luft flog, wie ich wollte, mich ohne zu zögern auf riesige Ungeheuer auf offener See stürzte. Und in der vorigen Nacht warf sich das blau schimmernde Band der Wellenkante über mich, und anstatt das Weite zu suchen, duckte ich mich. Da war ich plötzlich in einer glitzernden, dröhnenden Höhle, das glatte Abbild aller Fotos von Tube-Ritten, die ich je gesehen hatte. Als ich unversehrt herausschoss, lächelte mich ein hawaiianischer Surfer in gelbem, ärmellosem Hemd an – ein wichtiger Teil des Traums; ich streckte meine Zunge heraus und dachte im Traum: «Der Typ hat echt keine Ahnung, was mir da gerade passiert ist; er weiß nicht, dass dies mein erster wahrhaftiger Tube-Ritt war.» Tube-Ritte sind keine intuitive Angelegenheit, außer auf den wirklich perfekten Wellen. Du schießt voran, siehst, wie die Welle «sich anwinkelt», vortaumelt, um sich so stark zu brechen, dass die Wellenkante, wenn sie sich nach vorne wirft, am unteren Teil der Welle vorbeirollt – und alle Instinkte sagen dir: Mach, dass du aus dem Weg kommst. Auf

Fotos sieht es immer aus wie der allerfriedlichste Ort, die ultimative Sanftheit; aber in Wirklichkeit ist es das Zentrum des Sturms.

Kleiner Highway, Farmen, das verrückte Schloss von irgendeinem Kauz mit einer nachgebauten Lokomotive im Vorgarten. Skinny sagte, The Dunes lagen genau im Westen in Richtung dieses riesigen Untersee-Canyons, sodass eine nordwestliche Dünung durch das Kontinentalschelf weniger gestört wurde als außerhalb der Bucht. Dann kam er auf unseren gemeinsamen Bekannten Orin zu sprechen, über den jetzt das Gerücht ging, er habe aus den drei Jahren in New York hunderttausend Dollar auf der Bank gehortet.

«Ich weiß nicht, ob ich mit ihm tauschen wollte», sagte Skinny. «Weiß nicht, vielleicht doch. Aber ... zehn Jahre Surfen? Nee. Kommt nicht in Frage. Ja ... Würde nicht tauschen wollen.» Skinnys Freundin hatte sich um ihn Sorgen gemacht; sie fand, er müsse sich endlich etwas aufbauen, das Leben in den Griff bekommen. Ein Kumpel riet ihm, sie einfach wissen zu lassen, er sei zu körperlicher Gewalt fähig – das löse jedes Problem. Nutzte nichts. Und die Eltern? Sein Oregon-Summer-Trail-Job überzeugte sie nicht.

«Ich erzählte ihnen, ich fände es *toll*, Karriere zu machen», sagte er, «und das stimmt auch, aber das Problem ist, dass ich durch das Surfen keine Zeit dafür habe. Es beansprucht mich viel zu sehr. Und außerdem habe ich sowieso schon eine Menge erreicht: Immerhin kann ich surfen, verdammte Scheiße, ich meine, das ist alles andere als leicht! Davon haben die Leute keine Ahnung.» Damit die Einnahmen des Sommers so lange wie möglich reichten, ging er nie auswärts essen. Nicht einmal einen Bagel oder einen Burrito. Ein wahrer Asket, wenn auch ein offenkundig unspiritueller. Sogar sein Fernseher war aus dem Sperrmüll eines Freundes gerettet. «Und meine Freundin zieht nach Hawaii, um zu unterrichten. Ich muss unbedingt da rüber. Sie hat bestimmt eine Wohnung, in der ich unterkommen kann; wahrscheinlich ohne Miete zu zahlen. Ich glaube, sie will mich heiraten, aber, verfluchte Scheiße, sie sagt, ich muss mir einen Job suchen. Ich muss erst mal Geld auftreiben, um hinzufahren, und es klingt schon wie der blanke Wahn, da auf der Insel mit ihr, aber dann denke ich auch, verdammt, für das Geld kriegst du schon ein neues Brett und einen Neoprenanzug.»

Als wir an den schönen Farmen auf dem Schwemmland der inneren Bucht vorbeifuhren, redete Skinny über die Rezession und wie die Jungs, die auf der Highschool ein paar Klassen über uns gewesen waren, einen Platz in der Wirtschaft fanden, ehe sie den Bach runterging. «Nach unserem Jahrgang ging alles in die Binsen, das schwör ich dir, keine Jobs.» Ein Gesetz gegen Diskrimierung hatte zur Folge, dass der Förster Weißen nur einen Teilzeitjob geben konnte. Jeden Herbst wurde Skinny entlassen und im nächsten Sommer wieder eingestellt. «Und das ist die Karriere, die ich mir ausgesucht habe», sagte er und schüttelte den Kopf, «also bin ich am Arsch. So ist das. Achtundzwanzig und es ist vorbei. Ich kann gar nichts anderes machen, als neun Monate im Jahr zu surfen und Arbeitslosengeld zu kassieren.»

Als wir bei The Dunes ankamen, planschte eine Robbe in der Lagune, und der breite Elkhorn Slough – ein sumpfiger Fluss in sattem Grund – schlängelte sich zurück landeinwärts und färbte das rostfarbene Gras wieder ziemlich grün. Ein paar Pick-ups standen neben einem Pfad, der in die Dünen führte. Skinny parkte ungefähr fünfzig Meter weiter.

«Warum so weit weg?»

«Da drüben dürfen nur die Einheimischen parken. Vertrau mir. Und sieh zu, dass du mit keinem von denen zusammenstößt.»

Der Sandpfad war mit Steinen aufgeschüttet; ungefähr

zwanzig Meter weiter hatten wir eine Aussicht: Von einer Hafenmole aus erstreckte sich der Strand nordwärts nach Santa Cruz, und überall waren Wellengipfel auszumachen, schulter- bis kopfhoch, die sehr schnell hintereinander herangerollt kamen. Vor der Küste dümpelte eine Reihe weißer Bojen und markierte die Grenze des Monterey Bay Canyon, eine kolossale Unterwasserspalte von der Größe des Grand Canyon und ungeklärten Ursprungs. (Drei Flüsse mündeten in die Bucht und bildeten offenbar drei Schluchten. Aber die neueste Theorie besagte, dass der Canyon auf kataklystische Ursprünge zurückging und mit der Plattentektonik in ursächlichem Zusammenhang stand.) Wie dem auch sei, tiefes Wasser hat etwas Beunruhigendes, und die Nähe von außerordentlich tiefem Wasser hat etwas außerordentlich Beunruhigendes – man hat immerhin von riesigen, amorphen Lebensformen gehört, die ihre lichtlosen Tiefen bevölkern, von riesigen umhertreibenden Quallen. Wir liefen den Strand etwas höher hinauf, die Bretter unterm Arm, neben Schwärmen kleiner Strandläufer, die in dem ein- und ausströmenden Schaum hin und her flitzten, die Beinchen zu dünn, als dass man sie sehen konnte, die Körper scheinbar im Wasser treibend wie Fische. Etwas weiter neben dem Spot, den wir uns ausgesucht hatten, flog ein anderer Schwarm in der Brise – die Oberseiten dunkel, die Unterseiten weiß, blieben sie in so strenger Formation, dass sie beim kollektiven Querlegen in die Kurve ihre weißen Bauchfedern aufblitzen ließen und wie ein Schwarm tropischer Fische wirkten, auf denen sich die Sonne spiegelt. Als wir hinauspaddelten, verfolgten uns aus zehn Meter Entfernung drei Robben lange und eingehend mit ihren Blicken. Dann tauchte eine von ihnen unter und schwamm genau auf uns zu. Ein unheimliches Gefühl: dir geht auf, dass deine Beweglichkeit bloß zwei Dimensionen hat und dass du eine Schnecke in einem Feld voller Schlangen bist.

Die Wellengipfel der Brandung am Strand verschieben sich, wenn die Sandbänke durch Dünung und Gezeiten abwandern; ganz anders die Riffbrandung, bei der man immer auf demselben überspülten Stein warten kann. Wir paddelten nach links, dann nach rechts, dann hinaus, und die Wellen kamen wunderbar uniform herangerollt – aber auch anders als sonst bei Riffbrandung, bei der sogar die symmetrischsten Wellen am Felsenriff hier und da ausfransen, wenn sich die Tiefe ändert. Aber Sand unter dem Wasser beruhigt sich zu glatten, organisierten Formen wie eine dichtere Flüssigkeit auf einer anderen. Skinny rief mir ununterbrochen zu, «reinzugehen», mich unter der ansteigenden Dünung zu ducken und sie mir zu schnappen. Anfangs konnte ich an die Tube überhaupt nicht herankommen. Doch dann schrie mir Skinny zu, ich solle abwarten und auf einen Wellengipfel über mir genau im Moment seiner Brechung aufspringen. Ich kam von der Seite heran, und als die Welle richtig dröhnte, hatte ich das seltsame Gefühl, dass sich das Licht um mich herum veränderte und sich vielleicht sogar die Zeit verlangsamte, und dann wurde ich zweimal um mich selbst gewirbelt und voll auf den Sandboden geschleudert. Prustend kam ich hoch, war aber wie elektrisiert; versuchte es wieder und wieder und begriff langsam. Ich schaffte es nie aus einer Tube heraus, doch jedes Mal, wenn ich mich duckte, hatte ich dasselbe Gefühl der Phasenverschiebung. Immerhin sind Wellen durch Masse bewegte Formen, Energiebündel, die ihren Ausdruck in der Krümmung finden: Wenn eine Krümmung ihre Form wegen einer flachen Sandbank nicht halten kann, bündelt sich ihre Energie, bis sie sich über sich selbst erstreckt und eine neue Wellenform findet, indem sie Wasser verdrängt, um die Krümmung zu schließen; dabei bildet sie den ursprünglichen Bogen, aber mit einem hohlen, rotierenden Innern. In ihm steht der Surfer. Der Bergsteiger dringt nie richtig ins Innerste des

Berges ein, der Wanderer bleibt in seinem visuellen Gefängnis, der Surfer aber dringt körperlich ins schlagende Herz des Meeres ein – und das ist keineswegs metaphorisch gemeint –, dringt ein in seine Substanz, von seiner Dynamik in einen kinetischen Strudel gerissen. Sogar auf einem Floß bewegt man sich mithilfe eines Mediums, das selbst von Schwerkraft bewegt wird, ähnlich wie auf einem Windsurfboard oder auf Skiern. Solange niemand herausfindet, wie man sich auf Tönen oder Licht fortbewegen kann, bleibt Surfen die einzige Möglichkeit, die pure Energie zu reiten.

Da kam ein sehr kräftiger Bursche herangepaddelt – er sah aus wie James Dean nach einer Anabolikabehandlung – und fragte mich, wobei er sich sehr bemühte, nicht besserwisserisch zu klingen, ob ich einen Tipp fürs Tube-Reiten wolle.

«Unbedingt», erwiderte ich.

«Halt stets die Augen auf.» Zusammen lachten wir laut los, und dann stellte er sich ganz herzlich und sympathisch vor, was so gar nicht zu seinem martialischen Äußeren passte. Er erklärte, er sei gerade aus dem Süden hierher gezogen. «Weißt du was?», fragte er grinsend.

«Was?»

«Ich bin schier am Platzen, Mann.» Er hatte ein scharfkantiges Kinn und perfekte Zähne.

«Warum?»

«Allein dass ich hier in Santa Cruz bin, sagt mir, dass ich einen Sprung gemacht habe. Ich weiß, es wird alles anders.»

«Was denn?» Wir saßen beide auf unseren Brettern und trieben aufeinander zu.

«Einfach die ganze Art, wie ich bisher gelebt habe.»

«Wie hast du denn gelebt?», wollte ich wissen.

«O Mann, einfach nichts in Angriff nehmen, kein Studium oder so. Ich war echt gut in der Schule, ich will Doktor werden.»

«Arzt?»

«Ja, ich bin gut mit so was. Ich werde zwei Jahre aufs Community College gehen, dann die University of California besuchen und all den Scheiß auf die Reihe kriegen. Dann studiere ich Medizin. Fünf Jahre, dann bin ich fertig und werde platzen!» Er kicherte beim Gedanken daran, als wäre es eine absolute Gewissheit, als könne es dadurch, dass er es aussprach, im Voraus wahr werden. Und vielleicht war es ja auch so. Er erzählte mir, seine Schwester habe ihn dazu aufgestachelt, hierher zu kommen. Sie hatte immerhin ihren Scheiß auf der Reihe, das war alles. Sie war jetzt Erdkundelehrerin in Florida und hatte zugesehen, dass sie aus Südkalifornien so schnell wie möglich rauskam. Er sagte, es sei wahnsinnig toll, nur für sich selbst sorgen zu müssen.

«Wie meinst du das?»

«Mein Dad hat alles verloren», erzählte er, während er sich auf sein Board legte und auf die Wellen zupaddelte. Sein Arme waren seltsam muskulös, sein Trizeps groß wie ein Ziegelstein. Die Wellen kamen nicht in Gang, und er setzte sich wieder auf. «Dad ist völlig am Ende», sagte er. «Er sitzt nur auf der Couch und sieht fern. Er macht mich rasend. Irgendwie widert es mich an, ihm dabei zuzusehen, wie er völlig aufgibt. Er sucht sich nicht mal einen neuen Job, und ich zahle seine Miete. Deshalb musste ich auch das Junior College abbrechen; ich habe Vollzeit auf dem Bau gearbeitet, um noch für meinen Vater aufzukommen.» Dann wechselte sein Gesichtsausdruck von beschwingter Verdrängung zu niedergeschlagener Erkenntnis, als er seine Rolle in alledem reflektierte; er erzählte, er sei auf dem College sowieso nicht so toll gewesen, ließ sich leicht ablenken. «Ich setzte mich in die Bibliothek, um zu lernen. Ich wollte es ganz ehrlich, aber dann las ich lieber Dinge, die mich interessierten, verbrachte *fünf Stunden* in der Bibliothek damit, irgendwelche Bücher zu lesen, die mir cool vorkamen. Aber im Seminar schnitt ich dann eher schlecht ab.»

Er drehte sich herum und war auf und davon in eine gerade richtig wirbelnde Röhre hinein, duckte sich in ihr mit furchtloser Gelassenheit, und dann sah ich, wie eine große Flosse direkt vor mir auftauchte, aufrecht gehalten von einem langen grauen Körper. Während ich das, was ich da sah, in meinem Kopf in Entsetzen umwandelte, bemerkte ich noch drei weitere Flossen, und sie drehten sich so, dass ihre hakenförmige Krümmung zu sehen war: Delphine. Dann noch drei und danach zwei weitere – eine ganze Parade rechts und links, vorne und hinten, aalglatt und jeder etwa so groß wie ein Mensch. Eine kleine Welle rollte auf mich zu, in die drei sich krümmende dunkle Gestalten hineingepresst waren: Die Delphine veranstalteten für uns eine Show und ritten die Welleninnenseite. Und einer schoss eine perfekte Wand entlang (nebenbei gesagt: Delphine reiten *ausschließlich* gute Wellen) auf die anderen zu, gerade hoch genug, dass der oberste Zentimeter seiner Rückenflosse die Wasseroberfläche durchbrach und eine rasante, rasiermesserscharfe Linie quer durch die Welle zog. Dann rollten Welle und Reiter unter mir hindurch; ich drehte mich um, wollte das zurückfließende Wasser sehen, als plötzlich der ein Meter achtzig große Körper hoch hinaus in die Luft schoss und goldene Tropfen vor der Sonne verschleuderte ... Angeberei? Selbstvergessenheit?

«Hey, Mann», sagte Skinny und paddelte heran, «ganz cool bleiben, okay?»

He?

«Die Jungs da hinten sehen schon ganz böse rüber zu dir.»

Wer?

«Die Jungs von hier. Reden schon so manche Scheiße über dich.»

Vier weitere Delphine bäumten sich mit ihren glatten, rasanten Flossen auf, flogen in die Lüfte und kamen wieder herunter wie die unerbittliche Sinuskurve der Dünung.

«Hör zu, Mann», sagte Skinny eindringlich und warf einen flüchtigen Blick über seine Schulter, «vergiss nicht, wir sind bescheuerte Typen, so lange wir leben, nur weil wir nicht wirklich von hier sind.»

Spiel, spielen: 1. dramatische Komposition; Drama … 3. Aktivität, oftmals spontane Beschäftigung zur Erholung und Entspannung, z. B. von Kindern. 4. Spaß, im Gegensatz zu Ernsthaftigkeit … 15. muntere, leichte, wechselnde Bewegung oder Aktion: *Wasserspiele* … 46. Beschäftigung zur Zerstreuung, Erbauung, Erholung. 47. Tätigkeit, die nicht ernst zu nehmen ist; Sport. 48. Amüsement; Spielzeug; Leichtfertigkeit … 64. herumspielen: a. sich spielerisch oder frivol verhalten; b. promiske sexuelle Beziehungen unterhalten. 65. sich nur nebenbei mit etwas beschäftigen. a. vorgeben, etwas zu tun oder zu sein; b. etwas ohne Ernsthaftigkeit betreiben

Random House Webster's College Dictionary

Ein Südwind zerriss die trübe grüne See, als Gewitterwolken sich über den Bergen am blauen Himmel zusammenballten, oben vergoldet, unten schwarz. Ein Flüsschen schwemmte Schlamm in die Bucht, während die Tide durch Felsrinnsteine strömte, als seien es Bewässerungskanäle. Draußen lagen sieben Robben, und eine mit geschwollenem Auge knurrte, als ich näher kam. Sie hatte weiße Schnurrhaare und dicke Fleischfalten, die sich um ihren Kopf herum zusammenschoben. Hunderte Krebse krabbelten über den Ebbeboden und schossen bei jedem meiner Schritte auseinander – tu einen Schritt, und die Welt antwortet dir. In einer winzigen Pfütze eine grüngefranste Anemone, eine saugende Öffnung genau gegenüber ihrem konzeptionellen Gegenstück, der stacheligen Kugel eines Seeigels. Die anderen Robben hatten helles Fell und besorgte Panda-Augen, und als eine von ihnen einen Parasiten aus ihrem Fell kratzte, sah ich ganz klar die handähnliche Knochenstruktur ihrer Schwimmflosse. Eine Mutter und ihr Junges – ein sechzig Zentimeter langer, schwarzer Klumpen Leben – sprangen spritzend in ein Wasserloch, während die anderen ihre Rücken wölbten und sich streckten wie Menschen in engen Schlafsäcken. Die Mutter ließ mich nicht aus den Augen, während die Brecher heranrollten und wieder abflossen. Leute wie ich kassierten für gewöhnlich Geschöpfe wie sie. Zum Beispiel die Grönlandmethode: vom Kajak aus die Robbe harpunieren, heranpaddeln, während sie zappelt, und mit einer langen Lanze hineinstoßen. Wenn sie nicht mehr zuckt, näher heranpaddeln und das Tier vollends erstechen. Oder umgib den Robbenfelsen mit einem Draht voller Widerhaken; wenn sie dann an Land kommen, um sich auszuruhen, schieß auf sie und scheuch sie zurück ins Wasser, sodass sie sich auf dem Weg dorthin selbst die Bäuche aufschlitzen. Oder trommel einfach eine Truppe zusammen, mit der du dich in der Dunkelheit an die Tiere anschleichst, schneid ihnen den Rückweg ab und schlachte so an die fünfzehntausend pro Nacht. Als ich in einem Moment unerwarteter Sentimentalität die erste Robbe ansprach – um freundlichen Tonfall bemüht –, gähnte sie und zeigte ihre scharfen kleinen Zähne. Eine Geste, die Robinson Jeffers, dem Poeten von Carmel, bestimmt gefallen hätte. Er beschrieb einmal, wie eine Robbe von einem Killerwal verschlungen wurde, und nannte es: «Schön. Warum? Weil da nichts Menschliches im Spiel war, weder Leiden noch Begründung; keine Lügen, kein blödes Grinsen und keine Bosheit.»

Während ich mein eigenes Robbenkostüm anzog, verschleierte Regen die auflandigen Brecher, und die Spitzen der Redwoodbäume auf dem Berg kräuselten sich im Wind; die Sonne ging jetzt unterhalb der Wolken unter und färbte ihren Bauch orange. Ein kleiner Trupp kauerte im Wasser, keine großen Gespräche. Sogar die Klippen wurden jetzt von den Schatten der Dämmerung ergriffen – eine langsame Aufwallung in den Abend hinein. Die Brandung, die dick und unstet von den Felswänden dröhnte, hatte auch etwas von Robinson Jeffers an sich; in «Granite and Cypress» beschreibt er die Wellen als «weißmähnige, laut brüllende, schwer belastete Kinder des Winds». Ihren Ursprung führt er zurück auf die sehr modernistische Mischung aus Wissenschaft und ursprünglichem Symbol, und er stellt sich vor: «Der unsichtbare Falke / Brütete auf Wasser und ließ sie an weiten, öden Orten schlüpfen ... / Inmitten des Ozeans.» Als ich mich nach dem Point umsah und Vince gerade eine neue blauweiße Welle ritt, kam mir dieses Spiel von Jeffers mit dem allzu gefühlvollen Trugschluss merkwürdig vor, aber kein Kalifornier hatte mehr Zeit damit verbracht, diese Strände und Felsküsten zu betrachten und zu erträumen, und seine Gedichte sind von elementarer Klarheit. Als nach dem Ersten Weltkrieg alle Vorstellungen von Gott und Fortschritt ihre Glaubwürdigkeit verloren zu haben schienen, starrte Jeffers auf diese unergründliche Küstenwildheit und verkündete seinen eigenen erhabenen Platz darin. Er verachtete sogar schwache, in der Brise schwankende Zypressen-Schösslinge wie diese hier am Point und behauptete, er sei eher den Granitblöcken verwandt: «Genau wie ich / erinnern sich die Felsblöcke / an alte Kriege und schweigen still; denn wir denken, dass die Zukunft eins ist mit der Vergangenheit, wundern uns, warum Baumwipfel / und Menschen so wanken.»

Ich hatte den Eindruck zu verstehen, was diese Klippen

und Wellen an sich hatten, das die Kraft von Geschichte zu mindern schien, aber mir war auch sehr, sehr kalt. Fröstelnd und müde im ständigen Mahlen der Wellen sah ich plötzlich eine überdimensionale Wellengruppe vor mir auftauchen, eine Reihe gebrochener, schwankender grünlich-schwarzer Wände. Ich entschied, dass ich noch eine Letzte brauchte und paddelte auf sie zu, schwang mich auf die kabbelige Oberseite und fuhr die Welle hinab, kurvte auf der Brettkante hinaus auf ihre graue Anhöhe, übersprang die Unebenheiten drum herum und raste an zufälligen, unvorhersehbaren Höhlungen vorbei, geradewegs bis auf den Sandstrand. Unter der Klippe musste ich härter als sonst mit meinem Neoprenanzug kämpfen, um ihn abzustreifen, da er wie eine zweite Haut förmlich an mir klebte; mit nacktem Rücken lag ich auf dem nassen Fels und verrenkte mich zappelnd, um meinen linken Knöchel freizubekommen. Da hörte ich hinter mir etwas platschen; in einer Regenpfütze lag eine kleine schwarze Schlange, die neun Meter tief aus der Welt der Gräser und Nagetiere herabgefallen war. (Wie? Hatte sie vielleicht nach einem Käfer geschnappt, der sie ganz bis an die Kante gelockt hatte? War sie irgendwo falsch abgebogen? Oder hatte ein Habicht sie fallen lassen?) Sie zuckte ein paar Mal, um im Wasser voranzukommen, und glitt dann umständlich heraus. Ein, zwei Wirbel bewegten sich überhaupt nicht. Rasch verschwand die Schlange zwischen den runden Steinen der Brandung; damit war sie erledigt, hatte den falschen Weg eingeschlagen, denn da gab's keine Mäuse, keinen Schutz vor der Flut. Wirklich eine Katastrophe. Barfuß ging ich über den Sand und drehte mich noch einmal um und warf einen letzten Blick aufs Wasser, ein Reflex, dem niemand widerstehen kann. Ein dünner Hauch der rötlichen Dämmerung beleuchtete Willie und Vince und ein paar andere, die noch draußen waren und geduldig und zusammengekauert das Ende der Flaute abwarteten. Da brach plötzlich ein paar hundert Meter weiter draußen die friedliche, dunkler werdende Oberfläche des Meeres auf, als ein Wal hoch in die Luft schoss. Seine riesige Gestalt hing schwarz in der Dämmerung, die Schwanzflosse gespreizt wie offene Arme. Dann krachte er wieder herab, so tief, dass er wie in Zeitlupe fiel. Das Wasser dümpelte weiter wie zuvor, und die Silhouette auf meiner Netzhaut verblich, während das Bild in meinem Kopf bereits stilisiert und überdimensional wurde. Doch fünfzig Meter weiter nördlich teilte sich das Wasser erneut, und der Wal sprang wieder hoch und flog schwarz und spritzend vor die verschwommene Sonne.

Ich winkte und schrie den Jungs im Wasser zu: «Hey! Seht mal, da draußen ist ein Wal!»

Oh, ich konnte es nicht fassen, im Wasser so dicht an einem solchen Ding dran gewesen zu sein, ohne es zu wissen. Ich ließ mein Board fallen und rannte südwärts den Strand hinunter, um den Wal auf seinem Weg nach Norden nicht aus den Augen zu verlieren, und schlitterte über den trockenen Sand. Hundert Möwen, die an der Mündung des Flüsschens gehockt hatten, stoben hoch in die Luft, und dann noch einmal! Ausgelassenheit? Vielleicht, aber nur wenn wir das Wort in einer neutralen, gefühllosen Bedeutung verstehen, als ein Übermaß an Energie, das sich dadurch ausdrückte, dass es zehntausend Pfund Masse in die warme Abendluft schleuderte. Mit einem Krampf im Bein und schon längst nicht mehr hüpfend, hielt ich an und ging die halbe Meile, die ich gelaufen war, wieder zurück. Mir fiel ein, dass mir einmal ein Surfer beschrieb, wie er einen Wal ganz aus der Nähe gesehen hatte. Er hatte auf seinem Board gesessen, trieb high in der Abenddämmerung eines nicht gerade spektakulären Tages, als plötzlich ein ausgewachsener Grauwal fast direkt unter ihm aufgetaucht war. Er erzählte mir, er sei viel zu überrascht gewesen, um Angst zu haben, war aber danach eine ganze Zeit lang zu keiner Welle mehr hinausgepaddelt. Im Dezember nach Süden, im April nach Norden, unternehmen diese Wale die längste Migration der Welt – zwölftausend Meilen hin und zurück. Frühen Berichten nach waren die Grau-, Pott-, Buckel- und Finnwale so zahlreich und sammelten sich so nah an der Küste im Kelp, dass sie die Navigation behinderten. Während die Walfänger aus Neuengland noch immer mit Harpunen jagten, hatten die Kalifornier im 19. Jahrhundert Kanonen und Lanzen mit explodierenden Bomben. In den stillen, seichten Lagunen von Baja California, den Zufluchtsstätten der trächtigen Leviathane, wurden Tausende kalbende Grauwale in die Luft gesprengt. Stationen entstanden an der Nordküste, kleine Barackensiedlungen, in denen ein Dutzend Portugiesen mit ihren Familien wohnten. Wenn die Küstenwache Wale ausmachte, wurden kleine, offene Boote zu Wasser gelassen, in denen die Männer zum Jagen manchmal meilenweit hinausfuhren. Wenn sie nicht zerschmettert wurden, zerrten sie einen Grauwal hinter sich her auf den Strand und schnitten ihm in einer kontinuierlichen Spirale den tranigen Speck ab, schälten ihn wie eine Orange. Ein Mann auf einer Klippe am Pazifik auf vorübergehend besetztem Territorium signalisierte seinen Landsleuten in den kleinen Holzbooten mit Fahnen; und jetzt am Ende des 20. Jahrhunderts schrie ein Vollidiot einer Gruppe Männer im Wasser etwas zu. Aber diesmal ist es für das halbe Dutzend Mannschaft und die Küstenaufsicht, vielleicht auch für den Wal nur ein Spiel.

Auf dem Parkplatz traf ich zwei Burschen aus dem Wasser; sie waren ziemlich freundlich und beide starke Surfer. Ich fragte sie, ob sie den Wal gesehen hätten.

«Ach, darum warst du so aufgeregt?», fragte ein stämmiger Bursche mit rotem Flanellhemd. Sein Freund gluckste und sah in seinen Jeep Cherokee. «Wir dachten schon, du hättest einen Flashback.»

Surfen bestimmt deinen Lebensstil», schreibt der ehemalige professionelle Surfer Mike Doyle in seiner Autobiographie *Morning Glass*, «wie kein anderer Sport, den ich kenne ... Die Brandung ist nur zu einer gewissen Zeit gut ... Wenn du also ein ernsthafter Surfer bist, musst du dein Leben drum herum organisieren.» Vince hatte mir das Buch empfohlen; ihm war Doyle als ein interessanter Typ in Erinnerung. Also hatte ich es mir im Santa Cruisin' besorgt – einem hiesigen Longboard-Laden und Tempel für alles im goldenen Zeitalter des Surfens Notwendige (das im Kopf der heutigen Weisen anscheinend Mitte der 60er Jahre anzusiedeln ist, als sie zufällig alle jung waren). In der Surfer-Welt konnte Doyles Leben bestimmt nicht als repräsentativ bezeichnet werden. Er wurde 1941 in Inglewood als Sohn einer allein stehenden, werktätigen Frau geboren und hatte mit fünfzehn, schreibt er, «bereits die alte polynesische Tradition des Wassermanns als seine eigene angenommen und den langen Weg zur Beherrschung aller Geschicklichkeiten des Wassermanns beschritten», wie Surfen, Paddeln, Rudern, Wildwasserschwimmen, Angeln und Speerfischen. All das war damals die spezielle Pazifik-Rim-Variante männlichen Pioniergeistes, als die Sitze der Surfer-Trucks noch mit polynesischen Tüchern bezogen waren und die Typen in Tiki-Hütten aus Treibholz wohnten und vom Colaflaschen-Sammeln und -Zurückbringen lebten. Nach der Highschool zieht Doyle in eine gemeinschaftliche Quonset-Hütte an der Nordküste von Oahu. Rettungsschwimmer in Santa Monica, Katamaransegeln nach Tahiti, Riesenwellen vor Hawaii surfen, die gesamten zwanzig Meilen von Kauais Na-Pali-Küste abschwimmen, mit Perus Machtelite herumhuren, zahllose Wettbewerbe gewinnen und 1964 zum besten Surfer der Welt gewählt werden – und doch erfüllt sich Doyles ersehntes Leben nicht ohne Opfer.

Während Freunde wie Hobie Alter ein enormes Vermögen in der boomenden Beach-Lifestyle-Industrie machen, Tom Morey das Boogie-Board erfindet und Howey Sweitzer das Windsurfbrett, während Jim Jenks die Ocean-Pacific-Klamottenkollektion herausbringt und Bruce Brown seinen *Endless Summer* dreht, tut Doyle nichts von alledem. Er schmeißt seinen lukrativen Job bei Catalina Swimwear, weil «ich sonst heute in einer festungsartigen Villa in Del Mar verschanzt säße, mit riesigen Hypotheken auf dem Buckel, zu hohem Blutdruck und einem Job, den ich hasse». In Ordnung! Er gründet dann Surf Research und verkauft das erste Surf-Wachs, einen speziellen Aufsatz für Nose-Riding sowie Surfer-Müsli. Doch wenn das Geschäftliche in die Freizeit fiel, hieß das für Doyle und seine Partner: Schluss. «Wir wollten keine Surfmogule sein», schreibt Doyle, «wir wollten nur unseren Spaß im Wasser, wollten gesund und glücklich sein.» Er erfindet den ersten Monoski, entwickelt ihn aber nicht weiter, stellt Endless Summer Suntan Oil her und verkauft *wieder* seinen Anteil; eröffnet einen Laden für Surferklamotten und lässt sich erneut auszahlen. Er verkauft sogar Motivationskurse auf Video im Auftrag seiner Freundin Terry Cole-Whitakker, «Hohepriesterin des Yuppietums» – keine Ehre in Armut, bestimme dein eigenes Schicksal, Wohlstand als göttliches Recht. Aber ihr wachsender Mystizismus treibt ihn schließlich hin zu anderen Dingen. Zwei Ehen enden schnell, und mit achtundvierzig zieht Doyle allein nach Baja California, erfindet sich neu und erfolgreich als Künstler und verkauft Ölbilder an Touristen. «Mein ganzes Leben lang war ich von den Mustern und Strukturen des Ozeans umgeben», reflektiert er, «und musste eine Menge Kritik dafür einstecken. Ich habe ein paar Frauen unglücklich gemacht, ebenso ein paar Arbeitgeber und zeitweise auch mich selbst, aber ich kann nicht anders, ich wusste immer, wo meine Prioritäten lagen ... Wenn die Bedingungen richtig sind, lasse ich jeden Job und jede Frau im Stich, um einen Tag mit meinen Freunden im Wasser zu verbringen.»

Obwohl er kein professioneller Surfer war, hatte auch Vince sein Leben um die Muster und Strukturen des Ozeans herum organisiert und im Winter nur Morgenseminare angeboten, damit er für die abendlichen Optimalzustände auf dem Wasser, die «Glass-offs», frei war. Nachmittagsseminare unterrichtete er im Frühjahr, damit er arbeiten konnte, während die Nordwestwinde bliesen. Geschäftszeiten und Termine wurden so gelegt, dass man es zu den abfallenden Tiden schaffte. Vince hatte sogar einmal versäumt, ein Schlussexamen abzunehmen, weil die Brandung einfach zu toll war, aber ich nehme an, er war nicht einfach so auf und davon gerannt. Auf dem Weg zur Uni hatte er wohl angehalten, um einen Blick auf die Brandung zu werfen, war gebannt von dieser leeren Perfektion vor seinen Augen gewesen und hatte das Examen ganz einfach vergessen. Erst als er ein paar Stunden später aus dem Wasser kam, regte sich plötzlich dieses nagende Gefühl. Während er ziellos über das Unigelände lief, mit nassem Haar und tropfender Nase, sah er sich plötzlich mit einem sehr besorgten Institutsleiter konfrontiert. Doch das war ein seltener Lapsus: Vince hatte den Job seit fünfzehn Jahren und war noch länger mit derselben Frau verheiratet. Auch wenn er vielleicht die ein oder andere Verabredung mit ihr zum Mittagessen sausen ließ, so würde er sie doch niemals verlassen.

Kein noch so surfbesessener Teenager im County hatte mehr Wellen erwischt als Vince; einmal am Tag musste er unbedingt surfen, manchmal sogar zweimal, selbst unter kältesten, verregnetsten, rundum elendesten Umständen, sogar dann, wenn andere einen Tag aussetzten und sich lieber zu Hause Videos ansahen. Ich war sehr gerne mit ihm zusammen, schätzte unsere endlosen Gespräche und das unerschütterliche Gefühl, dass diese ziemlich unmögliche Zeitnutzung *von Bedeutung* war. Einen Tag in dem Winter, den wir gemeinsam verbrachten, habe ich besonders deutlich in Erinnerung behalten. Es war kurz nachdem ich den Wal gesehen hatte. Vince wirkte manchmal frustriert oder deprimiert, wenn er surfte, aber für gewöhnlich, so auch an jenem Morgen, strahlte er und zitterte vor kindlicher Begeisterung. Als ich den Wagen auf dem Kies anhielt, sprintete er schon den Sandweg hinunter. Alter fünfundvierzig, saubere Khakihosen und Schirmmütze, Board unterm Arm, Rucksack auf dem Rücken, so lief er an einem Montag voller Schwung über die Felder. Ich hupte, aber er winkte nur über die Schulter zurück und rannte weiter. Es war ein herrlicher Tag zum Fliegen, erkannte ich, als zwei große Habichte ohne Flügelschlag saubere Kreise über all dem Kleingetier zogen, mehr aneinander interessiert als an einem Frühstück. Sie umkreisten sich elegant in einem winterlichen Licht, das Farben und Formen von innen heraus zum Strahlen zu bringen schien. Frösche quakten in den stehenden Pfützen auf den Wegen, und ein grausiger Haufen toter Fische lag im Gras, der Abfall achtloser Fischer und irgendwie ziemlich profan: Auf einer Plastiktüte faulten sie vor sich hin, von Fliegen umsurrt, so dicht neben ihrem Meer. Vince stand bereits halbnackt im frischen Gras, als ich zur Klippe kam, umgeben von gelb blühendem Sauerklee, der überall die mit Disteln bewachsenen Ackerfurchen sprenkelte.

«Na», sagte er und sah mich voller Verachtung an, «wie lange wollen wir denn noch herumtrödeln?» Rasch wischte er seinen Neoprenanzug ab, griff in einen Arm und stülpte die Außenseite heraus. «Du hast hoffentlich bemerkt, dass diese reizenden kleinen Wellen völlig ungestört heranrollen, oder?»

Das stimmte, keine Menschenseele im Wasser, aber die Tide war noch zu flach.

Er beschimpfte sich selbst, als wir den Weg hinunterhasteten: «Meine arme vernachlässigte Frau», sagte er, «muss mit einem solchen Drückeberger wie mir verheiratet sein.» Dann widmete er sich wieder mir und sagte, ja, das Wasser sei tatsächlich noch etwas flach, aber schon bald würden die Wellen mehr Kraft haben. Ein Sturm hatte den wuchernden Seetang aus seiner Verwurzelung gerissen und diesen Unterwasserwald am Strand zu einem verfaulenden, stinkenden Haufen aufgetürmt. Unsere Füße versanken in einem Gase verströmenden Bett verwesender Meeresfauna und -flora; Wolken von kleinen Fliegen und Sandflöhen stoben auf, um gleich wieder in den feuchten Schatten des Haufens zurückzukehren. Diese kleine Nische gehörte ihnen, eine enge, wohnliche Welt. Tiefer vergraben in den Algen waren Krabben, Spinnen, Würmer und Schwämme, die alle einen jahreszeitenbedingten Tod starben. Ein kleiner Schwarm weißer Strandläufer trippelte am Rande des triefenden Treibguts, pickte in den Sand wie Spechte in Baumrinde und hüpfte dann vor dem zurückfließenden Schaum davon; eine Bewegung wie die der herbstlichen Wolken aus Spatzen im Nordosten, wie ein Körper ohne Kopf, in Erwiderung einer Matrix aus Wind und Reflex. Meine Großmutter hatte meinem Vater, bevor sie starb, erzählt, sie habe sich immer wie eines dieser winzigen Tiere gefühlt, die überall herumstöbern, die immer wer weiß was hinterherjagten. Dad selbst hatte mir ihre Namen gesagt und was sie fraßen. Kurz nachdem meine Eltern geheiratet hatten, zogen sie nach Balboa Island in der Nähe von Los Angeles. Er hatte in einer Zementfabrik gearbeitet, und wenn diese an regnerischen Tagen schloss, ging er am Strand spazieren und beobachtete Vögel. Dad hatte nie eine besondere Naturverbundenheit verspürt; er ordnete sein Leben eher nach Geschichten und Gelächter als nach der Sicherheit einer sorgfältig benannten Welt; also fand ich es schwierig, mir die Ruhe und

Melancholie vorzustellen, die es braucht, um offen für solche Details zu sein. Doch als ich mir jetzt ansah, wie die Vögel im Sand pickten, kam mir der Verdacht, dass ihm die Zelebrierung des Weltlichen in ihrem winzigen Leben, ihr liebenswürdiges, wenn auch sisyphosartiges Überleben gefallen hatte.

«Derelictus!», sagte Vince, als wir um eine große Felsecke herumsprinteten, und ahmte damit Willie nach.

«Wirklich, derelictus in flagrante.» Wir hatten es nicht richtig abgepasst und standen in einer tropfenden Höhle, genau als eine Welle sie bis zu unseren Hüften füllte. Kleine Insekten krochen zu Tausenden über die schleimige schwarze Decke, und als das Wasser wieder abfloss, rumpelten rund geschliffene, kopfgroße Kiesel hinterher wie gebrochene Knochen. Über ein paar Felsblöcke hinweg kamen wir vorbei an einem über die Klippen hinausragenden Felsvorsprung, der bei Flut ein perfekter Absprungplatz war. Doch jetzt war Ebbe, und man konnte direkt zum Point marschieren, ohne jedes Paddeln; über nasse schwarze Felsen und Miniaturstrände hinaus ins Wasser, um einen großen Felsbrocken zu umrunden, dann wieder zurück, immer weiter am Sandsteinkliff entlang. Die Felswände waren voll von triefendem Moos, und wieder ein Mikrokosmos: Verkrustungen, die winzige Sandhöhlen bildeten, Röhrenwurmkolonien, deren größere Löcher jetzt von violetten Krebsen bewohnt wurden. Millionen junger Seeanemonen überzogen einen anderen Felsen, ihre nassen, pfenniggroßen Münder gegen die ausdörrende Luft verschlossen. Vince sagte, dieses Jahr sei mehr Sand da als gewöhnlich; er füllte Felsspalten, verschloss kleine Wasserlöcher. Bis zu den Hüften im Wasser wateten wir zwischen zwei bröckelnden, mit Vogelkot bedeckten Felssäulen hindurch, dann eine natürliche Treppe aus Felsvorsprüngen hoch bis zur äußersten Spitze des Point: ein Boden aus gefurchtem, zerfressenem Stein unter überhängenden Klippen voll violett blühendem Eiskraut. Dann die Überbleibsel eines kürzlich eingestürzten Teils eines Felsvorsprungs: ein fast zwanzig Meter hoher Turm aus Sedimenten, absurd vom Kontinent abgetrennt, das Gras obenauf schwindend, alles Getier zweifellos geflohen. Die Flut hatte bereits die Verbindung zum Festland weggespült, und der Rest stand da wie ein erodierender, irdener Totempfahl, ein Stück Kerngehäuse angeschwemmter Prärie. Eines Tages würde es eine Schiefersäule sein, strotzend vor Rankenfußkrebsen und zweischaligen Muscheln, letzten Endes würde es zu einem Unterwasserriff werden.

Einmal, nachdem ich etwas weiter nördlich im Morgengrauen gesurft hatte – ich glitt direkt in die blendende Sphäre der Sonne hinein, paddelte auf von vorne beleuchtete Surfer zu, die golden vor einem schwarzen westlichen Sturmhimmel glühten –, nahm ich eine Welle zum Strand und griff meinen Rucksack. Es war ein herrlicher Sonntagmorgen ohne eine Menschenseele an einem meilenlangen weißen Strand, und ich war zu ebendem Turm hochgeklettert. An seinem Sockel lag an jenem Tag ein fast zwei Meter langer, geköpfter zylindrischer Körper mit hervorquellenden Organen, zerfetzten Muskeln und zerschmetterten Knochen: ein von einem sehr großen Hai geschlachteter See-Elefant. Über mir flogen Spatzen, ein paar Wildblumen wehten um einen alten Windschutz herum, und nur das Rauschen des Meeres war zu hören, das man eigentlich gar nicht mehr als Geräusch wahrnimmt. Kein Gemetzel heute, als wir an der Seite des Turms entlangkletterten und über sein Felsfundament hinaus zu einem weiteren separaten kleinen Planeten voller Leben spazierten: die Stelle des Meeressaums, die nie wirklich überflutet wird, die oftmals trocken ist und Organismen beherbergt, die nur gelegentlich befeuchtet werden müssen. Überall lagen Vogeldreck, Möwendaunen, kleine Stücke Abfall von der nahegelegenen Müllkippe, die zum Fressen angeschleppt worden waren. Ebbesiele füllten erodierte Stellen in den weicheren Gesteinsschichten des hoch aufragenden Felsens, und riesige grüne Seeanemonen umrandeten diese Schichten wie ungeheure Rachen, besetzt mit Hunderten lebenden, haftenden Zähnen. Kleine Krebse krochen vorsichtig zwischen ihnen hindurch, um Muscheln zu erbeuten. (Die Anemonen hatten sich zwar festgesetzt, waren aber nicht verwurzelt, sondern konnten langsam weiterziehen, genau wie die Kreiselschnecken mit ihren kleinen konischen Häuschen.) Ein vorzeitlicher Mollusk mit rotem Rücken war hier in der Sonne fehl am Platz.

Vince legte sein Board ab, um sich zu strecken, sah ständig zurück zum Kliff, entzückt über die Leere der Brandung und voller Angst, es könne jemand kommen. Er glaubte gesehen zu haben, dass sich auf dem Weg etwas bewegt hatte: «Eindringlinge?», fragte er.

Ich sah hinüber. «Nee.»

«Keine Eindringlinge?»

«Keine Eindringlinge.»

«Also nur wir beide, ohne Eindringlinge?»

Vince war bei seinen vielen guten Freunden für zwei Dinge berüchtigt. Zum einen für seine Gier nach Wellen. Rücksichtslos trat er gegen jeden um jede Welle an, wobei ihm alle Mittel recht waren, auch Aggressivität oder sogar schmutzige Tricks unter Freunden; du musstest ganz schön auf Zack sein, um deinen Teil abzubekommen. Und zum anderen hatte er die fast pathologische Neigung zu schwören, wo immer er gerade (ohne dich) gesurft hatte, war's perfekt gewesen. Auf jeden Fall besser als dort, wo du zur selben Zeit warst. Sogar wenn du nur eine Stunde nach ihm ankamst, musstest du dir mit Sicherheit anhören, dass diese Stunde die beste seit Jahren gewesen war. All dies bedeutete Vince mehr, als dass er nur seinen Spaß haben wollte; es war das Qualitätsbarometer seines Lebens. Wenn du mehr Wellen bekamst als er oder dir einen besseren Surfspot ausgesucht hattest, überkam ihn das Gefühl, dass ihm die wenige Macht entglitt, die er noch hatte. Immerhin hätte ich ein Leben lang gebraucht, um das zu lernen, was ich von Vince in einem einzigen Jahr lernte, nämlich sein erschöpfendes Wissen über das komplexe Zusammenspiel von Gezeiten, Winden und Dünungen für jeden einzelnen Riffbrocken und jede einzelne Sandbank in der Gegend, die Wellen produzierten, auf denen man reiten konnte. Doch bei all dieser grimmigen Inbrunst im Wasser war Vince ein wunderbarer Gefährte: sehr sarkastisch und ziemlich sensibel in Bezug auf die Gefühle und Meinungen anderer. Er wusste, wann er jemandem auf die Füße trat, und oft schien ihm das Leid zu tun. Aber er hörte dennoch nicht damit auf – Surfen war der Teil seines Lebens, in dem er nie an Boden verlor.

Eine halbe Meile weiter nördlich hatte sich eine große Wellengruppe gebildet. Es gab insofern keinen Grund, jetzt schon ins Wasser zu springen, also sahen wir uns einfach ein bisschen um. An der dem Meer zugewandten Kante des Felsens hatten sich Rankenfußkrebse und Muscheln festgesetzt, Gemeinschaften, die immer wieder bei Ebbe zum Vorschein kamen und bei Flut abtauchten und der vollen Wucht der Brandung ausgesetzt waren. Violette Seeigel sträubten an den Wänden eines badewannengroßen Wasserlochs ihre Stacheln, verkrochen sich in ihre privaten, kleinen Höhlen, die sie in den Felsspalten gefunden hatten. Die organischen Türen der Rankenfußkrebse waren jetzt geschlossen, um die Feuchtigkeit zu halten, würden sich aber bei Flut öffnen – ein vom Rhythmus der Gezeiten geregeltes Leben, gewaltsames Eindringen und Rückzug. Eine neue Gruppe von Wellen erhob sich über den jetzt überschwemmten Klippen, krachte auf die Plattform und versprühte Schaum über uns und die Wasserlachen. Vince wurde ungeduldig und begann auf und ab zu gehen. Er sah sich nach einem Platz um, den er ansteuern konnte, ärgerte sich über Konsistenz und Länge der Wellen. Dann ging er einfach los und kletterte über die gefährlichen Muschelkämme. Als er auf einem kleinen Muschelwulst frei dastand, rollte eine grüne Wand auf ihn zu; er machte einen Satz, sie stürzte vor ihm nieder wie ein Stier vor dem Torero und krachte dann in die Felswand hinter ihm. Bäuchlings auf seinem Brett warf er sich auf die Brandung und legte sich hart ins Zeug, als eine andere Welle ihn in eine Strömung drängte und ihn nach links in eine brodelnde Suppe spülte. Dann kam eine Flaute, und er schaffte es hinaus. Brett in der linken Hand, mit der rechten in die Muscheln greifend, kletterte ich hinunter in den Bereich der aufschlagenden Brandung, durch tiefe Wasserlöcher mit kleinen Wasserfällen, die von den Felsterrassen herabprasselten, und hinaus auf einen muschelüberwachsenen Bug. Genau wie Vince wartete ich darauf, dass eine Welle an der Felswand entlang zu mir heranrollte, dann sprang ich. Leider verfing sich die Leash meines Bretts an einer Felsnase und riss mir das Board mit einem Ruck aus den Händen, gerade als ich lossprang. Ich landete ohne Brett in der Brandung, blieb im jetzt fallenden Wasser dieses Schindangers stecken, einer Senke voller unberechenbarer Felsblöcke. Ich kraulte zurück und griff nach dem Felsen und lag flach darauf, als die erste Welle auf meinen Rücken krachte und mein Board gegen den Stein schleuderte; die nächste warf es mir an die Schulter, dann war Flaute. Ich griff nach der verfangenen Leine, gerade als eine andere große Gruppe Wellen draußen auftauchte; Vince schrie mir zu, ich solle in Bewegung kommen.

Die Leash kam los, und ich wollte gerade springen, da verfing sie sich erneut, also streckte ich mich bäuchlings über dem muschelbewachsenen Steinwulst aus, zerrte an der Leine, bis meine Fingerknöchel bluteten, und stellte fest, dass mir keine Zeit mehr blieb. Der Wasserspiegel sank um gut einen Meter, die grünlich-graue Wand schwoll an und kam brodelnd auf mich zu. Ich stieg etwas weiter hoch, hechtete in ein gemütliches Loch und hielt mich fest, als der Schaum über jenes Bollwerk hinwegdonnerte. Das Wasser prallte gegen meine linke Seite und zerrte mich über die Klippe, einfach so – in freiem Fall rückwärts mit schrecklicher Unvermeidbarkeit in die Senke. Ich wusste, wenn mein Kopf oder Genick auf einen der Felsen da unten aufschlagen würde, wäre es das Ende. Aber dann war ich tief unter Wasser, wirbelte umher, ohne gegen etwas zu stoßen; kam bei meinem Brett an die Oberfläche, zog mich hoch und paddelte hysterisch kichernd hinaus; eine typische reflexhafte Reaktion auf eine Katastrophe, der ich knapp entgangen war. Vince wollte wiederholt wissen, ob ich verletzt sei. Er fand, mein Lachen sei wahrscheinlich ein Hinweis darauf, dass ich ein Trauma oder einen Schock erlitten hatte. Als ich mich wieder beruhigt hatte, sagte er, ich solle in Zukunft vorsichtiger mit meiner Leine sein.

Eine nahezu zwei Meter hohe Welle rollte durch das stille Wasser. Sie stieg steil an und brach nicht zufällig genau an einem Streifen Seegras, der an einem Felsen unter Wasser festgewachsen war. Genau gesagt, so unter Freunden, gehörte diese Welle mir, aber Vince paddelte hart an meinem Bug vorbei, um Position zu beziehen, und in mir steckte kein großer Kämpfer mehr. Ich überließ sie ihm einfach, griff nach dem Luftsack eines Kelpstrangs und leistete meinen Beitrag zur Entropie, zerdrückte ihn zwischen den Fingern, um das Aufplatzen zu spüren, verschmierte seinen klaren Schleim in meiner Handfläche und überlegte, wie viele Anläufe es wohl gekostet hatte, bis die Evolution dieses System hervorgebracht hatte: Luftsäcke, die sich mit Blättern abwechselten, damit die Pflanze weit genug oben schwamm für die Photosynthese. Viele Leute haben mir schon gesagt, was für eine

Plage ich sein kann – eigensinnig, selbstversunken, ein schlechter Zuhörer –, und mögen mich dennoch wegen meiner Vorzüge, beispielsweise, dass ich gerne die gesamte Geschichte eines Menschen erfahren will. Vince verbrachte seine Zeit auf dem Wasser nur zum Teil aus Liebe zum Surfen; der weitaus gewichtigere Grund – das gilt auch für viele andere Surfer – ist der, dass er keine andere Wahl hatte. Kein Soldat kam entzückt über das, was er gesehen hatte, aus dem Vietnamkrieg zurück, und schon gar nicht ein resolut antimilitaristischer Surfer wie Vince. Alles, was ich über seinen Pflichteinsatz wusste, hatte ich von Willie erfahren: Nach einem Jahr im Feld brachte Vince seine Antikriegsagitation sechs Monate Knast im Marine Corps ein. Bis heute leistete er sich keine Veteranen-T-Shirts oder -Autoaufkleber und nur wenige Meinungsäußerungen über Kriege, ob große oder kleine. Hin und wieder machte er eine unheimliche Bemerkung wie: «Mal sehen, wie lange es her ist, seit ich jemanden umgebracht habe ... zwanzig Jahre?» Doch nie erging er sich in Einzelheiten. Vielleicht hatte Krieg nichts mit Vinces Anspruch, den er auf die Wellen erhob, zu tun, mit der Art, in der er auf dem Wasser nach der Nummer Eins Ausschau hielt, aber es wäre eine angemessene Erklärung für mich. Eine Erklärung, warum er täglich stundenlang in die Weite starrte, mit dem Meer stieg und fiel, Dampf abließ und dabei aufrichtig und egoistisch Spaß hatte. Sogar eine Erklärung, warum er mich ab und an auch einmal hinterhältig austrickste.

Ein Seetaucher neben mir versuchte eine halbe Stunde lang, einen überdimensionalen Karpfen zu schlucken; er hatte buchstäblich den Mund viel zu voll genommen. Der 30 Zentimeter lange Fisch ragte 20 Zentimeter aus seinem Schnabel heraus und zappelte wie wild. Jedes Mal, wenn ich aus einer Welle herauspaddelte, war der Fisch drei oder vier Zentimeter tiefer in seinen anschwellenden Rachen gerutscht. (Man stelle sich die Unverdaulichkeit vor! Als schlucke man eine ganze Katze.) Der Otter schwamm auf dem Rücken vorbei, und ich kriegte mehrere schnelle, kleine Wellen, die über brodelnde Strudel und hervorstehende Felsen rollten. Dann wieder Flaute; warten, treiben lassen, auf und ab, über Milliarden kleine Dramen hinweg plätschernd. Immerhin gibt einem dieses Spiel eine ausreichend kleine Linse, um einen winzigen Teil der Welt genau betrachten zu können: Ein Küstenstreifen wie dieser bietet die ältesten Formen gemeinschaftlichen Lebens auf der Erde; seine Kliffe durchlaufen Abschnitte geschichteter Vergangenheit, geologische Zeitalter zwischen Ascheschichten und Muschelhaufen. Und Surfen hinterlässt keine Spuren: Die gemeißelte Wand löst sich ohnehin auf, die Welle bricht sowieso. Ich stürzte in eine Welle, gerade als eine Kette von dreiunddreißig Pelikanen abhob und über Dünung und Wellental flatterte, verspürte dann einen heftigen Ruck, und mein Brett brach aus: Eine im Debakel am Point angeknackste Finne war abgerissen. Aber der Wasserstand war ohnehin zu sehr gestiegen. Die Wellen waren jetzt durch die zusätzliche Tiefe viel zu träge, und Vince wollte die Verabredung zum Mittagessen mit seiner Frau einhalten. Wir schnappten noch ein paar letzte Wellen, und gerade als meine sich über einen Felsen hob, plumpste ich runter. Als ich wieder auftauchte, hatte ich zwei Boards. Mein Baby, mein «Shaped for Dan», war entzwei. Vince bemerkte es erst nicht, stand einfach keuchend auf dem Schiefer und wickelte die Leine um die Finnen. Er sah mich mit verlegener Neugier an und fragte sich vermutlich, ob er nicht etwas zu aggressiv im Wasser gewesen war. Dann bemerkte er die Tragödie, und ich sah ein kleines Grinsen; ich wartete auf einen Kommentar dazu, dass er nie auch nur ein einziges Surfboard zerbrochen hätte, dass ich nie hätte tun sollen, was immer ich getan hatte. Er behandelte seine Bretter wie Kinder und verlieh sie niemals. Als wir den ausgetretenen Pfad hochstiegen, wurde das Rauschen immer schwächer. Ich konnte meine Schritte hören. Das Zwitschern eines Vogels ertönte klar zwischen den Brombeersträuchern und Hemlocktannen, den Farnwedeln und Schachtelhalmen. Dann schien Vince sich zu fangen. Es gab keinen Ratschlag, und er sprach von einem Ersatzbrett in seiner Garage, das ich unbedingt nehmen sollte, bis ich wieder ein neues hatte.

Eine Krankheit, nehme ich an, oder als solche erschien es jedenfalls meinen Mitbewohnern, die mich normalerweise als ernsthaften jungen Mann ansahen. Es ist schon schlimm genug, schlechte alte Spielfilme im Fernsehen wegen ihres Kitschgehalts anzuschauen, sie aber gleich im Dreierpack auszuleihen? Mitten in der Woche mittags dazusitzen und sich Geschichten anzusehen, die schon, als sie rauskamen, nicht gut waren und die niemand mehr verabscheute als die Surfer selbst? Wie gesagt, jeder Verstand tut, was er tun muss. In diesem Fall entscheidet er sich angesichts einer Woche Regen und dem mehr oder weniger ausgelesenen Stapel von Surf- und Abenteuerbüchern für Kunst anstelle von Leben, tritt dem East-Cliff-Video-Verleih bei und ruft ein privates Surf-Filmfestival aus. So, wie man vielleicht von einem Laden in Manhattan erwartet, dass er eine Riesenauswahl an Woody-Allen-Filmen vorrätig hat, gibt es hier einen bemerkenswerten Fundus an alten Surfstreifen auszuleihen, die, was nicht unbedingt überrascht, mehr über Hollywood, wo sie produziert wurden, aussagen als über das Surfen. Zuerst: Surfen und Krieg. Mit Vince im Hinterkopf lieh ich mir Francis Ford Coppolas *Apocalypse Now!* mit Robert Duvall als Captain Kilgore («Ich liebe den Geruch von Napalm am Morgen»).

Aber *Apocalypse Now!* zählt sicherlich nicht zu den Surf-Streifen, also ging ich zum Genre selbst und seinem wahren Thema über: Surfen und Liebe, eine Konstellation, die meinem eigenen Herzen näher steht. Vinces Frau Fran gibt da ein glänzendes Beispiel für gesunden Menschenverstand ab, weil es ihr rundweg lieber ist, wenn er jeden Tag surft, denn dadurch hat sie selbst mehr Zeit, und er ist ihr gegenüber wesentlich ausgeglichener, abgesehen von den fürchterlichen Tagen, an denen er überall herumgefahren und leer ausgegangen war. Und Willies Frau, die früher darauf beharrt hatte, dass Surfen «eine andere Frau» war, machte vor kurzem eine große symbolische Geste, indem sie ein Göttinnen-Festival mit dem göttlichen Titel «Tsu» wie *Tsunami* besuchte. Und meine Susan? Na, sie war kürzlich so weit gegangen, die verbotene Frage zu stellen: Was liebst du mehr, mich oder …? Also sah ich die Klassiker durch, darunter die Liebesgeschichten *Ride the Wild Surf* (1964) und *The North Shore* (1987), sogar die echten Kracher wie *Muscle Beach Party* (1964) mit Annette Funicello und Frankie Avalon, zu dem Stevie Wonder seinen ersten Soundtrack geschrieben hatte. Das Sahnehäubchen war schließlich *Gidget* (1959), in dem das zeitlose und abgedroschene Thema aller Liebesgeschichten, der Kampf zwischen männlichem Individualismus und weiblichen Zwängen, strapaziert wurde. Der gemalte Ozean-Hintergrund wogt unter einer Studio-Brise, und die Panorama-Aufnahmen vom Surfen – mit Mickey Muñoz in Bikini und Perücke als Gidget – wirken wie von einem anderen Kontinent. Die leuchtenden Primärfarben dieser frühen Farbfilme lassen *Gidget* aussehen wie eine bunte Bonbonschachtel, und die Herumtreiber am Strand sind joviale Seemänner direkt aus alten Piratenfilmen. Das einzige Anliegen der sentimentalen Handlungen, ausgehend von europäischen Romanen des 18. Jahrhunderts und perfektioniert in den amerikanischen Liebesgeschichten des

19. Jahrhunderts, ist, dass nette Mittelstandskinder auch ganz bestimmt andere nette Mittelstandskinder heiraten und bis dahin allen Versuchungen widerstehen. Im Allgemeinen kommt die Versuchung in Gestalt dessen daher, was der Kultur der Zeit insgesamt nicht geheuer war – Unterschicht, Indianer, Sklaven, Piraten, Motorradfreaks –, und Surfer passen genau da rein.

Frances, gespielt von der spröden, blauäugigen Schönheit Sandra Dee, ist ein wohlbehütetes süßes junges Ding, das einfach nicht den richtigen Jungen trifft. Der fürsorgliche Daddy will sie mit dem Sohn eines wohlhabenden Geschäftspartners zusammenbringen, aber Frances will davon nichts hören. Wie alle dickköpfigen, idealistischen Mädchen will sie Abenteuer und *wahre* Liebe, also zieht sie alleine los und bahnt sich beim Strandtempel – einer polynesischen Hütte mit Strohdach – mit Charme ihren Weg in eine Gruppe von Surfern. Das ist der Albtraum des Mittelstands: Deine Tochter hängt mit den Taugenichtsen herum und nimmt zudem noch deren Spitznamen an – Gidget. Und natürlich wird sie auf zwei von ihnen ganz heiß, und alles weist darauf hin, dass sie sich der verbotenen Liebe hingeben und unter Stand heiraten wird. Ihre Wahl sind der dunkle, gefährliche Kahuna – der viel ältere Häuptling des Surfer-Stammes – und der flotte, wagemutige, jüngere und sauberere Moondoggie. Gidget und Kahuna hegen eindeutig tiefe Gefühle füreinander; aber er sieht nicht nur gnadenlos gut aus, sondern ist auch *gnadenlos* dem Surfen verbunden. Coopers Natty Bumppo, Spurenleser und Lederstrumpf, hat dasselbe Problem: stets der offensichtliche männliche Held, aber nie der Bräutigam am Ende des Romans. Kahuna sieht toll aus in seinen verwaschenen Jeans, dem zerrissenen Hemd und dem ausgefransten Strohhut, aber ihre Liebe ist ebenso unmöglich, ja unerhört wie die Rassenmischung zwischen Uncas und Cora in *Der letzte Mohika-*

ner. Gleich zu Anfang teilt Kahuna Gidget mit, er sei ein edler Wilder, der «der Sonne folgen müsse».

«Du meinst doch nicht etwa ...», sagt sie entsetzt.

«Doch», knurrt er, als gestehe er ein Schwerverbrechen, «ich bin ein Surf-Fanatiker: Wellenreiten, essen, schlafen, nichts anderes interessiert mich.»

Gidget, süß wie sie ist, fragt genau das, was ich Vince und Willie gefragt hatte: «Es mag zwar schrecklich neugierig von mir sein, aber wann arbeitest du?»

«Das habe ich einmal versucht», erwidert ihr Kahuna, «aber es gab zu viele Stunden und Regeln und Reglementierungen.» Ein verbitterter Pilot aus dem Korea-Krieg – wieder musste ich an Vince denken – verkörpert einen Weißen, der zum Eingeborenen wird. «Für sie», sagt er über Moondoggie und die anderen, «ist es eine Sommer-Romanze, für mich eine Vollzeit-Leidenschaft.» Das erinnert an John Waynes *The Searchers*: Kahunas mysteriöse, gewalttätige Vergangenheit hat ihn so sehr verbittert, dass er zum ewigen Rebell und für die Ehe völlig untauglich wird. Gidget fragt Kahuna unumwunden, wie er sich denn selbst so genug sein könne. «Du brauchst niemanden», teilt sie ihm mit und lässt ihn wissen, wie einsam *sie* wäre, würde sie so leben wie er. Man spürt, wie der amerikanische Mittelstand seine Randgruppen befragt: Würdest du nicht lieber mit einem wunderbaren Mädchen wie mir ausgehen, als dich die ganze Zeit allein herumzutreiben? Zu Hause auf der Ranch bleiben, anstatt hinter Indianern herzujagen? Diese Argumentation ist der thematische Magnet des Films: Surfen mag sexy sein und eine Menge Spaß machen, aber so gebräunt und sorglos und gut aussehend diese Surfer auch sein mögen, sie sind und bleiben Außenseiter und geben einfach keine guten Ehemänner ab. Gidget spürt, dass Kahuna anders ist als andere Menschen – «... das musst du, wenn du imstande bist, dem Leben, das die anderen leben, den Rücken zuzukehren», lässt sie ihn wissen. «Also, ich denke, jeder arbeitet doch in seinem Leben auf irgendein Ziel hin. Wobei, also, du musst ja nicht unbedingt ein Ziel haben ... Oh, es tut mir Leid!»

Genau das, was mich auf der Hochzeit meines Freundes so genervt hat – das «Ziel» –, aber Kahuna bleibt standhaft, genau wie Vince: «Was soll dir denn Leid tun?», erwidert er und führt einen wilden inneren Krieg. «Ich selbst habe dir doch gesagt, dass ich ein Surf-Freak bin.»

Beim Luau am Ende des Sommers – mit Anspielungen auf eine Orgie, in Wirklichkeit aber ein harmloses Bacchanal – spielen tadellos saubere Kinder die Ukulele und machen miteinander rum, als Gidget zu einer List à la Shakespeare greift. Sie bringt Moondoggie – ihren angemessenen Partner – dazu, sie zu küssen, unter dem Vorwand, es würde Kahuna eifersüchtig machen, und anschließend lässt sie sich von Kahuna küssen – ihre offensichtliche Wahl, aber viel zu gefährlich –, um nun Moondoggie auf die Palme zu bringen. Der Schuss geht nach hinten los, und in dem Glauben, dass Moondoggie sie aufgegeben habe, gibt sich Gidget ganz den Versuchungen des Strandlebens hin; im Gefühl völligen Nihilismus, ohne jede Hoffung, wahre Liebe zu finden, abgeschnitten von ihrer Familie, willigt sie ein, mit Kahuna für sie-weiß-schon-was mitzugehen. Er entzündet ein Feuer, legt Jazz auf, hat plötzlich diesen fiesen Blick und macht das Licht aus. Gidget gibt sich sogar die Blöße und trinkt. Es ist ein zwiespältiger, angespannter Augenblick – der Höhepunkt des Films –, in dem dieser gesetzlose Surf-Freak den gesamten Vertrag mit dem Mittelstand in Gefahr bringt. Zum Glück stürzt Moondoggie herein und greift Kahuna an, und während sie sich balgen, läuft Gidget hinaus in die Nacht – unsere amerikanische Jungfrau ist gerettet.

Wieder zu Hause, ist die arme Gidget ohne ihre beiden

Rebellen so deprimiert, dass sie nicht mehr daran denkt, ein aufregendes Leben führen zu wollen. Sie willigt ein, dass Daddy sie mit dem zweifellos streberhaften Freund der Familie zusammenbringt. Und siehe da, es ist niemand anderes als *Moondoggie*. Doch der heißt jetzt «Jeffrey» und trägt Jackett und Krawatte und geht wieder aufs College, anstatt sich auf ein Surf-Abenteuer im Südpazifik zu verdünnisieren. Nachdem sie jede Hoffnung aufgegeben hat, sich ihre eigene Identität zu schmieden, und sich der elterlichen Variante von einer guten Zukunft unterwirft, entdeckt Gidget jetzt, dass Mom und Dad es schließlich wirklich am besten wussten und dass es keinen Ruin bedeutet, sie den Partner fürs Leben auswählen zu lassen, sondern eine *Abkürzung* zur wahren Liebe. Nachdem Moondoggie Gidget verloren und Kahunas (bösen) Charakter erkannt hat, begreift auch er, was für ein Fehler diese ganze Surfer-Rebellion war; um sich von seinen Sommerphantasien zu läutern, gibt auch er seinen Eltern nach. Und als Moondoggie Gidget die Anstecknadel seiner Studentenverbindung schenkt, tauscht sie fröhlich das Surfen wieder gegen die Liebe ein und sagt über ihre Romanze, was sie schon einmal über das Surfen gesagt hatte: «Das ist das Tollste!»

Es überrascht nicht, dass Vince Moondoggies Hochzeit als einen krassen Ausverkauf ansah, ein Abdanken von allem, für das sich zu leben lohnte, und es überrascht ebenfalls nicht, dass ich ihm beipflichtete. Und das, obwohl Vince verheiratet war und zudem einen Universitätsabschluss hatte, und ich hatte zumindest Letzteres und immerhin Hoffnung auf Ersteres. «*Et tu?*», fragte er Willie, als wir alle an einem warm herandämmernden Wintermorgen gen Süden sausten, nackte Haut und Jeans eng aneinander gepresst auf dem Kunstleder

der durchgehenden Bank. Die Bretter waren sorgfältig hinten aufgestapelt, jeweils mit Handtüchern dazwischen, die Finnen sorgfältig abgepolstert. Das Radio war uns kürzlich gestohlen worden, sodass wir in aller Stille Mitleid mit dem verstopften Verkehr hatten, der sich qualmend nach Norden quälte.

«*Et moi* was?», wollte Willie wissen.

«Kinder. Pascale. Setzt sie dich noch immer unter Druck?»

«Überhaupt nicht», entgegnete Willie und wollte offensichtlich nicht mitspielen. Er schob seine Ray Ban wieder auf die Nase und rieb sich das kantige Kinn.

«Lass ihr Zeit.»

Willie grinste in sich hinein, schüttelte leicht den Kopf – keiner von den Typen, die sich für frauenfeindliches Gerede hergeben, schon gar nicht auf Pascales Kosten. «Nein, nein», sagte er, «wir sind uns einig, was Kinder angeht.» Ein weißer Ford Truck, hinten drauf ein Longboard mit nur einer einzigen Finne, schoss an uns vorbei. Auf seiner Stoßstange: «Ein Gott, ein Land, eine Finne.»

«Einig inwiefern?», fragte ich. Irgendwo da draußen braute sich eindeutig ein Dilemma für mich zusammen.

«Oh ... du weißt schon», sagte Willie, «du unterjochst dich in allen Punkten, und dann ist das kleine Programm an der Küste immer schwieriger aufrecht zu erhalten, und ...»

«Als ich klein war», begann Vince und schob mein Bein zur Seite, um zu schalten, «sah ich meinem Dad zu, wie er sich umbrachte, damit Mom es sich im Club gut gehen lassen und mit den anderen Weibern ihren kleinen Lunch einnehmen konnte. Nichts für mich. *Nada*. Die ganze Patriarchen-Chose? Totales Gewäsch. Stell dir selbst die Frage: Wer macht die Arbeit in unserer Gesellschaft? Wer stirbt vorzeitig am Herzinfarkt? *Nicht* die Frauen!»

Mein Wecker war an diesem Morgen in völliger Dunkelheit losgegangen. Ich war die knarrenden Stufen der Holztreppe hinuntergeeilt und hatte meinen Neoprenanzug von einem Wäscheständer in der Nähe des Ofens gezerrt. Und dann hatte ich mich auf diesen einzigartigen, herbeigesehnten Tag gefreut: blauer Himmel, hohe Dünung und das ungestörte Zusammensein mit Vince und Willie. Ich toastete wie gewöhnlich meine drei Sauerteig-Muffins, beschmierte sie mit Butter und Marmelade, füllte eine Thermosflasche mit Earl Grey (der Verzicht auf Koffein war gescheitert) und konnte gerade noch eine Birne einstecken, als Vinces Scheinwerfer auftauchten. Der Vollmond hing in einem sich violett färbenden Himmel, und der Horizont im Osten hinter Salinas glühte. Willie fuhr direkt hinter Vince und parkte seinen El Camino auf meiner Straße, damit Pascale ihn nicht auf ihrem Weg zur Arbeit sehen musste, nicht mit Willies Freiheit konfrontiert wurde; immerhin konnte *sie*, ungeachtet Vinces Theorie, sich nicht einfach den Tag freinehmen, wenn ihr gerade danach war. Willie hatte auch eines seiner Boards in Vinces Wagen gelassen, damit Pascale nicht unbedingt herausfand, dass er sich, trotz finanzieller Engpässe, zwei neue gekauft hatte; und so waren wir überhaupt auf *Gidget* gekommen, auf Surfen und Liebe. Vince fand, dass Willies Zwang zu Betrug und Täuschung in einer ansonsten gesunden Beziehung eher ein Hinweis auf gesellschaftliche Missstände war als auf persönliche. Denn Männer schämten sich aller Aktivitäten, die Frauen und/oder Kindern keinen direkten Nutzen brachten. Jedenfalls hatte er darauf bestanden, dass wir auf dem Weg an einer bestimmten Bäckerei hielten, denn Fran liebte deren Zimtschnecken, also kaufte er ein paar davon für sie; und wir putschten uns mit Espresso auf, was ziemlich riskant ist bei drei höchst angespannten Menschen in einem kleinen Wagen. Dann fuhr Vince mit uns auf einer kurvenreichen Strecke durch eine neue Siedlung mit antiseptischem Asphalt und glatten Bordsteinen und gerade genügend architektonischer Abwechslung, damit es nicht *ganz* nach Neubausiedlung aussah. Er hielt den Wagen vor einem zweistöckigen grauen Haus mit breiter Rasenfläche ohne Zaun wie in der Vision eines Landschaftsarchitekten von suburbanem Grün. Am Strand darunter plätscherte eine perfekte kleine Welle über eine Sandbank, die letzte Woche noch nicht dagewesen war und zweifellos nächste Woche wieder weg sein würde: sie war durch den Regen angespült und von der ablandigen Küstenströmung noch nicht abgetragen worden. Alles schien ruhig; im Wasser waren keine Einheimischen. Die Dünung kam von weit her, völlig ohne atmosphärische Störungen wie ein Anruf aus Übersee mit perfekter Verbindung.

«Sollen wir uns woanders umsehen?», fragte Vince. «Oder einfach die Ängste des Tages im Keim ersticken?»

«Ersticken», sagte Willie.

Vince blinzelte nach Norden, als ob man dreißig Meilen weiter die Mündung der Bucht sehen könnte.

«Fang erst gar nicht damit an», sagte Willie. «Ich kann nicht erst um die ganze Welt fahren.»

«Also los.»

Und so war's dann auch; zurück zum Wagen, nackt auf der Straße. Ein Mann in grauem Anzug glotzte uns aus seinem silbernen japanischen Viertürer heraus an, wie wir halb nackt in aller Halböffentlichkeit dastanden, und Vince schüttelte gedankenverloren den Kopf aus Mitleid. «Seht ihr, es macht die Leute fertig, Jungs wie uns zu sehen, die die Gaben des Ozeans genießen, während sie selbst sich umbringen, um die dicke Kohle zu raffen, und das Meer nur nachts hören. Vielleicht noch mal am Wochenende mit der besseren Hälfte im Partnerlook am Strand spazieren gehen und Muscheln sammeln.»

Besorgt sah Willie ihn an. «Hey, hey», sagte er. «Ruhig Blut, Alter. Sind auch nur Leute, die ihr Leben leben.»

«Was ich nur sagen will», beharrte Vince und schüttete den Rest Kaffee in sich rein, «während Frauchen ihrem Männe den Seestern zeigt, ist der in Gedanken nur beim Schmusekätzchen seines Nachbarn.»

«Meinst du?», fragte ich.

«Na, jedenfalls wenn er gesund ist – aber wahrscheinlich hat er's am Herzen.»

«Was hast du heute bloß getrunken?»

Ein Schild blockierte die Holztreppe hinunter zum Strand: «Weg geschlossen, Rutschgefahr bei Regen.» Wir stiegen darüber hinweg, und als wir eine baumbestandene ausgewaschene Rinne hinunterstiegen, rief Vince über die Schulter zu uns hoch, dass er all den Feministinnenquatsch über Arbeit als totale Heuchelei ansah. Man sollte ihm *eine* Frau zeigen, die sich mit einem Mann einließe, der nicht arbeitet. «Ganz im Ernst», sagte er. «Sogar die glühendsten Feministinnen kommen damit zurecht, weniger als ihr Mann zu verdienen, und auch, genau so viel zu verdienen wie er – auch wenn es sie garantiert hart auf die Probe stellt –, wenn er aber weniger verdient als sie, ist sie *weg*.» Kein schöner Gedanke, wenn das wahr ist: Susan würde bald befördert werden und dann jährlich zehntausend Dollar mehr als ich verdienen. Wir sprangen von der Treppe auf einen ausgehöhlten Lehmweg durch Farne, Weiden und Eichen; eine üppig bewachsene, stille Rinne mit der hohen Vegetation eines Regenwaldes. Der Regen hatte den Weg fast völlig aufgeweicht, und so rutschten wir den matschigen Abhang hinunter und stiegen über Bachbetten, die sich tief eingeschnitten hatten, die jetzt aber trocken waren. Vince fragte Willie nach Pascales Unzufriedenheiten im Laufe der Jahre, und Willie gab zu, dass es diese gab.

Während Vince vorsichtig um einen öliggrünen Giftsumachbusch herumging, hielt er inne, um darüber nachzudenken. Er gab zu, dass er Fran nicht genug Achtung entgegenbrachte. Mir fiel ein, wie ich Vince einmal draußen auf seinem sonnigen Rasen mein Longboard gezeigt hatte, während Fran in einem Korbstuhl saß und Tschechow las. Irgendwann einmal sah sie auf, und verborgen hinter ihrer schwarzen Sonnenbrille fragte sie mich geistesabwesend, ob ich schon einmal auf einem Longboard mit Doppelfinne gesurft sei. Und das von einer Doktorandin in Philosophie, die nicht einmal Krocket spielte – geschweige denn jemals surfte – und weder überhaupt wusste, wie sich ein Longboard mit Doppelfinne verhielt, noch sich dafür interessierte. Doch in ihrem Ton war keine Spur von Ironie oder Spott; sie machte sich nicht über unsere Kleinejungenspiele lustig. Sprachbegabt wie sie war, hatte sie einfach den Jargon gelernt, ihn als einen wichtigen Bestandteil des Mannes, den sie liebte, angenommen, und die Frage dem neuen Freund ihres Mannes aus Höflichkeit gestellt.

Die Rinne führte auf den langen, offenen Strand, der voller Treibholz lag und nach Seetang roch. Die Wellen schimmerten milchig grün; rasche, kleine Abfolgen, auf denen wir uns abwechselten. «Und los geht's», sagte Vince und nickte Willie und mir zu, als er erneut lospaddelte: «Religiöse Fanatiker am Werk!» Mehrere Stunden später gingen wir todmüde zum Auto zurück und fuhren in ein mexikanisches Restaurant zum Mittagessen; stabile Fahrräder mit breiten Reifen lehnten an einer Bank, von der Terrasse sah man über die blaue Bucht, in die der Südpazifik rauschte, und die Restaurantbesitzerin brachte uns Tacos mit Kabeljau und hausgemachter Salsa, schwarze Bohnen, Chips und Bier mit Zitronenschnitzen. An einem anderen Tisch saßen drei junge Surfer-Paare, jedes mit einem ganz kleinen Baby. Ein großer Mann mit vorspringender Nase und Adamsapfel sah etwas verwirrt und glücklich drein, drehte seinen Kaffeelöffel zwischen den Fingern und erwähnte einen weiteren Surfer-Bekannten, der gerade Vater geworden war. Nasal gedehnt, die Augen halb geschlossen sagte er: «Jeeeda hat jetz eins.»

Als ich Mango-Habanero-Salsa auf meinen letzten Taco löffelte, musste ich an Susan denken und wie sehr sie sich wünschte, dass die Dinge, die wir zusammen unternahmen, mir denselben Kick gaben wie das Surfen.

«Na ja», sagte Willie, «sie hat's wohl auf den Punkt gebracht. Du wünschst dir wahrscheinlich dasselbe.»

«Genau das habe ich ihr gesagt.»

«Du hast ihr das *gesagt*? Mann, echt abgebrüht.»

«Genauer gesagt», fuhr ich fort, «lautet ihre Lieblingslitanei zurzeit, ich *wolle* geradezu, dass sie vom Surfen genervt sei.» Es stimmte – sie hatte mich durchschaut. «Sie hat jetzt die fixe Idee, sich über mein Surfen aufzuregen, würde mir erlauben, mich rebellisch und männlich zu fühlen, und sie würde mir somit etwas liefern, über das ich mich dann bei euch beschweren könnte.»

Willie nickte bestätigend und zog sein Hemd aus. An der Küste Kaliforniens gibt es diese seltene mittwinterliche Wärme, für die man einfach nur dankbar ist: sanft, zugleich kühl und warm, eine völlig unbedrohliche Sonne, smogfreier Himmel so klar, dass wir in der Ferne windzerzauste Bäume entlang der Santa Lucia Mountains erkennen konnten.

«Mann», sagte Vince, versunken in den Anblick einer erstaunlich großen Reihe blauer Wände, die von der Klippe abdrehte und über die ganze Bucht Bögen zog. «Oh, là là … die sind ganz schön breit gezogen.»

«Jungs, seid ihr bereit für das Familien-Psychodrama?», fragte Willie, die Hände über dem gebräunten Bauch gefaltet. «Bei dem du als Baby zwischen deine Beine schaust», er führte es vor, «und dann dasselbe bei Mama, und da hast du dann ein Problem am Hals: *la différence.* Du weißt Bescheid, Dan, oder? Die Wunde der Männer?»

Ich schüttelte den Kopf.

«Deine Mama ist zu der Zeit deine ganze Welt, stimmt's? Dein Universum. Und da musst du feststellen, dass du anders bist. Offenbar haben Frauen dieses Problem nicht, denn sie werfen nur einen Blick auf Mama und sagen, *hey*, wir sind gleich, du und ich. Nicht nötig, dass sie ihre Existenz weiter rechtfertigen.»

«Lasst uns zahlen», sagte Vince und versuchte, die Aufmerksamkeit der Kellnerin auf sich zu ziehen.

«Seht ihr, beim Surfen kommt die Wunde ins Spiel», fuhr Willie fort. Er bediente sich aus unserem dritten Körbchen Tortilla-Chips. «Das große Loch, stimmt's? Diese Leere im Innern der großen Wunde, na, sie muss halt ausgefüllt werden.»

«Hat dich Pascale damit indoktriniert?», fragte Vince und zog seine Brieftasche heraus.

«Nein, nein», beharrte Willie. «Weißt du, die Theorie besagt – und du musst dich damit befassen, Vinnie. Ich meine, eine Wunde? Du könntest letzten Endes den Opferstatus für dich in Anspruch nehmen! Hör zu, der Mann zieht aus diesem klaffenden Loch unerschöpfliche Energie für *intime* Obsessionen», er sah uns beiden in die Augen, «und das trifft wohl auf ein paar der Jungs, die wir kennen, zu: besessen von nichtmenschlichen Aktivitäten … von gedanklichen Systemen … und *warte*, Vinnie. Wechsel jetzt nicht das Thema, wir alle sehen, wie sich die Wellen auftürmen. Gib's einfach zu. Du bist ein ziemlich verwundeter, kaputter Typ, oder etwa nicht?»

Vinnie rieb sich die Augen.

«Und du, Dan?»

Ich nickte. Absolut verwundet.

«Darum kann die *Frau*», sagte Willie und stützte sich mit beiden Ellbogen auf den Tisch, «wahrscheinlich keinen Bezug zu deinem Bedürfnis haben, dein Ding ständig durchzuziehen. Sie hatte nie eine solche Wunde. Sie musste sich nie sagen, *hey, mio isolato*. Einfach nur: ‹Mama sieht aus wie ich, die Welt sieht aus wie ich.› Sie holen sich weiter all die Intimität von anderen Menschen. Insofern ist ihr Blick auf etwas anderes gerichtet als …»

«Surfen.»

«Surfen oder Physik oder Segeln oder was immer … Gott noch mal, das ist echt eine Wahnsinnswelle.»

Vince erhob sich von seinem Stuhl: «Können wir jetzt gehen?»

Tortilla-Chips aufgegessen, Rechnung bezahlt, Kekse und Kaffee beim nächsten Straßenstand besorgt, und ab geht's direkt zum Point, den schönen Lehmpfad hinunter mit all dem nassen Grün, reines Chi am Wegesrand: hochaufgeschossenes Fuchsschwanzgras, lila und weiß blühender wilder Rettich, kleine blaue Glockenblumen und wuchernde Senfpflanzen zwischen Brombeersträuchern. Eine Staude wies sechs perfekte, voll aufgegangene Mohnblüten auf, jede mit vier orangefarbenen Blütenblättern, die ein leuchtendes, wirbelndes Feuer aus orangen Staubgefäßen einfassten; alle zuoberst auf einem einzigen grünen Stängel mit kleinen violetten Scheiben direkt unter den Blüten – wahnsinnig zart und perfekt. Und das Beste von allem: Es ging keine Brise, sodass die Wasseroberfläche still dalag und der Nebel sich verdichtete. Windstille Wärme gibt es in jedem Frühling und Herbst nur ein paar Tage lang; insgesamt zehn solche Tage, vielleicht zwölf, im Jahr. Sie machen einem bewusst, wie geschäftig es sonst an der Küste zugeht: Der Himmel hetzt von einem Ort zum anderen, gierig saugt sie den Nebel ein oder holt einen Sturm von weit her, der dann genau hier losbricht … wie ausgedörrt sind ihre Pflanzen im Sommer, wie matschig und durchnässt mitten im Winter. Diese Tage waren die drei Prozent des Jahreszyklus, in denen die Küste einmal nicht im Begriff war, sich hastig zu verändern und einfach glücklich und lebendig blieb.

Und als wir uns dem Bahndamm näherten, sprang ein großer Luchs mit kurzem Schwanz und dicken Hinterbeinen aus dem Gebüsch, überquerte die Straße und blieb dann stehen. Er sah über die Schulter zurück zu uns mit seinem flachen Gesicht und den spitzen Ohren, so wie Katzen dies oft tun: Sie greifen nicht an, aber sie sind zum Sprung bereit. Er machte noch einen Schritt auf die Schienen zu und war verschwunden.

«Jungs, seht euch das an», murmelte Vince, als die Wellen in Sicht waren, «das Meer kriegt Gänsehaut.» Er fing an, seine Klamotten abzustreifen. «Seht-seht-seht-nur! Oh, die reinste ...»

«Sag's nicht», bat Willie.

«Aber warum nicht?», jammerte Vince.

«Bitte.»

«Muschi?»

«Du blöder Hund!»

In voller Montur kletterten wir die Klippe entlang hinauf zur Plattform und standen da wie auf dem Bug des Kontinents, ein Bug, der sich seinen Weg durch die entgegenströmende See bahnte. Bei der absoluten Regelmäßigkeit der Wellenformen und Klarheit der Wellenlinie fühlte sich der Moment ziemlich genau so an, wie ich mir das in den Monaten erhofft hatte, in denen «die Dünung keinen Sinn ergab». Der Moment, wenn der Ort, dem du so viel Liebe entgegengebracht hast, wenn das Riff, das du so intim kennen gelernt hast, endlich die perfekte Sprache sprechen, von der du wusstest, sie können sie sprechen. Wir warteten auf eine lange Flaute, da es eine Katastrophe wäre, von einer dieser Wellengruppen erfasst zu werden. Als es so weit war, sprangen wir und erreichten trockenen Haupts die äußerste Spitze. Die Wellen waren ungefähr dreimal so hoch wie ich, aber das Wasser war so weich und die Wellen so rein, dass man mit gleichmäßigen Stößen vorankam, weitergleiten, aufstehen und schreiend die lange

Fläche hinabsausen konnte. Wenn man zum Fuß der Welle kam, musste man die Kante des Boards schräg ins Wasser neigen und alle Energie dazu nutzen, die Wellenwand wieder hochzukommen und in langen, offenen Bogen kreuz und quer über die Bucht zu surfen. Die Dünung baute sich den ganzen Nachmittag über auf, und es kam zu keiner Fortsetzung unseres Gesprächs: Zu selten trafen wir an derselben Stelle zusammen, viel zu vieles, an das zu denken war, nichts, worüber man sich hätte beklagen und austauschen wollen. Die langsam untergehende Sonne verwandelte die Welt nach und nach in einen gläsernen Planeten aus hochrotem Dunst, und die einsetzende Ebbe verschob den Ausgangspunkt immer weiter hinaus aufs Meer: Von hinten bildeten die Wellenrücken, die auf die Küste zurollten, meilenlange Wände aus lichtdurchlässigem Kristall. Als die größeren Wellengruppen einsetzten, erschienen sie zunächst als dunkle Unregelmäßigkeiten in der Ferne. Vince wusste genau, wo sie sich brechen würden, und hielt ihnen jedes Mal stand; widerstand der Versuchung, den hereinkommenden Wellen entgegenzupaddeln und somit hinein in die Sicherheit, die hinter ihnen lag. Als es schon fast dunkel war, sah ich, wie Vince die Vorderseite einer Welle hinabglitt, die ihn winzig klein erscheinen ließ, und ich brauchte lange, um über sie hinauszugelangen. Konzentriert, wie er war, winkte er mir nicht zu, aber er grinste im Vorüberfliegen. Als ich selbst meine letzte Welle gesurft hatte, fühlte es sich an, als stiege ich mühelos aus einem Zug bei hoher Geschwindigkeit, und ich ging als Letzter an Land, gerade als die Sonne unterging. Auf dem Grasstreifen erzählte Willie Vince, er müsse dringend nach Hause, da er zwei Heilbuttsteaks im Kühlschrank liegen habe, die er zubereiten wolle, ehe Pascale von der Arbeit heimkam. Ehe ich mich umzog, saß ich eine Weile da, blickte über meine Lieblingsbucht und empfand etwas, was man im Leben nur selten empfindet, das

Gefühl, dass ich präsent und vorbereitet war für einen Moment der … – was war gleich das Wort? Überfülle?»

«Die Wunde», dachte Willie gerade laut, splitternackt in der Dunkelheit neben seinem am Boden liegenden Brett.

«Glaubst du, deshalb wird dir dein Board zum Fetisch, Vince? Kastrationsängste?»

Vince sah kurz auf, deutete dann hinaus aufs Meer, wo sich die größte Welle, die wir bislang gesehen hatten, aufbaute und eine Schaumkrone ansetzte. Vince murmelte etwas, was ich nicht verstand, sah weiter der golden vibrierenden Welle über dem Riff zu. Hinter den schwarzen Wolken bog sich die Sonnenscheibe über den Horizont zurück und hinterließ einen orangefarbenen, geisterhaften Schimmer als unbestimmtes Vorzeichen eines heraufziehenden Sturms.

Ich war einmal mit einem Freund in einem fast verwaisten Hotel in einem Hochhaus in Wichita, Kansas, in dem es einen heruntergekommenen Tiki-Saal voller Topfpalmen und strohbedachter Bars aus Bambus gab. Als wir nach dem Abendessen durch dunkle, menschenleere Straßen zum Hotel zurückgingen, kamen wir an einem verlassenen Parkplatz vorbei; dort hörten wir das vertraute Klick-Klack schleifender Skateboardhecks und schreddernder Rollen auf dem Beton. Ich verbrachte eine fürchterliche, schlaflose Nacht; unser Zimmer auf dem einzigen belegten Stockwerk pulsierte blutrot im blinkenden Neonlicht der Uhr eines benachbarten Bürogebäudes, einem fast halluzinogenen Leuchtfeuer der Moderne inmitten all der Leere der Hochebene. Am nächsten Morgen spazierte ich hinüber zum Kongresszentrum, um mir die Zeit zu vertreiben, und stieß auf eine Autoausstellung, die ausschließlich dem VW-Käfer gewidmet war. Dort in Wichitas sterbender Innenstadt – ein Relikt aus seinen Tagen als mächtiges Zentrum der Rinderzucht –, auf diesem Ausstellungsgeschoss tausend Meilen von der Küste entfernt, lag ein gebrauchtes, doppelfinniges Shortboard von 1970 auf dem Rücksitz eines leuchtend gelben Cabriolets. Der Gebrauch des Bretts – sein Leben als funktionelles Instrument – war irrelevant für seinen Status als Talisman für die verträumteste amerikanische Vision von Freizeit. Und das war gar nicht so überraschend, denn schließlich war Wichita die erste Stadt im Landesinnern, in der man Bruce Browns *Endless Summer* sehen konnte, den erfolgreichsten Surffilm aller Zeiten und der nächste in meinem privaten Filmfestival.

Selbst wenn du den Film nie gesehen hast, weißt du, worum es geht: Südkalifornien, ewige Kindheit – Peter Pan. Bei der Premiere in Santa Monica im Sommer 1964 spielte *The Endless Summer* sieben Abende vor ausverkauftem Haus. Um zu beweisen, dass sich der Film auch außerhalb von Los Angeles verkaufen ließ, mietete Brown ein Kino in Wichita: mitten im geographischen Zentrum des Landes, mitten im frostigen Winter. Volltreffer. Weiter nach New York und begeisterte Besprechungen – Bruce Brown als «der Bergman der Bretter», «Fellini der Brandung». *Newsweek* nannte den Film «atemberaubend ... eine mitreißende und aufregende Geschichte über das menschliche Geschick, es mit dem Ozean aufzunehmen». *The New York Post* schrieb, der Film sei «etwas ganz Besonderes ... All diejenigen, die nicht seine Schönheit und seinen Nervenkitzel erkennen, haben keine Augen im Kopf», und *The New York Times* erklärte: «Schwung und Spaß, hypnotische Schönheit und fortwährende Spannung». Mike Doyle fand, er zeige die reine Freiheit des Sports: «Da gibt es keine Klingel, keine Stoppuhren ... nur dich, ein Surfboard und das Wasser. Die Surfer im Film schadeten nichts und niemandem. Sie betrieben nur etwas, das sie wirklich liebten, etwas so Einfaches wie die Suche nach der perfekten Welle.» So trivial der Film heute erscheinen mag, *The Endless Summer* spielte bei einem Budget von 50000 Dollar über 30 Millionen Dollar ein; Bruce Browns hausgemachter Dokumentarfilm hatte nicht einmal Dialoge, nur einen später eingespielten Kommentar, und er brachte ihm ungefähr 8 Millionen Dollar ein. Die Macher früherer Surffilme mieteten sich Säle in Küstenstädten, verkauften Eintrittskarten an der Tür, spielten Schallplatten zu den Filmen und moderierten von der Bühne herab, während die Menge johlte und pfiff. Keine Handlung, kein Sex, keine Gewalt; Robert und Mike reisten einfach in neunzig Minuten um die Welt und verhielten sich in den wildesten und fremdesten Kulturen genau so, als seien sie immer noch in Malibu. Absolut kein mystischer Unterton von Wahrheitssuche – einfach der Hedonismus der Fünfziger mit gesundem, entspanntem Spaß.

Viel von dem Charme, der *The Endless Summer* ausmacht, liegt in dem Gelächter der vom Surfen verblüfften und aufgekratzten Leute, in den Sequenzen fröhlicher Kinder aus dem Senegal, die mit Surfboards spielen, herumtollen und gelegentlich einmal auf die Füße kommen. Der Film zeigt eine sehr ansprechende Vision von globaler Gemeinschaft, geprägt vom kalifornischen Sinn für Spaß. In einer Szene paddelt eine Gruppe von Senegalesen in einem kunstvoll geschnitzten Kanu hinaus, um Netze zum Fischen auszuwerfen. «Sie sprachen kein Englisch», erklärt der Erzähler, «und Mike sprach nicht ihre Sprache, so paddelten sie heran und sagten so etwas wie ‹Unga wamungi wungo›. Mike lächelte und erwiderte: ‹Yeah, Mann, häng zehn.› Das fanden sie toll. Sie paddelten weiter und sangen: ‹Häng zehn, häng zehn.›» Später stehen sie dann alle lachend am Strand, die Senegalesen um die Amerikaner herum, und stellen nicht übersetzte Fragen; die Jungs antworten auf Englisch, und beide Seiten vertiefen sich in einen fröhlichen, zu nichts führenden Austausch. Spielen transzendiert nicht nur die Kultur, sondern die Sprache selbst. Mit den Augen der 1990er Jahre gesehen, ist die koloniale Dummheit der 60er Jahre peinlich: Zwei gesunde, wohlhabende Jungs aus dem Westen auf einer unvergleichlichen Reise des Kulturimperialismus – die ganze Welt ist ihr Vergnügungspark. Im Flugzeug nach Afrika überlegt Robert, ob sie wohl Brandung vorfinden, sich Malaria einfangen, von den Speeren der Eingeborenen durchbohrt würden. In Nigeria jagt ein schwarzgesichtiger Eingeborener sie durch «einen Dschungel mit allem Drum und Dran, sodass sie jeden Moment erwarten, Tarzan an einer Liane heranschwingen zu sehen»; und in einem senegalesischen «primitiven Fischerdorf» haben die Jungs Angst, «Surfen könnte irgendwelche religiösen Tabus der Einheimischen verletzen, sodass sie angreifen könnten». Über diese Fischer, die hinaus auf See rudern, sagt der Sprecher: «Wenn du da draußen bist und sie paddeln auf dich zu, dann denkst du, sie kommen mit ihren Spießen, um dich zum Abendbrot zu verzehren.» Die Burschen in ihrem Kanu haben keine Schwierigkeiten, ein paar Wellen zu ergattern, und tragen natürlich alle T-Shirts und Jeans. Eine Welt, die kurz davor steht, durch soziale und militärische Konflikte in Trümmer gelegt zu werden, gibt sich vor My Lai und Watergate fröhlich einer letzten Phantasie von einer Pax Californica hin.

Und vielleicht verspürte ich etwas von dieser Phantasie, als ich zum ersten Mal auf einem Surfboard stand. Ich war zwölf, mitten im Nebel Südkaliforniens; Dad und ich waren von Berkeley hinuntergefahren, um mit Onkel Jim zu surfen und auf dem Parkplatz in der Nähe des Atomkraftwerks bei San Onofre zu kampieren. Jim war gerade von einer mehrjährigen Weltreise zurück; er hatte in Indonesien gesurft und war in Nepal gewandert. Ein Typ, der als Teenager in den späten Sechzigern an der Waimea Bay gesurft hatte und sogar an der Banzai Pipeline, ein paar Jahre nachdem dort zum ersten Mal Phil Edwards gesurft hatte. Als die legendäre Dünung von 1969 in der Examenswoche über die Universität in San Diego hereinbrach, hatte sein Zimmergenosse gerade das Studium abgebrochen – drei Tage vor dem Abschluss; er hatte sich bei klarem Verstand eindeutig Prioritäten gesetzt. Und bei San Onofre, obwohl einer der tollsten frühen Surfspots, war es an jenem Abend zu kalt gewesen, um alte Tiki-Hütten, Ford-Trucks und Longboards aus Redwoodholz und damit die Atmosphäre der Zwanziger und Dreißiger heraufzubeschwören; zu viel Asphalt, als dass man das New Polynesia, das es einmal war, noch hätte spüren können. Trotzdem bereiteten Dad und Jim auf einem Campingherd Quesadillas zu, schenkten dem Jungen einen kleinen Jack Daniel's ein und sprachen über das Wasser. Ich war ein blasser Stadtjunge, mehr an elektrischen Gitarren interessiert als am Meer, war aber Feuer und Flamme, als Dad sich an sein Bodysurfen in Windansea erinnerte – keine Menschenseele draußen, das Wasser warm und klar. Mein Vater ist einer der besten Geschichtenerzähler, denen ich je zugehört habe, und als wir aßen, beschrieb er den Sonnenuntergang, den die beiden Brüder vom Wasser aus beobachteten, und wie er nach vielen Stunden des innigen Gleitens auf den Wellen beschlossen hatte, den Sonnenuntergang aus einem anderen Blickwinkel einzufangen. Er tauchte zwei bis drei Meter tief hinab und drehte sich dann auf den Rücken, sodass er sehen konnte, wie das rosa Licht der Abenddämmerung meergrün durch die wogenden Stiele der Kelpwälder sickerte.

«Sofort nach der Highschool», fuhr Dad fort, «haute ich ab nach Hawaii. Ich war zwar kein großer Surfer oder so, wusste aber, dass da drüben etwas los war.» Sein Onkel Johnny Morrissey war in Pearl Harbor stationiert; Dad hatte erfahren, dass Angehörigen der Navy gratis Surfboards zur Verfügung gestellt wurden. «Also nahm ich einen Bus durch die Zuckerrohrfelder, und ich weiß noch, wie mich dieser riesige Scheiterhaufen schockierte, der da in der Hitze loderte und auf dem die sterblichen Überreste japanischer Zuckerrohr-Arbeiter zurück nach Japan gesandt wurden. Ich lernte Surfen, Sporttauchen, erlegte einen Aal mit dem Speer. Aber um euch zu zeigen, was für ein Idiot ich doch war, folgendes: Ich lernte auf einer Navy-Party Miss Waikiki kennen, und sie rief mich am nächsten Morgen an und sagte: ‹Hör mal, ich habe heute den ganzen Tag ein Auto zur Verfügung ... wir könnten zur anderen Seite der Insel fahren und ein Picknick machen.› Wisst ihr, was ich erwidert habe? ‹Weißt du, das wäre echt toll, aber hier bekommt man diese Surfboards, und ... na ja, also ... tut mir wirklich Leid.› Während ich so dasaß und zuhörte, musste ich daran denken, dass ich am Nachmittag auf die Füße gekommen war; genau wie den kleinen Burschen am Pleasure Point durchzuckte es mich plötzlich: *Himmel, ich kann's! Ich surfe tatsächlich!* Und jetzt war es für mich von Bedeutung, dass mein Vater damals in Hawaii gesurft war; ich ertappte mich sogar bei dem Gedanken, dass ich ihm wünschte, er wäre dort geblieben und hätte sein Leben lang so gelebt – etwas, das er gar nicht für sich wollte.

Eine halbe Stunde Autofahrt liegt zwischen Berkeley und dem nächstgelegenen Surfspot, und der ist nichts für Anfänger. Die Alternative an Land war, mit dem Skateboard Asphalt zu schreddern oder durch leere Swimmingpools zu heizen. Tim Heathcliffs Mutter korrigierte Hausarbeiten in einem Diner, während wir über Betonwellen ratterten und durch tiefe Senken sausten, Freestyle Bowls, Buckelpisten und Slalomparcours fuhren, glatte Wände entlangschossen, uns in die Tiefe stürzten und wieder herauf. Als Tim merkte, dass blaue Cordhosen für 35° C Hitze im Central Valley nicht sonderlich gut geeignet waren, skatete er runter zum Einkaufszentrum, machte einen Bogen um den Diner, stahl eine Schere und – Bingo – kam in Shorts wieder. Wenn man rief: «Dropping in», hieß das, eine Senke zu durchqueren; mit zwölf wiederholte ich das abends im Bett. «Dropping in!» war das Geltendmachen einer Zugehörigkeit – ich gehöre dazu. Einer wirkenden Kraft – ich tue. Sommernachmittage auf einem Tennisplatz auf einem Dach, wo wir Sperrholzplatten am Drahtzaun festgezurrt hatten, um die ansteigende Betonkrümmung zu verlängern: Schwung holen, die Wand hoch, drehen und wieder runter. Wie über den Rand der brechenden Welle. Dann fünfundzwanzig Cents und den Nummer-7-Euclid-Bus rauf zu den Hügeln von Berkeley, im Gepäck eine Hand voll Doughnuts und so energiegeladen, dass wir alles hätten bewegen können. Wir bretterten schmale Bürgersteige hinunter, zogen enge Kurven. Im Handumdrehen konnte man in den Petunien von jemandem landen. Wieder in der Innenstadt, rein in den Shuttlebus – gratis für Studenten der Universität und Zwölfjährige mit Skateboard – und hoch zum Campus. Wenn es dunkel wurde, stiegen wir aus dem Bus, rauchten im Gebüsch einen Joint, richteten unsere Bretter hügelabwärts und überließen uns der Schwerkraft. Surfer sagen: «Gott muss ein Surfer sein»; der Architekt der Universität in Berkeley muss ein Skateboarder gewesen sein. Fast eine Meile lang schlängelten sich makellose Asphaltwege durch gepflegte Rasenflächen. Kalte Luft im Gesicht, die Jeans vom Sandpapierstreifen auf dem Brett schon durchgescheuert. «Roller!» – ein Bullenwagen lauerte irgendwo vorne im Schatten, und das Wort flog von Mund zu Mund. Wir brachen zur Seite hin ins Gras aus, purzelten übereinander und rutschten über den feuchten Rasen.

Asphalt aber ist hart: der Fuß eines Kids wurde in einer Senke völlig nach hinten verdreht; Adam Crowley brach sich das Bein («Mann, du hättest es sehen sollen, der ganze Knochen stand raus. Also, ich kann ihn zwar nicht ausstehen, aber irgendwie tat er mir doch Leid»); Skateboard-Held Ivor Brown sprang von einem großen Hügel, um seinen Schwung auslaufen zu lassen, schlug mit den Hacken gegen seinen Hintern, fiel herunter und glitt auf dem Kinn über den Boden wie ein Schlitten aus Fleisch. Also bremste ich an Kreuzungen ab, war feige und schaute nach rechts und links. Reed Deleuth, ein Wahnsinniger wie aus dem Comic und später Geschwindigkeitsfreak in Hell's Kitchen, erzählte mir, wie er den Verkehr an einer Kreuzung sah. «Ich scheiß auf sie», sagte er, durch und durch Kalifornier, «wenn sie mich anfahren, verklage ich ihren Arsch und werde reich.» Und natürlich einer, der dabei blieb: Luke Marcus, professioneller Teenager und Skateboarder, wurde Cross-Country-Skirennfahrer und zog in eine Stadt hoch oben in der östlichen Sierra Nevada. Als Endorphin-Junkies und strenge Vegetarier liefen er und seine Frau an den meisten Samstagen zwanzig Meilen in großer Höhe und legten die fünfzig Meilen von Mammoth nach Yosemite einmal auf Skiern an einem Tag zurück. An Wochentagen folgte sie ihm um zwei Uhr morgens mit dem Wagen, während er fünfzehn Meilen lang und weit über tausend Höhenmeter zurücklegend auf dem Skateboard den Asphalt der June Lake Road hinabbretterte, durch die pinienduftende alpine Luft flog, sich in weite, sanfte Biegungen legte und die Wellen im Kontinentalriff bis hinunter in öde Wüstenlandschaften ritt. Und als ich endlich einen Führerschein hatte, fuhr ich über die Bay Bridge nach San Francisco, vorbei am Golden Gate Park und unzähligen, mit Stuck verzierten viktorianischen Häusern bis zur Zementpromenade, wo der breite Ocean Beach eine kosmopolitische Metropole von der Wildnis trennte. Prompt wurde ich von der Brandung niedergemacht und zurückgespült, ohne eine Welle ergattert zu haben. Ich saß am

Strand zwischen Bierdosen, Transvestiten und Fischern und fragte mich, was eigentlich mit mir verkehrt war.

Den endgültigen Ausschlag gaben dann die Schulausflüge entlang der Küste, Camping an einsamen Stränden und Barbecue im Sand. Der Surf-Mythos hat gewiss Geschichten über die Tapferkeit von Pionieren vorzuweisen – die ersten Burschen, die je an der Waimea Bay surften und damit als Erste den makellosen, tropischen Zugang über das Riff fanden –, aber die meisten Spots sind nicht unbedingt tödlich, also zählen eher Geschichten darüber, wer zuerst das *Vergnügen* an dieser Welle hatte, wie zauberhaft sauber und menschenleer es war, Geschichten über billiges Benzin und unbebautes Land, ehe du und deinesgleichen kamen und alles verpfuschten. Es ist weniger ein Mythos der Eroberung als vielmehr der Mythos eines Gartens. Das bezeugt der Film *Big Wednesday* von 1978, in dem das Südkalifornien der Surfer – das meines Vaters und meines Onkels – von seiner Unberührtheit in den Fünfzigern bis in die Siebziger hinein gezeigt wird. Erst war das Paradies, das wir in der «Süddünung im Sommer 1962» verlieren sollten, eine sanft beleuchtete Szenerie mit schönen jungen Männern und Frauen, die am Strand erwachten. Klares Wasser, knisterndes Lagerfeuer, eine Hintergrundstimme, die uns daran erinnert, wie «in den Tagen damals … ein Wind … durch die Canyons wehte … am stärksten vor dem Morgengrauen. Meine Freunde und ich schliefen im Wagen, oft weckte uns der Geruch ablandigen Windes, und wir wussten, dies würde ein ganz besonderer Tag werden.» Unsere drei Helden gehen dann eine brüchige Treppe hinunter zum buchstäblich klassischen Strand: Der tragische, gut aussehende Matt stolpert betrunken voran, während ihn der wilde Leroy aufrecht hält und der blonde, blauäugige Jack Matt auffordert, sich selbst auf den Füßen zu halten. Vor dem roten Abendhimmel zeichnet sich die Silhouette des Tempels ab:

eine alte Pier mit einer Hütte, in der Bear wohnt, ein bärtiger, alter Seebär, Guru und Boardschnitzer, Kahuna. Im Hintergrund sieht man unbebaute Hügel und ein Eisenbahnviadukt – Symbole für Kalifornien als Eden –, und ein Flachsblonder erzählt Bear, wie sehr er Matt verehrt; Bear stimmt zu, dass Matt ein großartiger Surfer werden könnte, wenn er dabei bliebe.

«Was meinen Sie damit?», will der Blonde wissen. «Die Jungs sind so begeistert, dass sie immer surfen werden.»

«Niemand surft für immer», verkündet Bear grimmig und bestimmt damit das wahre Thema des Films, während er eine Schicht Fiberglas auf das Balsaholz eines Big-Wave-Boards aufträgt, ein Totem der Macht. Die Jungs fragen, wann das tolle Board eingeweiht werden soll, und Bear erwidert: «Dafür bedarf es eines großen Tages ... einer Dünung so groß und stark, einer, die alles wegwischt, was vorher war ...» Akt 2, «Westdünung 1965», beendet das Idyll: Jack und seine süße Freundin Sally finden Bear in betrunkenem Dämmerzustand vor, er weint und ist dabei, seine Hütte abzureißen, und dabei betet er die Litanei des Abtrünnigen: «Landeinwärts ziehen ... Steuern ... Ehe ... Scheidung. Die ganze verdammte Chose.» Laut lallt er, dass die Moderne über uns gekommen ist und man der Pier einen Fluch auferlegt. «Ihr werdet unter der Knute eines Rettungsschwimmer-Staats leben», stöhnt er, und prompt beginnt der Film die Leben voller Schmerz und Frustration aufzutürmen, die von Bears prophezeiter großer Dünung weggewaschen werden. Jack wird tatsächlich Rettungsschwimmer und verjagt Matt vom Strand am Tag, als die Einberufung zu einem Krieg eintrifft, dessen Namen der Film nicht nennt. Matt und Leroy täuschen gesundheitliche Untauglichkeit vor, aber Jack bekennt sich zu seiner Pflicht gegenüber Gott und Vaterland. Matt gründet eine Reinigungsfirma für Swimmingpools und heiratet seine schwangere Freundin, und Leroy zieht nach Hawaii, um seinen Traum zu verwirklichen. Aber genau wie Bear vor so langer Zeit versprochen hatte, kann das Meer (fast) alles zurückbringen, was wir verloren haben. Jack kommt als Offizier und Gentleman aus dem Krieg zurück (aber Sally hat nicht auf ihn gewartet), Leroy kehrt als heldenhafter Surfer von den Inseln heim, und «Die große Dünung 1974» bringt die große Lebenswende und die große Dünung, die Bear vorausgesagt hat. Die Reiter sitzen wieder auf: Der ergrauende Matt hebt auf *der* Großen Welle ab und schwebt durch eine tödliche Tube nach der anderen, bis eine Wand aus Wasser über ihn hereinbricht und ihn in einer Unterwelt aus Schaum und Luftblasen ertränkt. Jack und Leroy springen herbei, um ihn zu retten; und einander eng verbunden durch ihre Jugendfreundschaft halten die drei in die Jahre gekommenen Surfer auch im sprichwörtlichen Strudel des Lebens zusammen.

Der Surfer hält sich auf der Hitliste der größten amerikanischen Charaktere ganz oben, zusammen mit dem Cowboy und dem Puritaner, und er gilt als ziemlich blöde. Nehmen wir Jeff Spicoli, gespielt von Sean Penn, in *Fast Times on Ridgemont High* von 1985: ein unbekümmerter, ohne viele Worte handelnder Sklave seiner Sinne (zugleich aber auch liebenswert und sehr witzig). Oder, noch bezeichnender, die in den Medien häufig gebrauchte Bezeichnung für den Zeugen Brian «Kato» Kaelin im O. J.-Simpson-Prozess: der «Inbegriff des alternden Surfers». Das Magazin *Surfer* berichtete, Kaelin aus Milwaukee habe noch nie auf einem Surfboard gestanden; offenbar bekam er von der Presse den Titel, weil er blond war und sich nicht ausdrücken konnte. Auch für Tom Wolfe ist der Surfer eine leicht zu treffende Schießscheibe. Nach dem Erfolg seines ersten Buchs *The Kandy-Kolored Tangerine-Flake Streamline Baby* unternahm Wolfe die Art journalistischer Pilgerfahrt, die die Betroffenen immer zusammenzucken lässt: einen Bericht über unsere exzentrischen Provinzler. Wolfes

Surfer in *The Pump House Gang* (1968) führte eine ganze Truppe von Exzentrikern an: die vollbusige Carol Doda, Hugh Hefner vom *Playboy*, Prominente aus England, die sich unstandesgemäß amüsierten. Die Verachtung von Teenagern für alle Älteren – darunter wahrscheinlich auch für den sich in seinen Dreißigern befindenden Tom Wolfe selbst – beherrscht den Text; die einzige Beschreibung des Surfens stammt von Jackie Haddad, «Tochter eines staatlich geprüften Buchhalters». Anstatt es selbst einmal zu versuchen, exzerpiert er ihre Geschichte voller Verachtung und erzählt uns, sie «schrieb es nur für sich unter dem Titel ‹Meine ultimative Reise›». Eine schöne Beschreibung von Windansea, die aber für Wolfe nur Lokalkolorit ist. Er hingegen beschreibt zwei Burschen im Wasser, die «hinaus aufs Meer starren wie phrygische Küster, die auf ein Zeichen warten», und sogar das reduziert er auf ein gesellschaftliches Merkmal: keine Beschäftigung mit einem eigenen Wert, sondern nur «ein Boot mit Glasboden», das «über die ‹reale› Welt treibt». (Surfboard-Neid?) Wolfe schreibt auch, dass die Surfer «das Mysterium des ‹Oh so mächtigen, kolossalen Pazifischen Ozeans und alles›» als «mysterioso» bezeichnen, und doch kommt es ihm überhaupt nicht in den Sinn, dass dies mehr als eine Pose sein könnte. Er erzählt die Geschichte von Bob Simmons' Tod im Wasser als ein Beispiel für die Faszination, die das Unbekannte auf die Jugend ausübt. «Das mysterioso Ding», lässt Wolfe sie denken, «war, wie Simmons überhaupt sterben konnte. Wäre er einer der alten verspotteten Erwachsenen gewesen, hätte er sicherlich getötet werden können. Aber Simmons war genauso alt wie man selbst, er gehörte zu der Art von Jungs, die in der Pump-House-Gang waren, er war ... *immun*, war ein Teil des Musters, konnte das ganze Oh so mächtige, kolossale Meer spüren, musste es nicht Schritt für Schritt durchdenken. Aber er wurde ausgelöscht und getötet. Sehr mysterioso.»

Übergehen wir die Tatsache, dass Simmons wirkliches Handicap sein kranker Arm war und nicht, wie Wolfe berichtet, sein krankes Bein; vergessen wir, dass Wolfes «Simmons Boy» nicht nur *nicht* im selben Alter wie man selbst war, als er starb, sondern fünfunddreißig; mit Wolfes Worten: selbst ein Panther. Lassen wir außer Acht, dass Wolfe offenbar nicht wusste, wer Simmons war oder dass er vierzehn Jahre vor Wolfes Worten gestorben war. Wolfes wahrer Irrtum ist, das Staunen der Surfergemeinde als Eitelkeit auszulegen: der legendäre Surfer Robert Simmons, der jahrelang in seinem Wagen wohnte und den ganzen Staat hoch und runter surfte, war tatsächlich Teil des ganzen Musters und musste wirklich nicht alles Schritt für Schritt durchdenken. Das ist kein Mysterium, sondern die Kenntnis des Wassers aus lebenslanger Erfahrung. Und zu sagen, dass ein Panther – ein Tourist mittleren Alters aus einem von Land umschlossenen Staat – wahrscheinlich eher in einer Riesenwelle ums Leben käme als ein Mann, der sein Leben dem Verständnis des Meeres gewidmet hat, ist weder eine Frage des Alters noch Fremdenfeindlichkeit, sondern einfach gesunder Menschenverstand. Wolfe hätte wissen müssen, dass man in einem Interview im Umkleideraum wenig über Baseball erfährt; warum will man nicht zulassen, dass Surfer, wie so viele von uns, sich über die wichtigsten Dinge in ihrem Leben nicht zu äußern vermögen? War er denn überhaupt nicht neugierig zu erfahren, was sie tatsächlich im Wasser machten? Hatte er keine Bedenken, nicht einmal einen von ihnen beim Wellenreiten zu beschreiben? C. R. Stecyk schreibt in *The Surfer's Journal*, dass Wolfe bei seinen Nachforschungen über die Westküste als typischer Mann von der Ostküste erst einmal nach Malibu ging. Ein klug ausgesuchter Ort für einen Exklusivbericht über das Surfen; besagte Gidget und die Beach-Party-Filme hatten Malibu bereits weltberühmt gemacht. Doch als der New Yorker in seinem weißen Anzug hinunter zum «Abgrund» spazierte, wurde er «begrüßt wie alle Außenseiter», schreibt Stecyk. «Er wurde kurzerhand mit Kieseln, Flaschen und menschlichen Exkrementen bombardiert.» Sicherlich ein erbärmliches Verhalten, aber es erklärt Wolfes Groll gegenüber den Jüngeren, die Wut des ultimativen Insiders über seine eigene Irrelevanz; man mag sich fragen, warum Wolfe uns nicht selbst etwas darüber erzählt.

Auf jeden Fall sollte man noch erwähnen, dass Wolfe Material übersehen hat, das für seine Zwecke äußerst tauglich gewesen wäre. Wäre er ein bisschen länger in Malibu geblieben, hätte er den unumstrittenen King, die graue Eminenz des Surfens der 60er Jahre kennen gelernt: Mickey «Da Cat» Dora. Obwohl Dora nicht mehr in den USA lebt, sprayt man bis heute «Da Cat» auf Malibus Hafendamm, und es kommt immer wieder zum Vorschein, wenn es übermalt wird. Mike Doyle erinnert sich, «welch Charisma und welchen Stil» Dora hatte, und der legendäre Riesenwellen-Surfer Greg Noll erinnert sich seiner als «einen Wahnsinnsathleten, der in schönem, geschmeidigem, natürlichem Stil surfte». Doras katzenhafte Geschmeidigkeit und Anmut sticht aus der Malibu-Gruppe heraus und ist in den alten Filmen nicht zu übersehen. Er ist einer der Burschen, die auf Teufel komm raus immer cool aussehen. Er war der Sohn eines Weinimporteurs und hatte seine Ausbildung in Militärakademien erhalten, und er setzte gerne geheimnisumwobene Geschichten in Umlauf. So äußerte er die Vermutung, dass sein Stiefvater, der bei einem Bootsunfall ums Leben kam, ermordet wurde, und beharrte darauf, dass das Attentat auf John F. Kennedy Kaliforniens besten Surfspots den Fluch kleinerer Wellen eingebracht hat. Viel von seiner Bekanntheit erwarb Dora, indem er sich als Purist in Bezug auf die Kommerzialisierung des Surfens gab. In *The Surfer's Journal* (publiziert als Fiktion, aber in einem redaktionellen Vorwort von Noll als wahr beschworen) erinnert sich Bruce Savage, wie er Dora zu einer Vorführung von Nolls *Search for Surf* mitnahm. Zu Beginn des Film bemerkte Dora, dass eine hochschwangere Frau vor ihm saß, und er nahm einen großen Feuerwerkskörper aus der Tasche, zündete ihn an und legte ihn unter den Sitz der Frau. Savage schreibt, dass Dora sofort darauf entwischte, die Frau in den Gang geschleudert wurde, wo sie sich in Schmerzen wand, während ihr Mann schrie und schluchzte. Egal, ob die Geschichte wahr ist oder nicht, sie trägt zur Legende Doras bei.

Doch trotz alledem und trotz Doras tatsächlichen Auftritten in Hollywood-Beschiss-Filmen wie *Gidget Goes to Rome* und *Ride the Wild Surf* (in dem er als Stuntman erstmals beeindruckend mühelos an der North Shore surft), sieht Greg Noll in ihm immer noch «einen der wenigen Burschen, die ehrlich an ihre Seele glauben und daran, dass sie einen Teil von sich aufgeben, wenn sie eine Verpflichtung eingehen». Noll war natürlich derjenige, der Doras puritanischen Anspruch mit dem Greg-Noll-Surfboard – Modell Mickey Dora, genannt «Da Cat» und kürzlich in großem Stil gefälscht – vermarktete. Eine Werbung – ohne jede Ironie – zeigte Dora an einer Mülltonne, in die er gerade seine Duke-Kahanamoku-Trophäe aus dem Wettkampf von 1966 warf. «Metallener Erinnerungsnippes als schäbige Abfindung», stand auf dem Werbeplakat zu lesen, «um mich in Reih' und Glied und meinen Mund geschlossen zu halten. Solcher Druck von außen wird aus mir nie einen Schoßhund für die tief verwurzelten Kontrollinteressen machen, die den einstmals großartigen Individualsport zu einer kitschigen Karikatur werden ließen.» Ein anderes Werbeplakat riecht nach Nietzsches Geringschätzung des Durchschnittsmenschen. «Ich will keinen verpickelten Teenager in Pratt Falls, Iowa», stand da zu lesen, «der aus Da Cat eine Autoverzierung macht, oder einen Showbiz-Scheißkerl in Malibu, der Da Cat als Couchtisch benutzt. Da Cat ist zu rein und sensibel für den plumpen Kontakt mit einem gelegentlichen Pseudo-Surfer.» Ein drittes Plakat stellte Dora an die Spitze der Evolutionskette und präsentierte ihn in erkennbar faschistischen Begriffen als schlechteren Surfern genetisch überlegen. Etwas von alledem trifft das Herz der Surfer, die eine größere Welt und ihre korrumpierenden Absichten verabscheuen; es war genau die Art von Fremdenfeindlichkeit, die ich genoss, wenn ich mit Vince herumfuhr und zuhörte, wie er über die Barneys auf der anderen Seite des Hügels fluchte, die per Autotelefon ihre Einschätzung der Brandung an befreundete Software-Techniker weitergaben, oder über die Johnny-come-lately-Typen, die glaubten, ein Recht zu haben, am Point zu surfen (irgendwie war mein eigener Status noch nicht zur Sprache gekommen). Solche Gefühle mögen einfach nur die gewöhnliche menschliche Rivalität aufzeigen, scheinen aber auch mit dem Preis verbunden, den jeder hingebungsvolle Surfer gezahlt hat. Bei so viel Hingabe für so wenig materiellen Gewinn oder Status kommt jeder Gelegenheitssurfer einer Anmaßung gleich, der all die investierte Zeit in ihrem Wert zu mindern droht.

In *Surfers, the Movie* erklärt Dora seine Abneigung gegenüber dem modernen Leben: «Ich kann auf der nördlichen Hemisphäre nicht leben. Ich muss weit zurück in die Zeit, als all diese Tiere, all dieses Leben, die Austern, die Schalentiere, das Ganze ein Teil dieses Geruchs war, Teil dieses Mittelpunkts ... Die ganze Herrlichkeit des Wellenreitens ist dieses lebendige Wesen, die Kommunikation zwischen dir und der gesamten Wirklichkeit und Existenz auf diesem Planeten.» Die Verbindung zwischen Natürlichkeit und Xenophobie tritt in einer weiteren Facette von Doras zweifelhaftem Anspruch auf Ruhm klar zu Tage: als archetypischer Surf-Nazi. Jahrelang hatten Surfer mit dem äußerlichen Firlefanz des

Nazismus gespielt. In den 1930ern warb «The Swastika Surfboard Company» mit Plakaten im Stil des Realismus für ihre mit Hakenkreuz verzierten Bretter, und 1959 berichtet C.R. Stecyk in *The Surfer's Journal*, der amerikanische Meister im Surfen, Jack Haley, und sein als «Wehrmacht» kostümiertes Gefolge seien barfuß im Gänsemarsch ins Point Loma Theater einmarschiert, hätten sich hingesetzt, Böller angezündet und «Sieg heil» gerufen. Stecyk erklärt den Nazi-Fimmel der Surfer zur harmlosen Spielerei mit dem Kram, den alle Väter aus dem Krieg mitgebracht hatten – Schwerter, Helme, Offiziersuniformen der Deutschen –, und Noll sieht Doras Bemalung der Surfboards mit Hakenkreuzen im selben Licht: Er tat es, weil er wusste, dass es die Leute ärgern würde. Das hat sicherlich eine gewisse Plausibilität, da die Täter zumeist Kids waren, die wenig über den Holocaust wussten. Aber Mike Doyle erinnert sich auch daran, dass Dora zum Tennisspielen nach Beverly Hills kam – wo viele Juden wohnen – und dabei einen langen Trenchcoat voller Nazi-Kriegsorden, eine Militärmütze und ein Hakenkreuz an einer Halskette trug. Und auch an Doras Plan, die Strandhütte in San Onofre niederzubrennen und Hakenkreuze auf die Schuppen zu malen – um dem Inselstil seinen Surfnazismus entgegenzusetzen –, konfrontierte die ursprüngliche, ethnische Surferästhetik mit weißer Überheblichkeit und Arroganz. Doyle schreibt, dass Dora 1973 dabei erwischt wurde, wie er ungedeckte Schecks ausstellte. Seine Freilassung auf Bewährung nutzte er dazu, zu verschwinden, und Jahre später wurde er in Biarritz verhaftet und saß ein paar Monate in französischen Gefängnissen, ehe man ihn auswies. (Kurz zuvor hatte Vince ihn in einer Surferherberge in Spanien getroffen, dann noch einmal auf den Kanarischen Inseln; und er erinnerte sich, dass ihm an dem Burschen nicht viel lag.) Nachdem er seine Gefängnisstrafe in den Staaten abgesessen hatte, zog Dora offenbar (ausgerechnet!) nach Südafrika. Viel später wird Dora für *Surfers, the Movie* interviewt und fasst es so zusammen: «Mein ganzes Leben ist diese Flucht, ist diese Welle, in die ich stürze ... und ich kämpfe um mein Leben, riskiere alles, Mann; und hinter mir rutscht mir die ganze Scheiße den Buckel runter ... die kreischenden Eltern ... schreiende Lehrer, Polizisten, Priester, Politiker, Windsurfer ... sie alle fallen hinten runter und zwar kopfüber ... auf das verdammte Riff ... Rumms! Und ich kämpfe um mein Leben, und wenn die Welle abgeritten ist, ziehe ich einen Bogen, reite eine neue Welle und fange die ganze verdammte Chose von neuem an.»

Das Ende des Winters kommt langsam, die Tage werden länger und die Dünungen kürzer, und du fragst dich, wann die gefürchteten auflandigen Nordwestwinde am Nachmittag einsetzen und die Brandung vom Frühlingsanfang im März bis zum Herbstanfang im September ruinieren werden. An einem Tag im späten Februar mit üppig grünem Gras, das noch nicht verbrannt war von der Sommersonne, rief ich meinen Onkel an und erzählte ihm von meiner Theorie, dass Surfen keine Geschichte sei, die man erzählen könne. Ich hatte ihn seit unserer Klettertour im vorangegangenen Sommer nicht gesehen, aber wir telefonierten von Zeit zu Zeit und tauschten uns über die Dünung aus. Ich habe nie jemanden mit solch müheloser Präzision über die Formen und das Verhalten der Wellen reden hören wie Jim, und obwohl er einen knallharten Sinn für Fakten hat, gründet sein Wissen über Wellen auf reiner Erfahrung.

«Nee», erwiderte Jim auf meine Theorie, «das stimmt irgendwie nicht. Die Geschichte darüber ist eigentlich die von der Suche nach dem Gral.»

«Wie der Heilige Gral?»

«Hör mal, eines Morgens wachst du auf mit einem Kater von all dem Mescal, den du in einem Loch in Ensenada gesoffen hast; du fragst dich, warum du unbedingt noch den zweiten Wurm essen musstest, und dann ... fällt dir dieser merkwürdige Traum wieder ein, den du in der Nacht hattest. Ja, der Traum, in dem ein irrer Alter vorkam, der an der Bar saß und ohne Ende über perfekte, leere Wellen an irgendeinem geheimnisvollen Spot unten im tiefsten Baja California schwadronierte.» Er räusperte sich, und ich nahm einen Stift zur Hand. «In deinem Traum – war's überhaupt ein Traum?, überlegst du – greift der Alte nach einer Serviette und einem Bleistiftstummel und fängt an zu kritzeln; na du weißt schon: ungefähr zweihundert Meilen einen Sandweg runter, vielleicht links abbiegen bei dem gebogenen Kaktus, blah blah blah, und als du dann aus dem Bett rollst, um nach Aspirin zu suchen, liegt da vor dir auf dem Boden die *Serviette*!» Er machte eine Pause, und wir lachten beide, dann fügte er hinzu: «Also fährst du am selben Morgen los, und nach einer tollen Fahrt findest du vielleicht perfekte Wellen, oder» – seine Stimme bekam einen spöttisch-geheimnisvollen Ton – «vielleicht auch etwas, wonach du gar nicht gesucht hast.»

Die andere Geschichte ist natürlich die von *der* großen Welle, die ich selbst schon im Kopf hatte. Seit Jahren sah ich mir Bilder von hohen Wellen an und stellte mir vor, sie seien einfach Riesenausgaben all der freundlichen kleinen Wellen, die ich geritten hatte – derselbe lockere Spaß, nur wesentlich mehr davon. Natürlich ist das falsch, und wenn die Suche nach guter Brandung der Suche nach dem Gral entspricht, dann ist die Geschichte von der großen Welle die vom Drachentöter. Der endlose Sommer ist vergessen, die ewige Jugend wird ignoriert, denn für den Drachentöter läuft alles in einem Augenblick der Bewährung zusammen, eine lineare Sage mit unabwendbarem Ausgang. Kein Surfer lebte näher an diesem Mythos als Greg Noll, den Fred Hemmings in seiner wunderbaren Biographie *Da Bull, Life over the Edge* beschreibt als «einen modernen Mann der Berge wie die legendären Charaktere der Rockies in den Tagen des Wilden Westens ... Nicht die Art von Burschen, die sich was aus Quiches machen.» Noll erinnert sich an das Gefühl, «dass es keine von Gott geschaffene Welle gab, die ich nicht reiten konnte. Ich stellte mir die Männer vor, die zu Zeiten von König Artus in die Schlacht gezogen waren und nicht wussten, ob sie leben oder sterben würden, aber vor Zuversicht und Lebendigkeit strotzten ...» Ken Bradshaw, ein weltberühmter zeitgenössischer Surfer großer Wellen, bemerkt: «Ich hänge derselben ‹Lehre› an wie Greg. Ich glaube, dass man genau so surfen sollte, wie es von Anfang an gedacht war: der Mensch *gegen* das Meer» (meine Hervorhebung). Die Riesenwelle, die Noll 1969 in Makaha ritt, steht bis heute für die Erfüllung des Archetypus, die ultimative Story. Noll war bereits legendär als Surfer von großen Wellen, Board-Hersteller und rundum wilder Mann, lebte in Südkalifornien und besaß eine sehr erfolgreiche Surfboardfirma mit -laden und produzierte Surffilme; er war eigens für diese Dünung nach Oahu geflogen, eine, die groß genug war, die seltene, legendäre Brandung von Makaha Point zu produzieren. «Das Wasser war fast so glatt wie Glas», erinnert sich Noll, «und die Wellen waren so hoch, dass sie in mir buchstäblich Gottesfurcht erweckten» – über 15 Meter am äußersten Punkt. Die Polizei sperrte die Straße und evakuierte die Häuser.

«Im tiefsten Innern», schreibt Noll, «wollte ich immer eine Welle reiten, die größer war als alle, auf denen andere bisher geritten waren. Das hier war meine Chance. Nachdem ich ein Leben lang darauf hingearbeitet hatte», erklärt er mit typischer Direktheit, «war endlich der Zeitpunkt gekommen, wo es hieß: entweder scheißen oder vom Pott aufstehen.» Draußen am Line-up, so erinnert er sich, tanzten Wasserperlen auf seinem Board, die von der Wucht der Welle eine Viertelmeile entfernt stammten, wo die brechende Kante der Welle drei Sekunden brauchte, ehe sie unten aufschlug. Über die Welle, die schließlich für ihn hereinkommt, sagt Noll: «Man hätte vor der Vorderseite zwei neunachsige Sattelschlepper übereinander stapeln können und trotzdem noch mehr als genug Platz gehabt, sie zu reiten.» Er vollzieht einen sehr, sehr langen Drop – genau wie er erhofft hatte –, und dann beginnt ein Wellenabschnitt, «eineinhalb Häuserblocks lang», an, sich zu brechen. Die Welle «warf mir eine Wasserfläche über den Kopf und verschlang mich», erinnert sich Noll. «Dann brannte sich im Bruchteil einer Sekunde die ganze Szene in mein Gehirn: Da war ich in dem flüssigen, grünen Hohlraum der Tube ... Ich war schon oft in eine große Röhre hinein- und aus ihr herausgefahren, nur war dies hier viel größer und machte mir viel mehr Angst, mit dem Donnergrollen des Meeres, das von den Wänden widerhallte. Mir wurde klar, dass ich nicht am anderen Ende hinaus ins Tageslicht fliegen würde.» Hemmings nennt dies eine «Todeswunschwelle» und sagt, «ein anderer wäre darin ums Leben gekommen». Und als Noll dann erstaunlicherweise unverletzt an Land schwimmt, reicht ihm sein Freund Buffalo ein Bier und sagt: «Gut, dass du die gekriegt hast, Bruder, denn da wär ich nie hinterher gekommen; ich wollte dir schon bye-bye sagen und Aloooha.» Und es passt genau zu der Sache mit dem Drachentöter, dass Noll mit dem Surfen Schluss macht. Der Entschluss legt Zeugnis ab von seinem Verhältnis zum Wasser als auch von der Kenntnis seiner selbst: Er tat, was er tun musste, und widmete sich dann anderen Dingen.

Fünfundzwanzig Jahre nach Noll wiederholte der auf Oahu lebende Mark Foo jene Suche, aber in entgegengesetzter Richtung. Foo war professioneller Surfer, Sportmoderator im Fernsehen und Surf-Journalist, der seine Karriere darauf gegründet hatte, dass er die größten Wellen ritt. Aus diesem Grund kaufte er ein Flugticket von Honolulu nach San Francisco, um für eine große Dünung bei Mavericks, einem Surfspot zwischen Santa Cruz und San Francisco, der für seine hohen Wellen bekannt war, an Ort und Stelle zu sein. Er machte schließlich den richtigen Sturm über dem Pazifik aus, flog über Nacht hinüber und war am Mittag tot. Seine Leiche trieb fast eine Stunde lang im Wasser, ehe man sie nahe der Hafeneinfahrt fand. Laut Jenkins hatte Foo «alles aufgegeben, sogar die Beziehung zu seinen Eltern, um einen zielgerichteten Kampf mit den großen Wellen aufzunehmen.» Seine Schwester bemerkte einem Journalisten gegenüber: «Surfen ist nichts, was brave chinesische Jungs tun. Sie studieren und werden Ärzte oder Rechtsanwälte. Aber Mark war mit sich im Reinen. Oft hat er mir erzählt, er würde jung sterben, und genau so wollte er abtreten.» Er war nach einem Wipeout zurückgesogen worden und hatte eine Platzwunde am Kopf – wahrscheinlich von seinem Brett, das in mindestens drei Stücke zerbrochen war. Aber Foo war offenbar ertrunken, hatte sich vielleicht mit seiner Rückholleine am Riff verfangen. Dr. Renneker von Ocean Beach untersuchte die Leiche: «Er lag im Heck des Boots», erzählte Renneker den Zeitungen, «den Neoprenanzug bis über die Brust heruntergezogen. Ich stand da und sah ihn an. Seine Muskulatur war perfekt. Seine Kondition war perfekt. Er sah aus wie ein gefallener Held.» Aber es war kein wirklich großes Drama. Der Tag bei Mavericks war eher klein ausgefallen mit wesentlich kleineren Wellen als jenen, die Foo hundertmal in der Waimea Bay geritten war. Foo hatte 1989 einem Kolumnisten einer haiwaiianischen Zeitung erzählt: «Aus irgendeinem Grund bin ich am meisten mit mir im Reinen, wenn sie richtig groß sind. Obwohl sie dich einschüchtern, musst du deine Angst überwinden und akzeptieren, dass du sterben könntest.» So unbeständig ist das Schicksal: Noll ritt eine wahre Todeswelle und überlebte, während Foo, der viel größere Wellen mit Bravour bewältigt hatte, auf einer kleineren umkam. Es ruft die unvermeidlichen Ikarus-Assoziationen in uns auf, taugt aber letzten Endes nicht zum Mythos.

Mavericks, Kaliforniens einziger Surfspot mit wirklich «großen Wellen», wies eine solche Brandung in meinem Jahr dort auf, gerade an einem Morgen, an dem ich zufällig vorbeifuhr. Es ist ein Spot, an dem sehr tiefes Wasser rasch sehr viel seichter wird, sodass sich die offene Meeresdünung in riesigen Wellen bricht; bei Mavericks brachen die Wellen so nur ein paar Mal im Jahr, in manchen Jahren überhaupt nicht. Über ein Jahr lang hatte dort ein Einheimischer namens Jeff Clark mehr oder weniger allein gesurft, aber in den letzten Jahren hatte es internationalen Status auf derselben Linie mit Waimea Bay auf Oahu und Todos Santos in Baja California erlangt. Ich war übers Wochenende in Berkeley gewesen, um Susan zu besuchen, und hörte auf dem Freeway Richtung Westen Radiowarnungen für Kleinflugzeuge, die auf eine hohe Brandung an den State Beaches hinwiesen. Südlich von San Francisco verließ der Highway verkommene Vororte und führte an 300 Meter hohen Steilufern und Treibhäusern voller Blumen vorbei, an strotzenden Artischockenfeldern, windgeschützt von knorrigen Zypressen, und darunter brach die größte Brandung, die ich je gesehen hatte, über die mit Vogelkot bedeckten Felsen und bröckelnden Plattformen. Da sich brechende Wellen die von der Tiefe des Ozeans abhängige Topographie zum Ausdruck bringen, offenbart eine Riesenbrandung sonst nie geahnte Konturen im ganz tiefen Wasser; während ich vorüberfuhr, krachten große blaue Wände über Riffe, die ich dort nie vermutet hätte. Ich fuhr langsamer, um mir das anzusehen, ließ ein Auto nach dem anderen ärgerlich überholen. Seit kurzem schlachtete mein Kassettenrecorder jede Kassette kurzerhand ab, sodass mir bei Ausfall des Radioempfangs nichts anderes übrig blieb, als mich still zu freuen. Drei Millionen Menschen bewohnten den Küstenstreifen, und doch war dies eine Illusion von großem Rückzug: zwei Asphaltspuren, die saubere Dünen von einer glasigen Lagune trennten, eine Frau mit blauer Jacke, die im Schilf stand und Wasservögel beobachtete, während hundert Meter weiter die Brandung schäumend brauste und Gischt versprühte. Ich fuhr neben anderen Fahrern, denen diese magische Dünung nicht das Geringste bedeutete (warum auch). An einer Klippe saß ein großer schwarzer Raubvogel zusammengefaltet auf einem Strommast: patronenförmig, dickbrüstig, mit gebogenem Schnabel. Und obwohl der Highway diese Ecke des Kontinents wie ein Korridor beschleunigter Zeit durchlief, thronte alle ein, zwei Meilen ein weiterer Raubvogel auf einem Masten oder einer Stromleitung in Erwartung der Wärme des Tages – alle in gleichmäßigen Abständen, mit denen sie einander genügend Raum für ihr zeitloses, blutrünstiges Leben zugestanden.

Ein mit weißen Pflöcken umzäuntes Gebiet, genannt Ocean View Farms, erstreckte sich unter riesigen, ausladenden Monterey-Pinien – festen Bäumen wie aus dem Gebirge, die nicht raschelten oder wogten – und zwischen schindelgedeckten, organisch geformten Hütten einer Hippieenklave, die in Gruppen bei der alten Schiffswerft am Pillar Point standen, der Mavericks vorgelagert war. Der ungepflasterte Parkplatz war überfüllt mit Autos und Ultralongboards: Rhino-Chasers, Elephant-Guns (benannt nach den übergroßen Waffen für die Großwildjagd). Wenn sich die Vorderfront der Welle acht, neun Meter auftürmt, wird das Heranpaddeln von unten her durch das Riesenvolumen an Wassermasse, das nach oben strebt, ziemlich schwierig. Durch die Größe des Boards kann der Surfer die Oberflächenreibung dahingehend überwinden, dass er eine Paddelgeschwindigkeit erreicht, die in etwa der Geschwindigkeit der Welle entspricht. Diese Gun-Boards unterscheiden sich sehr von den klassischen, abgerundeten Longboards, werden an Bug und Heck spitz wie ein Stilett und durch zentimeterdicke Stringer verstärkt. Von ihnen geht auch eine gewisse Ernsthaftigkeit aus; allein eins davon zu besitzen, weist auf ganz bestimmte Absichten hin. Ein solches Brett, das das ganze Jahr über in deiner Abstellkammer verborgen lauert, wird dich ständig daran erinnern, was für einen Kampf du angezettelt, aber noch nicht ausgefochten hast. Auf dem Sandboden stand eine Menge älterer Surfer zwischen ihren Pick-ups und Kleintransportern, wachste Bretter und stopfte Neoprenanzüge in Rucksäcke. Die meisten von ihnen trugen Mützen und Sonnenbrillen und sprachen kaum miteinander.

Ich ging den Pfad weiter bis zur Spitze, kletterte einen ausgetretenen, in Erosion begriffenen Abhang hoch zu einer großen Installation der Air Force mit drei Satelliten/Radar-Schüsseln und einem Zaun aus Maschendraht, gekrönt von Stacheldraht. (Offenbar sollte das Radar feindliche Langstreckenraketen und Marschflugkörper ausmachen – kriegerische, ernste Militärs drinnen; kriegerische, ernste Sportler draußen.) Entlang der Klippe standen zwanzig oder dreißig Zuschauer, die auf zehn, fünfzehn Surfer starrten – auf und ab wogende schwarze Pünktchen, die leicht für einen Schwarm schwimmender Vögel gehalten werden konnten. Die meisten Zuschauer waren Männer, aber auch ein paar Frauen waren darunter; mehrere Videokameras, eine Filmkamera. Geredet wurde kaum – Surfer sind im Allgemeinen nicht gerade jovial und gesellig Fremden gegenüber; sie wollen nichts Dummes sagen, zu viel steht für sie auf dem Spiel. Zwei zerbrochene

Boards lagen im nassen Sand, und ziellos und wirr lief ein Surfer im flachen Wasser hin und her, seinen Neoprenanzug bis zur Hüfte abgestreift. Er schien unter Schock zu stehen, wie er so durch das aufgewühlte Brackwasser stapfte und mit den Fingerspitzen übers Wasser strich. Ein kleiner Zeppelin, der für einen Zimtlikör warb, umkreiste die Surfer, während zwei Boote mit Fotografen in der Tiefwasserrinne im Süden warteten. Ein Mann in weiten Hosen und Kapuzen-Sweatshirt erzählte mir, gerade sei ein Teenager mit einer über sieben Meter hohen Welle in freiem Fall heruntergekracht; sein Board sei zerbrochen, er habe sich ein neues geholt und sei wieder hinausgepaddelt. Solche Szenen mit anzusehen ist immer wie eine uralte Mischung aus Drama und Antiklimax; ich stand sicher an einer windstillen Steilküste, während die Pünktchen da draußen, fast eine Meile entfernt, sich kaum bewegten. Ohne die Surfer als Größenvergleich hätte ich niemals erkannt, wie groß die Wellen waren. Viele davon waren etwa zehn Meter hoch, ein paar sogar noch höher, und alle waren von einer völlig anderen Größenordnung als die, in denen ich fast ertrunken wäre. Aber hier und da tauchte einer dieser schwärzlich-grünen Festungswälle zwischen den Hoffnungsvollen auf, einer von ihnen brachte sein Board in Fahrt, sprang auf die Füße und fuhr die Welle hinab; wurde hin und wieder von der Lip hinunter ins Leere geworfen, als springe er von einem dreistöckigen Gebäude (das sich zufällig mit 25 Knoten vorwärts bewegte). Jeff Clark hat gesagt, wenn du stürzt, hält Mavericks dich unter Wasser, als schuldetest du ihm Geld; es hatte den Anschein, als seien ein paar Unglücksraben für lange Zeit aus dem Bild, abgetrieben auf ein Riff unter zehn Meter kaltem schwarzem Wasser. Aber aus so großer Entfernung waren Gefahr, Geschwindigkeit und Kraft kaum zu spüren.

Doch dann bemerkte ich eine Störung eine halbe Meile vor der Surfergruppe, eine Stelle, an der das Meer eine Vertiefung oder Falte zu haben schien, eine unerklärliche Verwerfung an der Oberfläche. Die Surfer suchten sich in Sicherheit zu bringen, und als diese Phasenverschiebung das tief unten liegende Stück Riff erfasste, richtete es sich zu einer gewaltigen dunkelgrünen Kathedralenmauer auf. Ultralongboards sahen aus wie winzige Splitter, als sie zum Wellengipfel, an dem Wasserfahnen abrissen, aufstiegen – höher, immer höher, vielleicht zwölf, dreizehn Meter stiegen diese im Wellental gefangenen Männer steil empor. Doch einer von ihnen lag noch auf seinem Board, paddelte kaum, während die Welle über ihm zu beängstigender Größe anschwoll, und vertraute auf seinen Platz in dieser Krümmung. Gerade als die Welle zu brechen begann, als sie ihre promethische Ausdehnung erreicht hatte, stieg er zu ihrem Kamm empor und setzte sich auf; nicht um zu surfen, sondern um zuzusehen, wie ihr Gipfel grandios und mit tödlicher Rasanz nach vorne kippte, weit vor der sich neigenden Wand. Eine halbe Meile entfernt stand ich inmitten eines Rauschens, das alle harten Töne milderte, und die Wucht der Lip schallte deutlich und hart herüber wie eine Erschütterung, die ich einmal in der nächtlichen Stille der High Sierra vernommen hatte, das raue Dröhnen, als ein ganzes Stück eines Bergs auf dem Boden eines abgelegenen Tals zerschmetterte.

Der Blick dieses Mannes zurück, die optimistische Neugier, derer es bedurfte, in einen solchen Abgrund zu schauen, erschien mir wie eine charakteristische Reaktion auf solche Kräfte; wie ein Bergsteiger, der angesichts eines gefrorenen Wasserfalls zuerst von seiner Schönheit angetan ist und ihn erst später als Gegner begreift. Und welchen Geistes es auch immer bedurfte, Mark Foo hatte ihn besessen. «Ich paddelte über eine solide fast acht Meter hohe Welle», erinnert Foo sich in Drew Kampions *The Book of Waves*, « … und da sah ich dieses Ding … das größte Ding, das ich je gesehen hatte.» Ding, nicht Welle; es war mehr als ein Sport, mehr sogar als Wasser. Er tauchte unter der weit über fünfzehn Meter hohen Welle durch und überlebte: «Das Lustige ist, ich glaube, ich habe gelacht ... so unglaublich war's, fast ein Comic.» Vielleicht ist das die Bedeutung fernab aller Handlungen und Geschichten: die Bedeutung, die ein nacktes Wunder hervorbringt. John Severson erinnert sich an einen aberwitzigen Tag in Makaha auf Oahu, wo er sich auf eine fast acht Meter hohe Welle schwang und hinter die große Makaha-Bowl geriet. Vom herabstürzenden Wasser mitgerissen, wird er zehn Meter tief auf den Grund gewirbelt; und als ihn die Welle dort festhält, durchdenkt er sein ganzes Leben, sagt ihm adieu, erkennt, dass «ich für mein großes Abenteuer mit dem Leben bezahlte, aber es kam mir vor wie ein fairer Tausch». Und genau wie bei Foo ist seine Erinnerung an die Welle selbst ganz anders und entschieden ohne jede Selbststilisierung: Während er in Richtung des «großen Todes» rauscht, hat er plötzlich einen Moment von Klarheit, in dem er sieht, wie die Wellenkante in die leere Weite springt. «Wie schön und schrecklich das ist», ging ihm durch den Kopf, «... wenn die Sonnenstrahlen von der gläsernen blauen Oberfläche reflektiert werden ...»

George Downing hat eine ähnliche Erinnerung an denselben Tag. Er bemerkte «weit am westlichen Horizont Richtung Kaena Point einen sehr ungewöhnlichen schwarzen Schatten. Zuerst dachte ich, es sei ein Lichteffekt von Sonne und Wolken, dann erkannte ich die Wellengruppe». Er ließ sich aus dem Line-up heraustreiben (in diesem Fall eine Dreiecksformation von Punkten an Land, die dem Surfer sagen, wo über dem seichter werdenden Riff er sich befindet), dann weiter hinaus aufs Meer, wobei er glaubte, so tiefes Wasser unter sich zu haben, dass sich die Wellen hier unmöglich brechen könnten. Zweihundert Meter weit draußen, paddelt er über vier Wellen hintereinander, jede größer als die vorausgegangene, die er alle als die größten beschreibt, die er je gesehen hat. Als er die vierte überwunden hat, «war vor mir eine noch größere Welle als all die anderen. Sie begann sich oben schon zu kräuseln, hoch über mir. Ihre Vorderfront war steil, pockennarbig durch den Sog auf das Riff tief unten. Ich war jetzt schon eine Zeit lang gepaddelt, aber es war nicht die Müdigkeit, die mich anhalten ließ. Es war etwas anderes, das schwer in Worte zu fassen ist. Ich kam hoch aus diesem schrecklichen Wellental, wurde die Vorderfront emporgehoben, und als ich nach rechts schaute, sah ich, dass diese schier unglaubliche Welle sich bereits brach, einen dicken und mächtigen Überhang auswarf, der über meinen Verstand ging. Und der Raum, den sie umschloss, die riesige Tube, war so massiv, auf einer so anderen Skala von allem, was ich je gesehen hatte, dass es einfach zu viel war. Dann erkannte ich, dass die Welle mich tatsächlich an ihrer Vorderseite emporsog. Ich stieß mein Board weg und tauchte hinab.»

Schließlich fuhr ich zurück nach Süden. Ich dachte, ich könnte mir noch einmal die großen Wellen am Point ansehen – könnte die Szene, in der ich vor zwei Jahren so blöde mitgespielt hatte, jetzt mit anderen Augen betrachten. An der Stelle, wo die Straße nach Mavericks auf den Highway traf, kampierten Fischer in Wohnwagen am Straßenrand bei einem Schulgebäude mit nur einem Klassenraum. Zurück im Verkehr raste die Welt vorüber, während die groß angelegte Zeichensetzung der einen Erzählung wieder belanglos in jeder anderen wurde. Das Nurserymen's Exchange und seine Treibhäuser voller Setzlinge und Knollen – amerikanische Flaggen wehten in der ablandigen Brise in Richtung Meer. Und dann empfing mein Radio diese freischwebende Geräuschspur, die fragmentarische Wiedergabe einer Talkshow hinter den Hügeln, eine Frauenstimme, die sich über Giftstoffe in Nahrungsmitteln als Verursacher verschiedener

Krebsarten aufregte. Genau als ihre Stimme schwächer wurde, stieß ein Habicht in den Wind, folgte einer unten durch die abgeweideten Grasstoppeln trippelnden Maus; war einfach da und tat es, immer wieder, Tag für Tag, kreisen, schweben, flattern, emporschwingen, zuschlagen. Südlich von Half Moon Bay beleuchtete die Sonne die weißen Dächer der Coastside-Lutheraner- und der Baptistenkirche, und ein einsames weißes Haus stand weit entfernt in den Artischockenfeldern, hob sich klar ab vor den hügeligen Viehweiden. Aufgestapelte Paletten verfaulten zwischen verrosteten alten Lkw. Ein verloren wirkender Mann spazierte den Highway entlang, wollte nicht etwa mitgenommen werden und schaute nicht einmal auf (resigniert und völlig desinteressiert an Menschen? Ein weltfremder Misanthrop?). Wieder ein Senffeld, weite Flächen Gelb zogen inmitten braunen Grases am Meer vorbei. Wo die Straße sich sehr hohe Klippen hinaufwand, hing ein Strauß aus Calla-Lilien und verwelkten Wildblumen herab von einem verrosteten eisernen Pfosten am Straßenrand – möglicherweise eine Erinnerung an jemandem, der von hier das letzte Mal hinausgesehen hatte. Der weite Pescadero Creek mäanderte aus seinem breiten Tal heraus, und ein paar halb ertränkte, halb vertrocknete Bäume lagen entwurzelt im Matsch, während Brandung über die Ebbelachen schäumte. Über Meilen fiel die Straße zu Stränden hin ab, über die Rinnsale ins Meer abflossen, stieg entlang der Klippen wieder auf und schlängelte sich um Hügel mit frischem Gras. Bei Bean Hollow jagte eine schlanke Kornweihe im Sturzflug über jungem Fuchsschwanzgras, wobei Primärfarben das Spektrum beherrschten: Sauerklee sprenkelte Gelb zwischen die Millionen Finger der Schalotten, die vor dem strahlend blauen, weißgekrönten Meer wogten. Ein Marktstand verkaufte Mais, Erbsen, Erdbeeren, Artischocken. Plötzlich sah ich hinter der Insel Año Nuevo (auf der Herden von Seelöwen – von Weißen

Haien umkreist – einen verlassenen Leuchtturm bewohnten) klar und deutlich die andere Seite der Bucht, wo die verschwommene Silhouette der Santa Lucia Mountains die Berge schlechthin verkörperte. Wanderarbeiter in gelben Öljacken verpackten grüne Zwiebeln in der Nähe einer Ranch, auf der meine Mutter einst als Betreuerin eines Jugendcamps Pferde geritten hatte. (Sie kann sich noch gut daran erinnern, wie sie eines Nachmittags in der Sonne saß und Erdbeeren aß, als der Sohn eines Farmers sie zu einem Flug in seiner kleinen Cessna einlud. Im Sturzflug waren sie über Buchten hinuntergegangen, hatten sich über Stränden emporgeschwungen, und sie erzählte die Geschichte stets wie eine Beichte, wobei sie erstaunt schien, wie unbeschwert und glücklich eine kalifornische Kindheit sein konnte.)

Bei einem Gefälle unterhalb einer bröckelnden Sandsteinklippe überquerte ich ein über die Ufer tretendes Flüsschen (der Strand war völlig überwältigt von der Dünung), wo einst ein Bär einen frühen Rancher in Stücke gerissen hatte. Früher zogen hier Elche und Antilopen und Wolfsrudel entlang; über drei Meter große Grizzlybären ernährten sich von dreißig Meter langen, gestrandeten Walen. An einem Platz, wo Holz gelagert wurde und wo seit dreißig Jahren Surfer Ausschau hielten, zeichneten sich Trampelpfade zwischen den Sukkulenten ab – eine obskure, durch und durch bekannte Stelle dieser Erde. Davenport, ein kleines viktorianisches Dorf: Krämerladen, Schule, zwei Kaffeestuben; der Erinnerung meiner Mutter zufolge weiß bestäubt von der Zementfabrik des Ortes. Die das Dorf dominierende, weiße Presbyterianerkirche war noch immer gen Westen gewandt und sah weiterhin zu, wie die Wale vorüberzogen, aus dem arktischen Sommer in den Winter von Baja California. Südlich davon, dort, wo früher ein Dorf der Ohlone gewesen war, standen zwei Surfer auf einem Bahndamm und schauten passiv auf die aufgewühlte See. (Der Schutzdamm des Dorfes, fast 90 Meter lang, 27 Meter breit und sechs Meter hoch, sollte Muschelschalen, Weichtierschalen, Meeresschnecken, rote Abalones, violette Seeigel, abgesplitterten Feuerstein und Obsidian enthalten, zehntausendjähriges Geröll.) Ich hielt in der Nähe an, stieg über zerbrochenes Scheinwerfer- und Autoscheibenglas, kletterte auf die von Händen und Füßen polierten Äste einer Zypresse unweit des Point: Hinter der Lagune, die von der weißen Kornweihe patrouilliert wurde, brandeten obszön große Dünungen über die Bucht, brachen sich gewaltig an den Klippen und versprühten Gischt bis in zehn, zwölf Meter Höhe. Ich schaute auf die Straße, die ich blind hinuntergelaufen war, und sah den Strand, wo ich angespült worden war – das alles war jetzt so sehr ein Teil meines Lebens wie ein Bürgersteig für jeden anderen Menschen. Und die Katastrophe, an der ich vorbeigeschrammt war, schien bedeutungslos, nur eine Fehleinschätzung in meiner Freizeit; der Triumph, so es einen gab, lag darin, sich hier inzwischen zu Hause zu fühlen. Mein Blick folgte dem Vogel: Mir fiel auf, dass ich weder ihn noch irgendeinen anderen Raubvogel jemals draußen über dem Wasser gesehen hatte. Sie spähten das Gebüsch an den Klippen aus, ohne je einen Schlenker übers Meer zu machen, und ich konnte es ihnen nicht verdenken. Nicht im Geringsten.

FRÜHLING

Call me Queequeg …

Thomas Farber
On Water

Der Frühling passiert einfach – eines Tages siehst du hinaus, und der nieselnde, neblige Morgen, ein sicheres Anzeichen für den Jahreszeitenwechsel, ist von Nordwestwinden bestimmt, die den wellenlosen Ozean zu leuchtenden Schaumkronen aufwühlen. Die nächsten Monate über hältst du dir den Morgen frei und ergibst dich den nutzlosen, unsurfbaren Nachmittagen, und du bereitest dich auf das noch größere Elend des Sommers vor, wenn das Meer wochenlang glatt daliegen kann. Der von der Wärme im Landesinneren ans Land gezogene Morgennebel verflüchtigt sich; die Sicht kommt nun in Schüben, wenn über der Landzunge die Wolkenfetzen aufreißen. Wenn sich der Nebel zurückzieht, rollt die Wolkenmasse dick am Horizont entlang, und der Wind weht herab wie eine durchsichtige Wolke, ein breiter Bogen dunkelblauer Bewegung, der nach Süden drückt über ein blasseres Feld der Stille. Die Schaumkronen scheinen dann zusammen davonzueilen, als habe die Sonne sie alle gleichzeitig ausgekippt; man sieht sie oft kommen, sitzt in der glasigen Bucht, sieht, wie sich das Wasser draußen kräuselt, und weiß, dass man bald einpacken kann. Der Ozean ist jetzt viel, viel kälter als im Winter; die Winde fegen über die Oberfläche und wühlen eiskaltes Wasser vom Grund auf, während sie zugleich den Gräsern und Blumen kostbare Feuchtigkeit entziehen und die lange tote Zeit des Sommers einleiten. Und wie ich so auf der Klippe stand und all die Veränderungen betrachtete, musste ich daran denken, wie sehr wir uns durch das, was wir sehen, sagen lassen, in welcher Art von Welt wir leben: in dem Moment in einer schwindenden Üppigkeit aus Blüten und Samenkörnern und Spatzengezirp, das sich fast in der Luft verlor, die an dem Morgen weit entfernte nördliche

Lungen durchlaufen hatte. Der Habicht schwang sich mit einem scharfen Aufwind empor über ein brachliegendes Feld. Wenn Kultur das Durcheinander von Ideen und Gefühlen ist, durch das wir die Welt verstehen, reagiert sie auch auf die Besonderheit der Welt: Gewiss hatte ich ziemlich klare Vorstellungen und Begriffe, um einen Ort rühmen zu können, aber auch der Ort selbst hatte sich dieser Begriffe bedient. Wir sind nicht gänzlich im Gefängnis der Sprache gefangen, und ein urbanes Raster reflektiert uns ganz anders als diese Küste; der Habicht liefert ein einzigartiges Argument für das, was ein gutes Leben ausmacht. Die wogenden Felder – in denen Siedler der Prärie die Bewegung des Meeres sahen – und sogar der aufgewirbelte Staub des Traktors und seine Abgase, die südwärts in den blassen Himmel abzogen, sagen etwas Bestimmtes über Zeit und Maß. Immerhin weht der Wind nicht über den Himmel, er *ist* der Himmel, der sich als Ganzes bewegt.

In der deutschen Stadt Kiel wussten Mitch und Thore nichts über die Surfsaison und die Windverhältnisse in Nordkalifornien: Drei Jahre lang hatten sie geplant, der Alten Welt den Rücken zu kehren, um in der Neuen Welt etwas Spaß zu haben, und wollten sich nicht von Kleinigkeiten abhalten lassen. Thore war Segelmacher und frisch von der Schule, er surfte ein bisschen bei sich an der Küste und schickte Mitch bei der Bundeswehr die Zeitschrift *Surfer* mit umkringelten Fotos von knackigen Tube-Ritten, Inselschönheiten in Tangas und den Zielorten ihrer Pilgerfahrt: Rincon, Malibu, Steamer Lane. Mitchs Wehrdienst verzögerte zwar alles, aber dann war er plötzlich doch damit durch. Sie flogen nach San Francisco, fuhren per Anhalter nach Santa Cruz, wo sie Boards und einen VW-Bus kaufen und dann surfend und campend weiter nach Costa Rica ziehen wollten. Der Kellner eines Kieler Restaurants, ein eingeschworener Nordsee-Surfer namens

Frank, hatte in Santa Cruz ein paar tolle Kalifornier kennen gelernt und den beiden freundlicherweise die Adresse mitgegeben. Jetzt, nach zweitägiger Reise, saßen die beiden bei mir auf der Couch.

«Wir kommen von Frank», sagte Thore, breitschultrig und jungenhaft, mit eifrigem Gesicht und kurzem blondem Haar. Wenn er den Mund hielt, konnte er als professioneller Surfer durchgehen, er hatte seine Rolle eindeutig gelernt. Mitch, kahl und gebaut wie ein Ringer, schien sich mehr als Thore für den Überfall zu genieren und sprach kaum Englisch. Thore sprach sogar noch weniger Englisch, was ihn aber nicht davon abhalten konnte, unumwunden klarzumachen: «Wir bleiben zum Surfen, okay?»

Überwältigend, aber – ausgerechnet – ich hatte Mitgefühl, obwohl ich noch nie von Frank oder dem Typ, bei dem er gewohnt hatte, gehört hatte. Immerhin war es wirklich eine tolle Vorstellung: Zwei gute Freunde fliegen um die halbe Welt, streifen durchs Hinterland, treffen kalifornische Mädchen, rauchen Gras und surfen sich das deutsche Hirn aus dem Kopf. Anschließend hängen sie dann noch ein Jahr in einem tropischen Paradies ab. Thore hatte sich zwar einen Monat vor dem Abflug unsterblich verliebt, aber seine Freundin war einverstanden gewesen, sich mit den beiden in Costa Rica zu treffen – eine Schönheit am Ende des Regenbogens. Es machte Spaß, mit ihnen Surfboards zu kaufen, und wieder einmal spielte ich den Einheimischen, der alles wusste, war der Kahuna: Ich hatte das Vergnügen, all die mysteriösen Einzelheiten über Brettformen zu übersetzen, und die Verkäufer in den Surf-Läden waren fassungslos über die Unverblümtheit unserer Nachforschungen. Das weckte gleich Sympathie für die ausländischen Burschen und bestätigte, dass wir im Herzen alle Amerikaner sind. «Klassisch», meinten die Einheimischen, wenn sie von dem Plan hörten. Und die Jungs drehten förmlich ab in den Läden, diesen Tempeln für ein Leben, das ihnen so ätherisch und unmöglich erschienen war wie Hollywood selbst: Boards aus echtem Balsaholz an den Wänden, radikal neue Designs, wahnsinnige Action-Videos, und das Beste von allem: Hier waren richtige Surfer, die Boards kauften, die entsprechenden Klamotten trugen, die Sprache sprachen. Wir suchten was Schönes aus, und die Jungs steckten alle Sticker und Abziehbilder ein, die die Läden entbehren konnten.

Wie sich herausstellte, war unser erstes Surfen am Point für Mitch das erste überhaupt: Er paddelte hinaus, stürzte von einer der seltenen guten Wellen, wurde durch die Mühle gedreht und ließ es dabei bewenden. Er setzte sich zitternd an Land, während Thore und ich uns an windgepeitschten kleinen Wellenkämmen versuchten. Es war unbeständig und fürchterlich kalt – niemand sonnte sich weit und breit –, und so war dies auch nicht gerade, was Thore sich vorgestellt hatte: Die Jungs im Wasser fragten, wie das Surfen in Deutschland sei, aber Thores Englisch reichte nur für: Ja, da gab es Wellen. Auf dem Weg zurück zum Wagen sah ich, dass sich die am Morgen noch fest eingerollten Mohnblumen geöffnet hatten und im Wind wogten. Sogar das Licht war an dem Abend anders, ein frühlingshafter, kein sommerlicher Sonnenuntergang, das erste lange Zwielicht, vor Pollen vibrierend, während das Abendrot noch etwas vor der Dunkelheit verweilte. Aber es war nicht das kalte Wasser, das die Jungs veranlasste, den Kauf des Busses aggressiv anzugehen; in einem sonderbaren Anflug von Nationalismus kam für sie nur ein VW-Bus in Frage. Zwei volle Tage hockten sie auf meiner Veranda in der Hoffnung auf den Traumbus: eine schmucke, leistungsfähige Maschine, Doppelbett, Kühlschrank und Herd. Aber Bus um Bus fiel durch: Costa Rica war weit entfernt, und fünfzehnhundert Dollar reichten nicht für ein zuverlässiges Auto.

So kamen eines Tages die beiden Deutschen, deren meine Mitbewohner wegen des schmutzigen Geschirrs bereits überdrüssig geworden waren, mit Flugtickets nach Costa Rica in die Küche marschiert. Santa Cruz hatte sich ohnehin nicht gerade als Vollzeit-Karneval für sie entpuppt; nur als ein Ort, an dem Leute wohnten, eine rausgeputzte Kleinstadt inmitten einer Flaute. Und plötzlich gab's wieder Hoffnung: El Dorado mochte weiter draußen warten. Am Tag nachdem sie fort waren, kam Brandung auf, und ich machte mich auf zum Point und dachte daran, wie einfach man als Reisender, wenn das Geld alle und die Zeit abgelaufen war, in einer schäbigen Pinte enden konnte. Aber die Jungs hatten etwas, was man Feuer nennen konnte; ich stellte mir vor, wie sie sich am glatten, eiskalten Wasser ihrer Heimatstadt versuchten (ein Hafen, den mein Großvater im Zweiten Weltkrieg mit einer B-17 bombardiert hatte), von Kalifornien träumten, vielleicht hinterher eine Tasse Kaffee tranken und den News-Flash im *Surfer* lasen, der von perfekten Wellen vor den Osterinseln berichtete.

Es war eine diesige Frühjahrsdämmerung, der Nebel dick, die Mohnblüten wieder fest eingerollt, und das gesamte, riesige Rosenkohlfeld war jetzt von einem schreiend halluzinogenen Gelb unter den niedrigen Wolken, am Strand glänzten kleine See-Erbsen im Sand, und alles blühte violett. Scharfkantige Wellen schoben sich durch die stille, nebelverhangene See. Und die Hügel strotzten so grün vor frischem Gras, dass der Sauerklee nicht mehr die einzige Farbe war; zarte, saftige Hemlocksprossen ersetzten die alten, abgestorbenen und schwankten in der Brise wie wilder Weizen. Ich dachte erneut daran, diese ganze Szenerie mit Sprache zu überdecken, und fragte mich, ob das Geheimnisvolle daran, wie man auf einen Ort reagiert, nicht im unbeholfenen Spiel mit *möglichen* Wörtern liegt, in der Empfindung von Bedeutungen und Poesie, im Erhabenen, Romantischen, Pittoresken, im Zen, manchmal sogar in etwas Neuem. Und vielleicht entstammt der Stich der Enttäuschung, den man immer angesichts seiner Wortwahl empfindet – und somit auch angesichts des herrlichen Schauplatzes –, dem Traum, dass im Augenblick der Unentschlossenheit und der allergrößten Entschlossenheit, bevor der Verstand die Reaktion auf Schönheit begreift, du vielleicht eine Sprache besessen haben könntest, die mit der ganzen Bedeutung der Erde erfüllt war.

Früh ans Wasser zu laufen, um vor dem Wind dort zu sein, um in den kleinen Wellen einer Art Salztherapie für die Haut zu frönen: Dabei geht es, und das weiß ich jetzt genau, nicht um den Kitzel des Risikos oder den Stolz auf etwas Erreichtes, sondern vielmehr darum, täglich seine Zeit richtig zu verbringen, um eine Anhäufung von Augenblicken –, die Anhäufung von Momenten, die für nichts anderes stehen als für einen ganz privaten Sinn für Wohlgefühl. Und wohl oder übel hat das Surfen einen engagierten Vogelkundler aus mir gemacht – ich nehme an, weil man in diesen Tagen so lange zwischen den Wellen herumsaß, die Winterdünung weg, die Südwinde des Sommers noch nicht da. Man trieb nutzlos dahin, beobachtete, was immer es zu beobachten gab; interessierte sich besonders für alles, was sich emporschwang. Vielleicht auch, weil Vögel ebenso viel durch die Luft schwimmen wie sie fliegen. Sie zeigen uns, dass wir in einem Äther leben – nicht in einem Vakuum – und dass wir nicht einer Leere gegenüberstehen. Vor diesem Jahr hatte ich mir überhaupt nichts aus Vögeln gemacht, fand allein die Idee öde. Noch immer kann ich mit Singvögeln nichts anfangen, obwohl ich mir vorstellen kann, dass der Zeitpunkt kommt, an dem mir ihre harmlose Fröhlichkeit und Leichtlebigkeit als angemessenes Ideal erscheinen wird. Obwohl er immer noch hart arbeitet und am Wochenende klettert, sagt mein Vater, für ihn sei es das schon. An Sonntagnachmittagen ist für ihn weltlicher

Ruhetag, dann empfängt er keine Besucher, sondern sitzt dort in Berkeley auf einem Klappstuhl im ungemähten Gras und praktiziert seine neueste Besessenheit: Flamenco-Gitarre. Komplexe Griffe, spanisches Drama und Leidenschaft – während er (mit dem abwesenden, starren Blick des Musikers) dem Vorratshorten des ortsansässigen Eichhörnchens zusieht. Und er schwört, dass an Abenden, an denen es warm genug ist, dass er und Mom draußen sitzen und Wein trinken können, alle Spatzen der Umgebung sich bei Sonnenuntergang auf den Hochspannungsleitungen versammeln – und nicht einer von ihnen gen Osten blickt. Auch ein guter Ausblick, kann ich mir vorstellen, vorbei an einer riesigen Monterey-Pinie im Nachbargarten, über die Schwemmlandebene mit Berkeleys Lagerhallen, über die Bucht zur sagenhaften Bergform des Tamalpais – einer schwarzen Platte, die über der Farbe der hereinbrechenden Nacht liegt.

Als ich allein die Straße hinunterging, war dort über dem Getöse des Meeres die einheimische Kornweihe. Sie jagte in der kleinen Schlucht zwischen Binsen und Weiden, ein einsamer Segelflieger unter Gemeinschaften aasfressender Möwen und tauchender, verliebter Alke. Stunden-, tage-, jahre-, ein Leben lang: den Hügel hinab, über das Schilf, über den Senf auf der anderen Seite hoch, dann wieder hinunter über die kleine Lagune – sie bewachte ihre Felder. Ich fragte mich oft, ob sie wohl je ihre Beute vergaß und aus purem Vergnügen über diese Hügel flog. Eine Stunde lag ich da, bis ich nass wurde, ließ den Nebel aufklaren und sah zu, wie eine Gabelweihe über den Sandsteinklippen aufstieg – ein kleiner Raubvogel, der ebenfalls in den morgendlichen Thermalblasen flog, die für die größeren Raubvögel zu kühl und zu schwach waren. Sie schwenkte ein paar Meter über den Hemlocktannen ab, die Augen wütend auf das austrocknende weizengoldene Fuchsschwanzgras gerichtet. Frierend, die losen, dünnen Flügel gespreizt wie flatternde Finger, die Spitzen leicht V-förmig aufgerichtet; den rostroten Schwanz weit gespreizt und die scharfen Krallen geöffnet. Gelassen vom Meer zum Land gleitend, unbeirrbar eine Spitzmaus oder eine kleine Schlange im Blick, um sie am Stück zu verschlingen. Ihr gekrümmter, Fleisch zerfetzender Schnabel so ganz anders als die Zupfwerkzeuge der Seevögel. Dann hörte die Gabelweihe auf, mit den Flügeln zu schlagen, spreizte ihren Schwanz und stieß im Sturzflug durch die Luftschichten auf ihr Opfer hinab. Sie blieb damit mehrmals erfolglos und legte sich vor der Sonne in Schräglage; die Federn sahen einen Moment lang aus wie ein von hinten beleuchteter Fächer aus Knochen und Fasern. Dann ließ sie sich abfallen, schwang sich erneut auf einer unsichtbaren Brise empor und flog entlang eines Streifens Wildnis zwischen den Feldern. Schließlich ließ sie sich auf einer gelben Lupine nieder und sah sich in alle Richtungen um: ein Landvogel, der im letzten Biotop jagte.

Eine Familie von Seevögeln war von ihrem Zug wieder zum Point heimgekehrt und hatte sich an den Klippen häuslich eingerichtet: Es war Brutzeit. Schwarz mit roten Füßen, auf dem Rücken weiße Flecken, dicke Torpedokörper: Paare von Alken, die ihre Nester auf kleinen Simsen bauten, wo ihre Eier vor Krähen sicher waren, und die gruppenweise wie Korken in der Brandung trieben. Ihre Zahl und ihr Zusammenhalt sind ihre Stärke. Wenn sie nach Fischen tauchen, fliegen diese seltsamen kleinen Vögel geradezu im Wasser, eher angetrieben von ihren Flügeln als von ihren Füßen, doch die Anpassung hat ihren Preis: Ihre kurzen, scharfen Flügel arbeiten wie verrückt, um den korpulenten Körper voranzubringen. Hunderte von Metern lange Bewässerungsrohre wurden in Gang gesetzt, Farmer riefen den Arbeitern Anweisungen zu. Im Wasser war kein einziger Surfer. Ich war schließlich der Einzige zwischen rötlich-braunen Kelp-Streifen, mit dem Tosen der Brandung im Ohr, und niemand, mit dem ich reden konnte. Ein schwarzer Kormoran mit weiß gefleckten Flanken kam mit schweren Flügelschlägen knapp über den Wellen herangeflogen. Plötzlich hielt er im Flug inne, beugte sich vor und tauchte den Kopf unter Wasser, um nach Bodenbewohnern Ausschau zu halten, nach Krabben und Aalen; mit seinen ans Wasser angepassten Augen konnte er unter Wasser viel mehr sehen als ich. Und dann war er plötzlich abgetaucht, kam einen Moment später wieder hoch und hatte einen Fisch mit seinem Schnabel aufgespießt. Über zweitausend Jahre haben chinesische Fischer diese schlanken Vögel trainiert, damit sie für sie auf Beutefang zu gehen. Sie werden in Gefangenschaft aufgezogen und mit Tofu ernährt, man stutzt ihnen die Flügel und lehrt sie, auf gesprochene und gepfiffene Kommandos zu reagieren. Halsringe halten sie davon ab, den Fang zu schlucken, doch nach sieben Fischen wird der Ring abgenommen, und sie fangen für sich selbst. Wenn sie den siebten Fisch gefangen haben, so ist zu lesen, weigern sie sich zu tauchen, bis das Halsband gelockert ist – Kormorane können zählen.

Ich surfte eine Welle, rutschte, verlor das Gleichgewicht und wurde langsamer. Der Sog der Vorderfront der Welle zog mich mit. Deplaziert in der energiegeladenen Wölbung wurde ich vom Board geworfen, hatte es zwischen den Beinen und wurde damit herumgewirbelt. Nach hinten gezerrt, unten gehalten, freigelassen. Kam hoch an die Luft inmitten von Treibgut, das die Zone markierte, wo die Kraft des Elements gewaltet hatte. Aufsteigende Blasen hingen tief im Wasser wie geborstene weiße Kapillargefäße, versorgten die Riffbewohner mit Luft, zerzausten das Fell des Otters. Darüber durchzogen Schaumtentakel sprudelnd und zischend das blassgrüne Wasser; ich verschluckte mich und hustete. Blieb durch den Auftrieb meines Neoprenanzugs über Wasser und beobachtete die Spitze des Point: Schwalben kauerten sich in kleine Lehmlöcher, die sie sich unter losen Blöcken ausgehöhlt hatten; eine Stadt für eine Saison in einer rasch abbröckelnden Klippe. Niemandem muss noch gesagt werden, dass es im Frühling nur um Sex geht, aber irgendwie ist es doch ein Geschenk, wenn du das an einem Ort siehst, den du einen ganzen Winter über beobachtet hast: Wie ein Insektenschwarm schossen die Kliffschwalben von der Steilwand herab, wirbelten über die Gezeitenniederung, wichen einander aus, zankten sich und flogen im Schwarm wieder zurück. Flatternd stießen sie gegeneinander und drängelten in ihre kleinen Felslöcher. Als eine von ihnen mit dem Kopf voran in ein Loch stoßen wollte, bestieg eine andere sie von hinten, und beide fielen herunter. Verhakt in statischem Geschlechtsverkehr, flatterten sie nicht mit den Flügeln, sondern spreizten sie, formten einen organischen Hubschrauber, und das kopulierende Paar wirbelte hinab auf Sandsteinblöcke zu und trennte sich erst wenige Zentimeter vor dem Aufprall. Dann schossen die beiden zurück in die Wolke sexbesessener Vögel, das Männchen jagte das Weibchen, das sich in dem Riesenclan zu verdrücken suchte. Bald zog es ihn mit sich heraus aus der Gruppe und hoch über den tropfenden Seehafer der Küste; sie täuschten Angriffe vor, wichen einander aus, umflogen sich gegenseitig und schossen wieder auseinander. Als dann Flugbahn und Absichten synchroner wurden, verschlangen sich ihre Körper dreißig Meter über dem Riff ineinander. Und wieder rotierte der Hubschrauber, als sie durch die Luft glitten; tiefer und tiefer herab, und als der Zeitpunkt gekommen war, sich zu trennen und zum Schwarm zurückzukehren, wollten sie nicht. Es war zu spät, die Notbremse zu ziehen, und das Liebespaar knallte hart auf das Riff.

Benommen und verwirrt schüttelten sich die beiden unverletzten Vögel und untersuchten neugierig Muscheln und

Seetang. Nicht gerade ein alltäglicher Futterplatz für sie. Dann flogen sie davon. Ich paddelte zu der Stelle, an der sie herabgefallen waren, und sah einen violetten Krebs, halb verschlungen von einer grünen Seeanemone. Eine Zange ragte noch aus dem Schlund heraus, öffnete und schloss sich reflexbedingt. Eine Möwe watschelte durch die seichten Lachen, im Schnabel einen sechzehnarmigen, violetten Seestern; eine unschöne Masse an kleinen, tentakelartigen Beinen baumelte aus dem schmalen Schnabel des Vogels. Die winzigen, durchsichtigen Tentakel an den Armen des Seesterns sind schlauchförmige Füßchen, durch die der Seestern saugen oder klebrigen Schleim ausscheiden kann, wenn er Muscheln und Seegurken auflauert. Es wird behauptet, dass Seeigel, eigentlich ortsfeste kleine Stachelkugeln, die Flucht ergreifen, wenn sich ein solcher Seestern nähert, dass sie übereinander krabbeln und gelegentlich von einem anderen Seeigel abgeworfen werden und direkt im klaffenden Maul einer hungrigen Seeanemone landen. Wenn der Seestern einen Seeigel zu fassen bekommt, verschlingt er ihn ganz und scheidet nur die Stacheln aus. Als ich in die Wellen zurückkehrte, legte sich ein sanftes Licht wie eine Haut über die Tiefe. Zahllose klare, kleine Wellenhügel: vom Kielwasser des Boards, den paddelnden Händen; Mikrokräuselungen, die über die zusammenfließende Rückströmung und die Dünung des Abendwinds liefen. Wenn man ihnen lange genug zusah, waren sie *fast* zu entziffern.

Nicht weit entfernt trieb der Otter im sich mehrenden Kelp und wurde in der überquellenden Fruchtbarkeit des Frühlings immer dicker; Nordwestwinde wühlten das Wasser auf und brachten massenhaft Nahrung aus der Tiefe zu Tage. Und auch er: Heute war ein anderer Otter bei ihm, ein hellerer und etwas kleinerer Spielgefährte. Sie tobten und rollten durch dicke Stränge Seetang, verloren Seeigel und Muscheln, die sie so mühsam zusammengeklaubt hatten. Bis heute hatte ich vermutet, dass der Bursche Weibchen mied, dachte, der ganze Zirkus um sie herum sei ihm zuwider. Das Werben dauerte nämlich Tage, dann muss das Männchen eine halbe Stunde lang eifrig ran (wenn sie ihn nicht beachtet, stiehlt er ihr wutentbrannt einen Seeigel). Aber heute war auch sie hinter ihm her, und kein eifersüchtiges Junges kam dazwischen. Ich sah, wie sie sich versteifte, mit dem Bauch oben schwamm. Er tauchte unter ihr durch, streckte die Arme aus und krallte sich an ihrer Brust fest, streckte den Kopf vorne um sie herum und biss sie in die Nase, ehe er ein paar komplizierte Verrenkungen unternahm, um in sie hineinzukommen. Es dauerte etwa vierzehn Minuten. Wie gerne hätte ich das anschließende Bettgeflüster mit angehört, das gegenseitige Gekraule beobachtet, das Einnicken und die eventuelle zweite Runde. Es kam bei ihnen zu keinem ernsthaften Gerangel, und ich nehme an, das war auch nicht nötig, denn der Biss in die Nase kann tödlich sein. Ein hiesiger Biologe hatte einmal beobachtet, wie ein Männchen zwei Weibchen während der Paarung umbrachte und das zweite einen Tag lang mit sich herumschleppte und versuchte, dem toten Körper Nahrung einzuflößen. Im offiziellen Bericht stand: «entschieden abartiges Verhalten». (Im Vergleich womit?)

Ich machte mich auf, zurück an Land, da Sex nicht unbedingt ein Sport für Zuschauer ist, doch ehe ich die ganze Szene hinter mir lassen konnte, flog eine einsame Möwe von den Klippen direkt hinaus aufs Meer. Sie flog mit einem Ziel, stellte ich mir vor, von welcher Art Fisch sich der Schwarm da draußen auch ernähren mochte. Und genau in dem Moment, in dem mich durchfuhr, dass ich als Einziger von allen hier untätig war, kam die Möwe plötzlich zurückgeflogen und schwang sich an einer hereinrollenden Welle empor. Sie legte sich schräg auf Höhe des Wasserspiegels, steuerte in das Luftkissen, das der Dünung vorausging, und glitt an der Vorderseite der Welle entlang. Sie hielt die Linie genau richtig ein und ritt auf einer Windwelle, entstanden aus einer Wasserwelle, entstanden aus Wind. Ich drehte mich um und sah zu, wie die Möwe vorüberflog; die Welle rollte unter mir hindurch, und ich sah ihr hinterher und wollte unbedingt wissen, wie weit die Möwe gehen würde. Erst als die Welle sich auf dem Sand brach, stieg die Möwe hoch auf in die Luft und beschrieb eine strikte Kehrtwende zurück zum Schwarm: kein klares Ziel, sie wollte auch keinen Abstand gewinnen. Sie surfte einfach nur. Zu vertraut ... Am späten Morgen kamen wieder existenzielle Fragen zum Vorschein: Worum ging es beim Point hier überhaupt? Point: «n. 2. ein vorstehender Teil von etwas: *Eine in die Bucht hinausragende Landspitze*»? Ja, natürlich, aber – «3. etwas mit einem scharfen oder spitz zulaufenden Ende»? Nicht ganz, vielleicht, wenn man an der Bucht entlangblickte, aber vielleicht – «9. ein Maß oder Stadium: *Offenheit bis zum Grad von Beleidigung*»? Nein, nein, wie wär's mit: «10. ein besonderer Augenblick»? Ja, natürlich! Ein Jahr, ein Tag, ein Leben! Und sogar, «12. das Wichtige oder Wesentliche: *der wesentliche Punkt.*»

Wir hingen einen langweiligen, wellenlosen Nachmittag bei Willie ab, nachdem wir fünfzig Meilen ergebnislos abgesucht hatten. In dieser Woche hatten die Farmer die Küste gepflügt, und die Rosenkohl-Sprossen sollten demnächst gesetzt werden; Feldfrucht gedeiht, während die Wildnis ruht. Ich beobachtete einen vorüberschwebenden Möwenschwarm, der sich über die Würmer eines austrocknenden Felds hermachte, wobei der heftige Wind aus Nordwest seinen Flug völlig in Einklang mit der Jahreszeit brachte. Die kleinen Möwen wirkten wie stilisiert: schwarze Gesichtsmasken, Körper wie Miniaturen aus dem Andenkenladen. Und so viel Frieden lag darin, die wechselnden Winde von weit her mit anzusehen; Staub stieg von einem Traktor auf, und ein Kormoran schoss in einer schnellen Luftströmung nach Süden. Stundenlang spielte Willie auf seiner für ihn angefertigten Rosenholz-Gitarre, während ich den Ausblick genoss. Das Instrument tönte hell, während zwei Krähen in ihrer typischen Mischung aus Fröhlichkeit und Bosheit Schleifen flogen – Kojoten der Lüfte. Und über den Feldern, hinter dem weidenden Vieh in den Hügeln vor Willies Haus, ragten die Santa-Lucia-Berge über Point Lobos auf. Ich musste unbedingt wissen, warum der dunkle Raubvogel, der sich über die Felder vor uns hermachte, mich so erregte mit seinem sich allmählich abzeichnenden Verhaltensmuster aus Energie und Mord und den Luftrhythmen und -kreisen. Irgendwie erschien mir dieses Kippen der gespreizten Flügel, die Art, wie er das Weidendickicht streifte, wie ein Gemälde, das die Formen dieser kleinen Welt darstellte. Und schließlich wird der Raubvogel für mich zum Symbol für den Geist dieser Küste: sein statisches Schweben im Nordwind, die Flügel in hoher V-Form, den hakenförmigen Schnabel nach unten, die Augen aufmerksam auf das grüne Gras gerichtet. Alles das ereignet sich auf einer Anhöhe über den Meeresklippen, wie erstarrt vor einer roten Sonne, die als praller Feuerball über dem Wasser untergeht. Es bedeutet zwar eine Erleichterung, das Leben zu entdecken, das man am liebsten leben will, aber man bekommt auch Angst, wenn man die Bedürfnisse der Seele erkennt – wie soll man sie dann noch verleugnen können?

Die Nebelbank weit vor Willies Veranda wirbelte erneut auf und bildete eine Wolke abstrahierten Ozeans, wogte in der trägen Stille, mit der Luft sich bewegt. Sie waberte über die Klippen unterhalb der Hügel, und ich lernte noch mehr über die Natur des Nebels, kleine Dinge, die mir nie aufgefallen wären, hätte ich nicht das ganze Jahr an dieser Küste verbracht (und das war nur ein winziger Moment, verglichen mit der Zeit, die Vince und Willie hier verbracht hatten): Wie der Nebel wie ein Geisterschiff aus grauen Tröpfchen über einer Lagune landet. Es bringt einen aus der Ruhe, wenn man entdeckt, wie hart das wirkliche Verständnis für einen Ort erkämpft werden muss, wie viel Stille und Zeit es erfordert; *wirkliche* Zeit, tägliche Besuche, Spaziergänge zum Point oder Fahrten an die Grenze des County, auch wenn nicht die geringste Dünung zu sehen ist. Es bringt einen aus der Ruhe wie eine neue Freundin und die erste leise Ahnung, wie sehr man sie lieben könnte. So viel mehr scheint plötzlich möglich, und doch kann man es nicht schnell vorantreiben. Wie ich so dasaß und Willies Musik lauschte – er war ein brillanter Gitarrist –, erfasste mein umherschweifender Blick ein großes, blasses Kornweihen-Weibchen, das sich aus dem Feld der Rettichblüten erhob und über einen Hohlweg aus trockenem Gras flog. Daraufhin flatterte das Männchen ebenfalls empor und folgte ihr; gemeinsam flogen sie eine Weile, beschrieben ein paar Bögen, bis das Weibchen wieder in den Blüten landete. Er legte unweit von ihr auf einem alten Zaunpflock neben einer Eiche eine Pause ein. Zehn Minuten saß das Männchen reglos da, ehe es seine Flügel ausbreitete und von seinem Sockel glitt, sich zu der Stelle, wo sie gelandet war, treiben ließ und neben ihr aufsetzte, für mich außer Sicht. Sie war offenbar noch nicht bereit, und ehe er seine Flügel angelegt hatte, flatterte sie hoch in die Luft und steuerte hinüber zum Zaunpfosten. Sie spielten dieses geduldige Spiel des Schwer-zu-Kriegens fast eine Stunde lang: Sogar die Killer waren verliebt! Natürlich eine Vermenschlichung – eine Sentimentalität –, doch vielleicht fing die Sprache der Verhaltensforscher von unserer Liebe so wenig ein wie von ihrer?

Als meine Träumereien von der untergehenden Sonne unterbrochen wurden, fuhr ich nach Hause zu einem lustigen Kontrastprogramm: Die Deutschen waren zurück, saßen nach kaum einer Woche wieder in meiner Küche, wirkten etwas betreten und nicht besonders glücklich, mich zu sehen.

«Costa Rica», antwortete Thore auf meine Frage, «nicht so gut.»

Nicht? Ich sah Mitch an.

Er legte den Kopf auf den Tisch. «Neee», sagte er kopfschüttelnd. Er setzte sich auf und sah aus dem Fenster auf unsere kleine Straße, ein sehr gewöhnlicher Anblick. Nervös gluckste er. «Nicht so gut.»

«Schmutzige Strände», setzte Thore hinzu, «keine Wellen. Viel Müll. Wir gehen heim.»

Den ganzen weiten Weg? Jeden Tag war für Thore ein Brief angekommen, parfümiert und mit geschwungener Handschrift adressiert. Die letzten vier schienen noch mehr Wind aus seinen Segeln zu nehmen.

«Nein», sagte Thore, «wir kaufen vielleicht doch einen Bus. Sehen uns Kalifornien an. Vielleicht einen Monat.» Er wirkte etwas gequält. Der Wilde Westen ... er hatte nicht mehr als zehn Wellen erwischt. Mitchs Blick war leer, trostlos – die Liebe, diese alte Verräterin, hatte ihm alles vermasselt. Sie entschlossen sich schließlich für einen blaugrauen '67er, den sie einem Studenten von der Universität Santa Cruz für dreizehnhundert Dollar abkauften, und fragten, wohin sie fahren sollten.

Hey, also, ich meine Yosemite? Mendocino? San Francisco? Joshua Tree? Disneyland? Rincon? Da gibt's keine falsche Entscheidung!

Bei meinem Surf-Check vor dem Frühstück traf ich sie ein paar Tage später wieder am Kliff, wo sie parkten. Sie waren nie über die Stadtgrenze hinausgekommen, hatten ihren

Bus aber mit Aufklebern aufgemotzt: Irie Vibrations, Byrning Spears, No Fear, Pearson Arrow Surfboards. Mitch saß griesgrämig in der Schiebetür, die nackten Füße auf dem Pflaster. Thore stand ans Klippengeländer gelehnt und aß eine Schüssel Müsli. «Ich glaube, ich geh», sagte er, während Milch in sein neues Spitzbärtchen floss.

Deutschland?

«Jaha.»

Ich sah Mitch an, der wieder gluckste und eingehend seine Hände untersuchte: drei Wochen, zweitausend Dollar, und dabei hatte er nicht mal unbedingt surfen wollen.

«Und du?», fragte ich.

«Oh», erwiderte er und suchte nach Worten. «Ich bleibe. Tourismus.»

Thore flog am nächsten Morgen zurück, pleite. «Ich glaube, ich werde ein bisschen durch Europa reisen», sagte er beim Einsteigen in den Shuttle-Bus. Ziemlich genervt von der Küste, fragte Mitch noch einmal nach der Richtung zum Yosemite-Park; ich erzählte ihm von einer heißen Quelle und ein paar schönen Wanderwegen, wies ihn darauf hin, dass er wärmere Klamotten brauchte, und bestand darauf, dass er bei seiner Rückkehr wieder bei uns wohnte. Immerhin war er irgendwie das Stiefkind der beiden gewesen, er war weniger einvernehmend und kam zudem schlechter damit zurecht, jung und glücklos zu sein. Genau wie mir fehlte ihm die emotionale Kraft des einsamen Wolfes.

Am nächsten Morgen hatte er wieder am Kliff geparkt – Yosemite?

«Nein ... aber heute Morgen», sagte er und wirkte zum ersten Mal etwas interessiert, «Um sechs Uhr kommt ein Kerl mit einem Fahrrad und» – er machte ein Geräusch, als hole er Schleim tief aus dem Rachen – «dann phhhttt! Genau hier ...!» Er deutete wütend auf die Windschutzscheibe. «Also, letzte

Nacht habe ich nicht geschlafen.» Er war ein kräftiger Bursche mit dicken, starken Armen, und das Militär hatte ihm bestimmt einiges darüber beigebracht, wie man anderen wehtat. «Ich warte die ganze Nacht», sagte er, schlug mit einer Faust in seine andere Hand und blinzelte mörderisch.

Ich sah mich nach Anzeichen für einen Kampf um – etwa ein um einen Pfosten gewickeltes Fahrrad oder ein bisschen Blut auf dem Pflaster. «Hast du ihn umgebracht?», fragte ich.

«Ich bin für *eine Minute* eingeschlafen!», sagte er bebend vor Wut. «Und ich wache auf und höre den Schlag gegen das Fenster! Ich springe auf und ... er ist weg! Aaaarrrggghhh!» Die ganzen Frustrationen dieser lächerlichen Reise waren darauf gerichtet, irgendeinem boshaften Kid den Kopf abzureißen, und wieder hatte er versagt. «Muss den Bus verkaufen», sagte er.

Also setzten wir eine Anzeige in die Zeitung, und er parkte an verschiedenen Stellen, sah den ganzen Tag aufs Meer hinaus, versuchte hin und wieder eine gratis ausliegende Lokalzeitung zu lesen. Der einzige Anruf kam von dem Kerl, der ihnen den Wagen verkauft hatte; für fünfhundert Dollar wollte er ihn zurücknehmen. Mitch konnte die Schmach nicht ertragen, also vertraute er den Verkauf meinem Mitbewohner Keith an, der dafür zwanzig Prozent erhalten sollte; ich bot Mitch hundertfünfzig Dollar für sein Surfboard, ein schönes Twinzer-Board, das viel mehr wert war, aber er wollte *etwas* von seiner Reise mitnehmen, und so beschloss er, es zu behalten. Am Morgen seiner Abreise erwähnte Mitch, er wolle sich zu Hause einen Job suchen, nicht mehr vom Fleck rühren und nur noch Rad fahren.

Ein paar Wochen später kam Keith in die Küche.

«Weißt du», sagte er, «der Typ ist an dem Bus interessiert, aber ich habe mir gedacht, ich sollte ihn vielleicht selbst behalten und so richtig fahrtüchtig machen ...»

Ja?

«Na, wär doch toll, ihn den Sommer über zu haben, oder? Im Herbst könnte ich ihn dann für viel mehr losschlagen, und wir *beide* würden mehr Geld bekommen, und ich wär mobil, und überhaupt will ich surfen lernen und könnte mein Board dann hinten einpacken und nach Baja mit hinunternehmen ...»

Und während Mitch in zehntausend Meilen Entfernung auf einen Scheck wartete, blieb sein Briefkasten leer.

An der Küste bricht die Nacht anders herein als in der Stadt: keine Straßenlaternen spenden zusätzlich Licht, keine elektrische Lichtkonstellation erhellt die flüssige Welt, die da draußen über Feld, Teich, Strand und Hohlweg in die Dunkelheit dämmert – was für eine vereinende Erfahrung für ein ansonsten bunt zusammengewürfeltes Terrain. Es geht etwas kraftvoll Beruhigendes aus von einem sommerlichen Sonnenuntergang an einer dermaßen südlich ausgerichteten Küste. Die Sonne sinkt hinter dem Land, nach rechts hin außer Sicht, und taucht alles in ein gleichmäßig sanftes Leuchten. Keine Feuerwerke vor der Küste wie im Winter und nichts von dem Versinken einer nur knapp über dem absoluten Datumsende des Horizonts hängenden Sonne – nur ein freundliches Hinübergleiten in die Nacht. Auf Willies Veranda sah ich zu, wie ein Farmlaster sich Stück um Stück durch die Kohlröschen dort unten schob, die Lichter eines Fischerboots gingen an. Ich versuchte mich auf einen Sommer zu freuen, den ich teils in Berkeley und teils in der Sierra verbringen wollte. Ich wollte mich darauf freuen, die Stadt bis zum Herbst zu verlassen; Willie und Pascale waren bis einschließlich Oktober in Indonesien, und Vince und Fran reisten durch Europa. Eine getigerte Katze schlich durch die trockenen Senffelder jenseits des Gartens, während Pascale Zeitungspapier zerknüllte, um den Grill anzuzünden. Nachdem Willie gelesen hatte, dass ein hiesiger Pinot Noir alle französischen Pinots von Weltklasse schlug, war er hinauf zu den Santa Cruz Mountains gefahren und hatte eine Kiste gekauft: Holz, Rauch und Frucht, eine wohl abgestimmte Aromakomposition, die sich als Ganzes üppig und stimmig entfaltete. Wir sahen Walen zu, die Wasser ausblasend gen Norden vorstießen – alle paar Minuten eine winzige weiße Fontäne. Während Pascale den Grill abkratzte, erzählte sie Fran von ihren Gedichten und dass sie sich nicht vorstellen konnte, jemals Prosa zu schreiben. All die Verstrebungen zwischen den Epiphanien würden sie einfach umbringen. Fran, die Pascale nur flüchtig kannte, stellte ihr eine Frage, die ich akustisch nicht verstand, und Pascale antwortete, ihr gefiele einfach die präzise Ausarbeitung eines Moments, bescheidene Musik, immer wieder. Es war ihr nicht daran gelegen, sich in Szene zu setzen, so, wie sie es sagte, es war einfach nur etwas, was sie eindeutig gerne tat.

Willie, der aussah wie der elegante Gastgeber schlechthin, brachte aus der Küche eine Platte mit Krustentieren und eine Schüssel mit Marinade. Er und Pascale hatten das Barbecue allein im Griff, also saßen Vince und ich auf einer Bank mit Blick nach Westen. Keine Autogeräusche, kein Stadtlärm, nicht einmal das Tosen der See. Das Trimester war fast um, und Vince trennten nur noch ein paar Schlussexamen von drei Monaten sommerlicher Randexistenz als Surfer. Er war ziemlich glücklich, an heißen Tagen winzige Wellen mit seinem Longboard abzufahren, ganz zu schweigen vom Surfen auf der Dünung, die von Süden kam, wenn sie uns die Hurrikans aus Baja brachten; sein drei Meter langer Nose-Rider besaß so viel Gleitkapazität, dass schon ein kniehohes Kräuseln ihn glücklich machen konnte. Er sprach über seine Arbeit, als sei sie gerade mal eine Möglichkeit, seine Surferei zu finanzieren, aber ich war mir sicher, dass er ein sehr guter Lehrer war. Er hatte diesen lockeren, direkten Charme, der bewirkt, dass du dich auf den Unterricht freust, Lust an dem hast, was du lernst. Pascale, offenbar eine sehr organisierte Küchenchefin in einem früheren Leben, legte die Langusten an den Rand des Grills, die beiden Hummer in die Mitte und die Austern überall dazwischen. Während sie etwas Wein darüber goss, fragte ich sie, wie sie und Willie an dieses wunderschöne Haus gekommen waren. Zum einen wusste ich, dass man an der Küste nicht einfach Wohnungen mieten konnte: alles war Landwirtschaftszone mit der strikten Auflage, Farmarbeiter unterzubringen. Wie sich herausstellte, wollte Willie, als er sich nach mehreren Jahren, die er zwischen Bali und einer Inselkette vor Sumatra verbracht hatte, nach Kalifornien zurückzog, das dort drüben geführte Leben, die Weite und die Zeitzone hier nachahmen. Er klopfte an jede Tür einer Farmarbeitersiedlung nördlich der Stadt auf der Suche nach einer Bleibe, hatte aber kein Glück. Die Leute glaubten, er habe sie nicht alle. Und dann, kurz nachdem er Pascale geheiratet hatte, bot ihnen der Basilikum-Typ, für den sie arbeitete, dieses wunderschöne Plätzchen an – Bingo! Ein Glück kommt selten allein.

Obwohl ich schon recht betrunken war, wurde ich berufen, den Reis für die Paella zuzubereiten. Also rein ins Haus, um den Reis erst in Olivenöl anzubraten, dann in Hühnerbrühe mit gelbem und rotem Paprika, Haufen von Knoblauch und Safran zu kochen. Sie hatten große gusseiserne Töpfe, herrliche Schneideblöcke und gut geschärfte Messer, aber die Wohnung war ein Durcheinander: Musikpartituren lagen überall verstreut, und eine Wand war noch unverputzt. Während ich eine Zwiebel schnitt, erzählte Fran von ihrer Dissertation über Körper, Lust und Macht in den schwulen Badeclubs von San

Francisco. Mir fiel ein, dass Michel Foucault, der verstorbene französische Philosoph, der in solchen Bädern sein Coming-out gehabt hatte, viel mit Richard Henry Dana, Jack London und Tausenden Surfern, die sich selbst in Kaliforniens Gewässern gefunden hatten, gemein hatte, aber Fran blieb unbeeindruckt, hörte etwas Widriges aus meiner Andeutung heraus; vielleicht hatte sie Recht. Das Gespräch ging über zu der Frage, welches Schneidebrett für den Knoblauch vorgesehen war – ich wollte ihnen nicht die Melone am nächsten Morgen verderben –, und bald setzten wir uns alle um den handgearbeiteten Zedernholztisch vor der Fensterfront. Ich hatte Pech und bekam den Stuhl mit dem Rücken zur Kante Nordamerikas, und Pascale servierte Bio-Artischocken von den Privatfeldern des Basilikum-Typen: dicke Knospen auf weißem Geschirr mit selbst gemachter Kräutermayonnaise. Das Meer draußen war jetzt dunkel, abgesehen von einem Streifen Rot entlang des entfernten Teils der Erdrundung, ein kleines Blinzeln von gestern. Willie lenkte unsere Aufmerksamkeit auf die Erhabenheit des Sonnenuntergangs, und das Gespräch kam auf Momente von unvergessener Schönheit. Er erzählte, wie er allein bei Tagesanbruch gesurft war, als drei Killerwale um ihn herum auftauchten, ihre gekrümmten schwarzen Finnen gleißend im Morgenlicht. Vince erzählte mit ironischer Gelassenheit, wie in seinen wilderen Tagen einmal ein einheimischer Brettbauer eine Tüte voller Peyote und ein spitz zulaufendes Board auf seiner Veranda liegen gelassen hatte. Zusammen mit einem Freund verschlang er sie im Wald, saß eine Weile halluzinierend da und fand sich schließlich unten bei Steamer Lane wieder; ein ablandiger Herbstnachmittag voll von durchrollenden scharfkantigen, fast zwei Meter hohen Wellen. Wie auch immer die Siebziger hier ausgesehen haben mochten, alle am Tisch können sich erinnern, dass sie entschieden anders waren als jetzt. Vince gab eine lebhafte

Beschreibung davon, wie er das kleine spitze Brett durch eine gewaltige Tube geritten hatte, wie er durch ihre Öffnung den Regenbogen der vorausgegangenen Welle sah und vier Möwen die Lip entlangflogen. Das Ganze war für ihn eine Verzerrung der Zeit, die sein Leben verändern sollte, bis die Rolle zumachte und ihn vermöbelte.

Vince und Willie und ich versenkten uns eine Weile in Surf-Talk, und dann räusperte sich Pascale. «Ich war vor kurzem Ski fahren», sagte sie und nickte, «oben in Lake Tahoe. Ich war nicht auf den schwierigen Pisten oder so, aber all der Schnee hatte die anderen hier davon abgehalten, hochzufahren, so hatten wir den ganzen Berg für uns und glitten durch das – okay, ich sag das Wort – *jungfräuliche* Pulver.» Sie lachte und fuhr dann fort: «Und das Verrückte dabei war, ich spürte nie den Boden unter meinen Skiern. Es war, als würde ich ein Kissen aus Gänsedaunen hinabgleiten, aber eines aus Trockeneis. All die kleinen Kristalle flogen hinter uns wie ein Engelsschweif.» Wir alle schwiegen einen Moment, stellten uns das vor. Willie und Vince sahen sich an: Engelsschweif … Metapher oder mehr?

«Diese Artischocken», sagte Fran, «sind einfach … na, sagen wir, was Besonderes.» Sie schloss ihre Augen und zog ein Blatt langsam zwischen Zähnen und Zunge hindurch. Und dann als Gipfel sinnlicher Genüsse: Spargel. Auch er wurde fast ohne alles serviert, ihr Vertrauen in das Gemüse war so groß, dass sie wussten, dass «das Ding an sich» unter ablenkenden Aromen und Texturen nur leiden würde. Durch Vinces Anstoß gab Fran ein uncharakteristisches und überraschendes eigenes Erlebnis zum Besten, eines aus einer früheren Ehe: den Abstieg von einem hoch auf einem Vulkan Mittelamerikas über den Wolken gelegenen Camp, einen sich über hundert Meilen erstreckenden Ausblick über ein überirdisches Vlies aus Federwolken und das langsame Durchqueren der Wolkenschicht, hinab auf Bergwiesen voller leuchtend roter und gelber Mohnblumen. Sie erschauderte noch in der Erinnerung daran, als bestätige dieses Erlebnis die Vorherrschaft der Intuition vor der Linearität. Vince fragte sie nach mehr Einzelheiten, da er offenbar die Geschichte noch nicht gehört hatte, aber Fran bestand darauf, das sei der relevante Teil gewesen, den Rest würde sie ihm später einmal erzählen. Und dann war ich dran: ein langer, träger Morgen auf einem Felsvorsprung hoch auf El Capitan am fünften Tag unserer Kletterpartie; während meine bekifften Partner umhertappten, schwebte ich sechs Stunden lang und ließ meine bestrumpften Füße über einem fast 900 Meter tiefen Abhang baumeln, tief hinein in beinahe flüssige Weite, durch und durch Yang-geläutert, und sah einem Wanderfalken dabei zu, wie er die Aufwinde nutzte, um meilenweit über seine riesigen Jagdgründe zu gleiten, ohne auch nur einmal mit den Flügeln zu schlagen. Doch meine Geschichte verpuffte ebenso wie die anderen über der riesigen Paellapfanne, ein Griff nach dem Gral als Beweis seiner Existenz, eine Frage als Beweis der erhofften Antwort.

Vince bediente sich von der Platte mit den Garnelen und erzählte, er habe kürzlich einen tollen Roman gelesen, der den ganzen Archetypus des Westens auf den Surfer überträgt, der spurlos im Südpazifik verschwindet. Während er die Handlung umriss, aß ich ein paar Happen, und eine Behaglichkeit hinsichtlich der Opfer und der Hingabe, die wir teilten, breitete sich in mir aus. «Eine Sache daran ist schon komisch», sagte er in sein Essen hinein und hob mit der Gabel eine Auster aus ihrer Schale, «man weiß, für jeden Surf-Insider bedeutet es einen Scheißdreck.»

Ich sah auf. Willie sah auf.

«Na ja», beharrte Vince, «stimmt doch.» All die Jahre einer so schönen Sache gewidmet und immer noch so viele

Zweifel. Ich stimmte ihm nicht zu, glaubte nicht einmal, dass er es tatsächlich ernst meinte, aber vielleicht nur, weil der Preis für mich so viel geringer gewesen war, jedenfalls bis jetzt.

Diesiger Wind und dumpfes Licht an meinem letzten Surftag am Point vor meinem Abschied: Sogar am späten Nachmittag peitschten große Nebelschwaden über die ungepflügten Felder (alles Gelb war herausgerissen), und die Wildblumen dazwischen wiesen auf den kürzlich gefallenen Regen hin – der erblühte Schierling wogte noch immer. Rettich- und Senfblüten vertrockneten, ein Ausbruch von Salbeigrün: Es gab bereits weniger grelle Kontraste, ein geschmackvolleres Wüstenpflanzengemälde. Die ganze Küste westlich des Highway war noch unbepflanzt, der Boden etwas ausgetrocknet, ein Schwarm Möwen folgte einem Traktor und fraß die freigelegten Würmer. Es wurde Landwirtschaft betrieben, aus den leeren Saatfurchen schossen die Schösslinge. Die Hügel waren überwuchert, verwahrlost und trocken, Fuchsschwanzgras wogte im ausdörrenden Wind und Mohnblüten ragten hoch über das vertrocknende Weidegras hinaus: Grashalme waren unten saftig, aber blass, sodass die Mohnblüten wie schwebende Pünktchen wirkten, eine vibrierende orangefarbene Decke über einem grünen Bett. Möwen labten sich an einem vorbeischwimmenden Fischschwarm, und Hunderte Frösche quakten im Lilienteich am Bahndamm; einer der seltenen Momente, in denen die Meisen, die Amseln mit den roten Flügeln, die Schwalben und die Spatzen alle mit ihrem Gesang das ferne Rauschen der kleinen Brandung übertönten.

Vier braune Pelikane in der Frühjahrsmauser – grau mit

weißen Daunenfedern, braunen Hälsen und weißen Köpfen – standen auf dem schwarzen Fels am Meer, wo der grasbewachsene Hang des Hügels in eine steinerne Gezeitenebene überging; ein Lebensraum endete, ein anderer begann dort, alles auf einer Strecke von drei Metern. Etwas an ihrer ruhenden Pose, den Kopf nach hinten gedreht und den Schnabel flach am Hals, erweckte in mir den Eindruck, als seien die Pelikane außerordentlich angewidert. Dann streckte einer von ihnen die breiten Flügel aus und putzte seine Federn, und ein anderer streckte seinen langen, langen Schnabel hoch in die Luft und schüttelte das trockene, rosa Fleisch seines Kehlsacks. Ihre Gestalt wirkte merkwürdig komplex und mechanisch, und sie standen einfach beieinander, eine kleine Delegation, ohne zu schnattern und zu zetern. Dann flatterten sie auf, formierten sich, umkreisten den Felsen und erwischten in einer Reihe eine Südbrise, flogen mit stetigem Flügelschlag über eine sich neigende Welle aus Turbulenzen in der Nähe einer Dünung wie im Kielwasser eines Tankers surfende Tümmler, aber ohne deren Verspieltheit. Mit synchronem Flügelschlag verdrängen sie dieselbe Luft, zogen voran wie Radfahrer, wobei jeder Vogel einen Aufwind produzierte, auf dem der nachfolgende getragen wurde. Schließlich löste sich der anführende Pelikan aus der Gruppe, ließ sich nach hinten treiben und einen anderen die Arbeit tun. Weit draußen erhoben sie sich über einen Möwenschwarm und fingen an zu kreisen: Anchovis, Sardinen, vielleicht Makrelen. Dann legte der Anführer seine Flügel an, zog seinen Kopf nach hinten und sauste im Sturzflug hinunter. Hinein ins Wasser in steilem Winkel, der Kehlsack an der Brust minderte die Härte des Aufschlags – bis in zwei Meter Tiefe vom Einschlag verstörte Fische. (Wenn der Schnabel des Pelikans eintaucht, schnappt die obere Schnabelhälfte auf die weit aufgebogene untere und schleudert den Fisch in den geöffneten Kehlsack.) Schnell kam der Pelikan wieder hoch, den Hautsack prall voll mit einigen Litern Wasser. Als eine Minute später das Wasser abgeflossen war, hob der Pelikan den Schnabel und schluckte hinunter, was immer er gefangen hatte. Weit draußen auf See fuhr im Nebel ein riesiges Hyundai-Containerschiff.

Ich lief hinunter zum Strand, war in zwei Schritten von einem Streifen aus zwölf orangefarbenen Mohnblumen auf den von der Brandung gerundeten Kieseln, die von herumhuschenden Krebsen bevölkert waren. Der Mond hatte eine sehr niedrige Ebbe gezogen, aber der Morgennebel schirmte die schutzlos ausgelieferten Tiere vor der Sonne ab. Ganze Gezeiten-Welten lagen da offenbart, nackt und nass wie eine rohe Haut unter der grauen Nebeldecke. Ein Schwarm Seemöwen schnappte in den flachen Lachen nach Seesternen, zerrte an Seetrauben und schiss flächendeckend das Seegras voll. Und bei all dieser Unbedecktheit trat das Leben in Streifenform klar zu Tage: die graubraunen Rankenfußkrebse und Schnecken auf den höchstgelegenen, trockenen Felsen; ein wenig tiefer die Algen auf den Felsen und ein paar baumelnde Meeresalgen, und dann ledrige Mollusken, die gesprenkelte Korallenkrusten abmähten, und unter all dem ein Vorhang aus blühendem Seegras, das die Manteltiere bedeckte. Grenzgebiete variierender Abstufungen, eine Welt am Rande und im Wandel. All diese Rankenfußkrebse, die ihre Öffnungen weit aufsperrten und sich nach Nahrung reckten, wenn Wasser sie überflutete, ein paar von ihnen mit ihren fadenförmigen Penissen umhersondierend.

Winzige Wellen ... ich stocherte ein bisschen im Flachwasser herum, wollte mich dem Unvermeidlichen nicht fügen. Wartete, dass sich der Nebel verzog, schlief eine Weile am Strand. Verbrachte meine Zeit erbärmlich damit, einen verhärteten Algenstrunk in eine Seeanemone zu stecken, um zu sehen, wie sie spritzte und sich zusammenzog; scheuchte einen kleinen Krebs in eine Ecke und focht ein Duell gegen seine monströsen Popeye-Arme; verfütterte einen Seestern an eine Anemone, zog ihn aber gleich wieder raus. Algen wogten, während ich mit meinem Board durch das flache Wasser watete – Luft und Wasser waren knapp über 10 Grad. Ich nahm an, es gab da ein Recycling, ein *System*, in all diesen wilden kleinen Welten, aber ein Leben von dort herleiten? Einen Code? Aus Ed Ricketts' *Between Pacific Tides* von 1939: «Der Besucher einer Felsküste bei Ebbe betritt wahrscheinlich den fruchtbarsten Lebensbereich der Welt – einen so dicht besiedelten Gürtel, dass oftmals nicht nur jeder Quadratmillimeter des Raums von einer Pflanze oder einem Tier genutzt wird, sondern der Wettbewerb um einen festen Platz ist so groß, dass Tiere übereinander siedeln – Pflanzen wachsen auf Tieren, Tiere wachsen auf Pflanzen.» Oder in *Cannery Row*, wo Ricketts als Romanfigur vorkommt und John Steinbeck Ricketts absichtlich damit Saures gibt, dass er sich die vorknöpft, die das Wilde romantisieren wollen: «Hier reißt gerade ein Krebs seinem Bruder das Bein aus ... Dann stiehlt sich der kriechende Mörder, der Octopus, davon, träge, weich bewegt er sich wie ein grauer Dunst, tut so, als sei er ein Stück Alge, dann ein Stein, und jetzt wieder ein Klumpen vermodernden Fleisches, während seine bösen Ziegenaugen kalt umherschauen.» Es ist Melvilles universeller Meereskannibalismus, wo Ricketts in dem Schrecken eines überglasten Beckens lediglich eine «liebliche, bunte Welt» sieht – die Landschaft bei Ebbe als trügerisches Scheingebilde.

Und so ging's über die bemoosten Vorsprünge und Riffe, ausgleitend und dem Meer entgegenstolpernd, Blut und Schnodder auf dem Neoprenanzug, der von Schweiß und Urin getränkt war – bis zu den Knien in dem glasigen Wasser, die Zehen der fleischigen Oberfläche des Riffs. In «The Love Song of J. Alfred Prufrock», als T. S. Eliot langsam der Last des Bewusstseins müde wird, schreibt er, er «hätte ein Paar gezackter Krallen sein sollen / Und hastig über den Boden der stillen Meere eilen». Krebse? Krabben? Oder einfach nur eine Versinnbildlichung? Mit gefühllosen Händen und kalten Kopfschmerzen von eisigen Wellen über dem Kopf, scharrte und zerrte ich das Surfboard über große Stränge und Schäfte von Kelp, die wie glänzende Ranken und Zweige auf dem Wasser trieben. Ein sich durch die trübe Brühe reckender Efeuwald ohne Haus, an dem es sich hochranken konnte – verschlungene Bänder des Lebens. Die so bedeckte Wasseroberfläche fing die Bewegung der Wellen auf, hielt die Brandung ruhig, winkte mit flüssigen Säulen wie stachellose, vom Himmel herabbaumelnde Bäume, atmete mit der Sinuskurve der Brandung ein, mit ihrer Cosinuskurve aus. Der Pulsschlag des Lebens als ein empfindungsloses Momentum. Dort unten im lichtgesprenkelten Dschungel bevölkerten Seesterne und schwarze Abalones die Flächen; Krabben und Schnecken knabberten an den Stielen und wurden selbst von Drachenköpfen und Brandungsbarschen angeknabbert: die obszöne Anzahl der kleinen Aasfressereien und Attacken einer ausgezeichneten Organisation.

Ich versuchte, mich auf eine kleine Welle aufzuschwingen, stürzte aber vom Brett, weil meine Beine steif waren und ich keine Balance hatte. Aber immerhin war ich nass. Ich paddelte einer anderen entgegen, schätzte sie aber nicht richtig ein. Ein Strudel formte sich darunter, und die Lip warf mich kopfüber ab. Der Nebel verzog sich endlich, als der Abend kam, und da stand noch ein Mann auf den Klippen. Neben mir kam eine Robbe an die Oberfläche und verschwand wieder. Die Sonne warf lange Schatten über die Klippen und ätzte kleine Hohlräume in sie hinein. Das Wasser war von einem harten Blauschwarz mit rosigem Abendlicht, das auf den Kräuselungen glitzerte. Ich bekam noch ein paar Wellen, wärmte aber nicht auf. Die Robbe erschien wieder, um zwischen den freiliegenden Riffen zu fischen. Viel später, in der letzten halben Stunde Licht, paddelte der andere Typ hinaus. Es war Steve, der Bursche mit dem kleinen, blinden Hund. Wir schwatzten ein wenig und froren zusammen im selben eiskalten Wasser, als die Sonne unterging, Kliffspitzen beleuchtete und lange Sedimentbrüche verdunkelte. Ein Pelikan schwamm mit hochgestrecktem Hals, den Schnabel direkt nach unten gerichtet, vorüber. Der kalte Wind und der Mangel an Wellen versprachen kein Adrenalin, und ich fing an zu schlottern. Die Sonne war ein scharf umrissener leuchtender Ball. Steve sagte, er wolle zurück nach Utica, New York, ziehen, bei seinem Bruder wohnen und Anfängerkurse für Krankenpflege im dortigen College belegen. Die zehn Jahre Kalifornien hatten zu nichts geführt: Die Frau war schließlich weg, die Wirtschaft am Boden, die Städte so groß und teuer. Er fing auch an zu schlottern, dabei war er erst ganz kurz draußen. Ich konnte sehen, wie er die Lippen fest aufeinander presste und die Schultern zusammenzog. Er freute sich nicht gerade auf den Winter im Osten, sagte er, er hatte gedacht, er habe seinen letzten dort bereits hinter sich.

Die Sonne zerfloss an der Unterseite und schmolz rasch in den Ozean, während er erzählte – es war wunderschön, aber so frostig. Allein paddelte ich an Land und zitterte am ganzen Körper in brutalen Zuckungen, als ich meinen Neoprenanzug auszog. Ich brauchte eine Weile, bis ich angezogen war, weil meine Finger so taub waren, dass ich meine Jeans mit den Handflächen zuknöpfen musste. Und die ganze Zeit über blieb Steve im Wasser, versuchte sich nicht einmal an einer Welle, saß auf seinem Brett und trieb einfach durch die hereinbrechende Nacht. Sogar als ich mich umgezogen hatte und die Sonne vollständig untergegangen war, blieb er. Auf dem Rückweg durch die Felder konnte ich noch Wolkenfetzen in der Dunkelheit sehen. Scheinwerfer tauchten auf dem Highway auf, während hinten an der Klippenkante die Zypressen zu Silhouetten vor dem noch verbliebenen Streifen violetter Abenddämmerung verflachten. Stille, atmen ... Schritte entfernt von der schwarzen See, die eher einen eiskalten flüssigen Balsam als die Wärme des Flusses Lethe versprach. Kein Arzt würde je einen Patienten hierher schicken, damit er seine Jugend wiedererlangt. Von einer kalten, dunklen Welle unter Wasser gedrückt, fühlt man sich klein und schwach und begreift, dass selbst der eigene Körper größtenteils im Grunde nichts als Wasser ist.

Es gibt noch eine letzte Begegnung, von der ich erzählen möchte; es geht nicht ums Surfen, sondern um das, was mich dazu veranlasst hat, die Art von Frieden zu suchen, die das Surfen bietet. Ich hatte meinen Pick-up bepackt, und Susan erwartete mich am nächsten Tag in Berkeley zum Mittagessen, also ging ich hinunter zum Geländer an der Klippe, um mir nach einem Jahr mit tollen Sonnenuntergängen meinen letzten anzusehen. Erst einmal sah ich wieder den Architekten, der am Geländer lehnte: Auch er hatte die Frühjahrs-Nordwestwinde im Kopf. Er hatte versucht, ein Gedicht über die Zypresse vor seinem Fenster zu schreiben, darüber, wie sie ihm jede Bewegung des Windes offenbarte, er hatte von seinem Strandhütten-Panoptikum aus die wirbelnde Welt festgehalten.

Ich überlegte laut, ob er ein Gedicht von A. R. Ammons kannte: «Das Schilf / gibt dem Wind nach / und gibt / den Wind preis.»

Nein, gab er offen zu, aber er kannte Jeffers' Gedicht über die Schaumkronen der Wellen: das Meer «geweißt vom Flug des Falken». Nicht mythologisch, beharrte er und führte die Chaostheorie an, laut der ein Schmetterlingsflügelschlag in Arabien einen Hurrikan in Florida verursachen kann. Und Gedichte, sagte er, sind wie besagter Schmetterling die 0,02 Prozent am Boden aller Statistiken, die wir sowieso immer vernachlässigen, weil wir sie für unbedeutend erachten. Daher rückt die Anziehungskraft des Meeres, eine Bindung an das ewig Unbekannte dieser Welt, eine tägliche Dosis Wildheit. «Ein Schritt von diesem Strand ins Meer, und du bist in wahrer Wildnis», sagte er, «keine Entweder-Oder und keine Halbheiten. Diese Energien da draußen» – und er zeigte auf eine große, vom Wind erzeugte Wellenreihe – «eine Geometrie im Chaos, unbehindert durch den Menschen. Nichts verlangsamt oder verändert diese Energie. Und du spürst sie sogar, wenn du am Strand entlanggehst und einem Seelöwen in die Augen siehst.»

(Noch einmal Ammons: «Ich fand / ein Kraut / das hatte / einen Spiegel in sich / und der Spiegel / schaute in / einen Spiegel / in / mir der / hatte ein Kraut in sich.») Ich erzählte ihm von meinem fürchterlichen Tag allein in dem monströsen Schaum, vor schäumenden Wänden, und dass ich ziemliche Angst hatte.

Er knurrte etwas, sagte, er schwimme lieber nackt.

«Ich habe schon vor langer Zeit alle Ausrüstung aufgegeben», sagte er. «Ich war genau wie du, weißt du», und er machte mit seiner breiten Hand voller Altersflecken eine Bewegung, als gleite und stoße er durch Wasser. «Klar, da ist Zeug drin, das da nicht rein gehört, und der Scheiß ist im Wasser und in der Luft und überall. Aber ich hab's nicht so mit Ökologie. Mich interessiert mehr die Energie selbst, diese flüssige Kraft auf meinem Körper.»

Aber, erwiderte ich ihm, diese mehr als drei Meter hohen schäumenden Biester ... das ist schon eine Menge Energie, wissen Sie?

«USS *Wasp*», sagte er achselzuckend, die Augen gesenkt, «Flugzeugträger in philippinischen Gewässern, wir hatten über 25 Meter hohe gläserne Berge aus Wasser zu bezwingen. Wenn sich das Schiff nach einer Seite neigte, konnte man Wasser sehen so hoch wie die Zypresse dort drüben, die große, grüne ganz oben auf dem Hügel.» Ich sah hinüber, für einen Moment von der Größe meiner eigenen Wellen abgelenkt, und sah den großen Baum, der sich vor der Spätnachmittagssonne über der Zementstatue eines Wals als schwarze Silhouette abzeichnete. «Dann drehte sich das Schiff, und man sah nichts als Himmel; dann ging's wieder runter. Und dann hörte ich das schwache Knattern eines alten Dieselmotors – put, put, put –, ein kleines chinesisches Fischerboot mit drei Burschen, die ganz ruhig einen der Berge hochtuckerten und auf der anderen Seite wieder runter. Als ich in der Nacht zu schlafen versuchte, schlug der Bug immer wieder in die Wellen, und der über dreihundert Meter lange Flugzeugträger wackelte und haute meinen Schädel gegen das Schott.»

«Also mein Onkel», entgegnete ich in einem Reflex, mithalten zu wollen, «ist Kapitän bei Chevron und fährt auf der Strecke zwischen Anchorage und San Diego. Er sagt, die größten Brecher habe er im Golf von Alaska erlebt, wo die Wellen den Tanker umschlangen und Kräne und Laufplanken weggerissen.»

Der Architekt ließ das auf sich wirken, blinzelte hinüber zu einem flachen, eckigen Fischkutter an der Pier. «Wildnis ist schon okay», sagte er. «Darum lebe ich hier. Du musst schon sehr weit nach Norden fahren, um so etwas in der Art zu finden.» Wir sahen beide einem kleinen Jungen zu, der mit Eimerchen und Schaufel hinunter zum Strand watschelte. Ich wechselte das Thema und erzählte ihm, dass ich in ein paar Ebbesielen gestochert hatte.

«Das mache ich nie», sagte er und sah weg, «sie sind zu intim. Man überfällt sie regelrecht, wenn man da umherläuft und allen möglichen Kram sammelt. Nein», sagte er und blinzelte wieder in die Ferne, «ich muss nichts sammeln ... oder benennen.»

Da wir genug gesagt hatten, standen wir eine Weile still da, nickten jeder mit dem Kopf, und dann zog er zum Abschluss die Augenbrauen hoch und machte sich auf zu seinem Spaziergang allein am Strand; Wind und Wasser leckten am Sand, in der Luft lag Rauch von den wenigen ersten Treibholzfeuern am Strand. Vor den kleinen Apartments lagen lauter

Blumenkästen und Dreiräder, und eine Reihe neuer kleiner Palmen stand vor der Tür der Malerin. In einem alten braunen Chrysler tranken zwei junge Männer mit schwarzen Sonnenbrillen Bier, ohne ein Wort zu sagen, auf dem Rücksitz lagen zwei Surfboards. Ich lehnte mich ans Geländer und stellte mir vor, vermutlich genau wie sie, dass große Wellenkämme vom Horizont heranrollten, eine für die Jahreszeit untypische Dünung – als würde man in den Tropen an Schnee denken. Unten am Strand breitete ein Mann in einem schwarzen Kimono mit rotem Gürtel eine Decke aus und legte ein Kampfsportschwert und einen Stock parallel zueinander an eine Seite. Eine weitere fünfzehn Zentimeter hohe Welle überspülte den Sand und floss wieder ab. Der Fahrer des Chrysler schaute in sein Bier. Ich streckte mich und sah den Ninja unter mir dem Land zugewandt mit gespreizten Beinen dastehen, die Fäuste geballt, tief atmend, als wolle er seinen Mut sammeln. Plötzlich sprang er in die Luft, drehte sich gen Meer und trat mit beiden Füßen aus. Als er landete, stieß er jede Faust hart nach vorn und hielt dann abrupt inne. Eine Frau führte vor ihm ihren Dobermann im Sand Gassi.

Die üblichen ernsten Gespräche hier drehten sich um die Brandung, und in einem dunkelroten Chevrolet Pick-up beobachtete ein dicker Mann mit schwammigem Gesicht und leeren Augen durch ein am Armaturenbrett montiertes Teleskop eingehend ein am Wasser liegendes Paar. Dann ging seine Frau barfuß auf das Auto zu, sehr braun mit schönem grauem Haar und verbissen-gelassenem Schritt. Sie griff in den Wagen und schnappte sich ein Fernglas; er sagte nichts, sondern sah unverwandt weiter durch sein Teleskop. Allein ging sie zu der Holzbank, saß dort mit untergeschlagenen Beinen und beobachtete dann auch die Leute. Aber während ihr Blick schnell und ungeduldig umherwanderte, blieb seiner an dem Paar hängen – wahrscheinlich sah er die beiden ebenso gut wie sie einander. Als ich mich zum Gehen wandte und an einem gelben Bungalow, mit abgeblätterter Farbe, mit Topfpflanzen und einer kleinen, windbetriebenen Holzmöwe, vorbeikam, schlug der Fahrer des Chrysler mit der Hand auf das Armaturenbrett und verfluchte den ruhigen Pazifik. Es war ein stahlblauer Sonnenuntergang mit einem Hauch Violett; zwei Frachter zeichneten sich schwarz vor einem roten Streifen am Himmel ab, und am Horizont standen ein paar Wolken wie geheimnisvolle, zeitlose Inseln, Berge, Türme.

Die Studiotür der Malerin ging quietschend auf, und da stand sie neben einem ausgeräumten Aktenschrank auf ihrer Zementveranda. Wir hatten im vergangenen Monat ein paar Male miteinander gesprochen, und ich mochte sie inzwischen sehr.

Ich fragte sie, wie es ihr ginge, und sie wischte eine Hand an ihrer farbbekleckten Jeans ab, wusste noch nicht recht, welche Version sie mir erzählen sollte. «Oh», sagte sie mit einem Blick zum Himmel, «ich muss morgen einen kleinen Eingriff vornehmen lassen. Nichts Großes, nur ... Es geht mir gut.» Sie lächelte absurd hinter ihrer Sonnenbrille; schlüpfte mit ihren langen Füßen in rosa Slipper, ehe sie auf den Bordstein trat.

«Also», sagte ich und versuchte, nicht mitleidig zu klingen, «nichts Lebensbedrohliches?»

«Na ja, es ist eine Krebs-Biopsie.»

Das Licht war vom Land aufs Meer hinaus geflossen und hatte die Erde dunkel hinter dem jetzt wild leuchtenden Wasser zurückgelassen.

«Jetzt wissen Sie's», sagte sie, «was würden *Sie* am letzten Abend Ihres Lebens tun?»

Ich sah auf ihre Hände und machte behutsam einen Vorschlag: «Scotch und eine Zigarette auf dem Kliff?»

«Genau das.» Sie nickte und schaute auf den vollen Becher in ihrer Hand, während sie die Asche ihrer Zigarette in der anderen abschnippte. «Ich habe bis sechs gemalt», sagte sie gespielt munter, die Erschöpfung war in den Pausen zwischen den Silben hörbar, «was spät für mich ist. Vielleicht backe ich noch ein Brot.»

«Sicher tut das Kneten gut», sagte ich. «Sie können den Sternenhimmel betrachten, während der Teig aufgeht.»

«Deshalb lebe ich hier.»

«Um jeden Tag diese gewaltige Weite zu spüren?»

Sie dachte darüber nach und seufzte, während sie die Straße hinuntersah; der Ozean war jetzt in einem weitaus tieferen Schwarz versunken als das Land. Dann schüttelte sie den Kopf und sagte: «Nein.»

Dank

Am meisten Dank schulde ich meiner Mutter für ihre Liebe zur Sprache, meinem Vater für seine Liebe zum Fabulieren, meiner Schwester Kelly für ihren Humor und Tom Farber, der die gleiche Freude an den vorliegenden Geschichten hatte wie ich. Forrest Robinson war nicht nur von vorbildlicher Nachsicht, sondern er hat mich wirklich inspiriert, und ohne meinen Lektor Ethan Nosowsky und meine Agentin Anne Dubuisson wäre dieses Buch nie entstanden. Außerdem danke ich Kathleen Flowers und Marie-France Nizet, David Teachout, Joe Ayer, Stephen Ross, Jeff Orenstein, Adam Ballachey und Danny Weinberg.